Jaime Marroquín Arredondo

Diálogos con Quetzalcóatl:
humanismo, etnografía y ciencia (1492-1577)

NUEVOS HISPANISMOS, 19

DIRECTOR
Julio Ortega (Brown University)

COMITÉ EDITORIAL
Anke Birkenmaier (Indiana University)
Beatriz Colombi (Universidad de Buenos Aires)
Cecilia Garcia Huidobro (Universidad Diego Portales, Santiago de Chile)
Ángel Gómez Moreno (Universidad Complutense de Madrid)
Dieter Ingenschay (Humboldt Universität Berlin)
Efraín Kristal (University of California, Los Angeles)
Esperanza López Parada (Universidad Complutense de Madrid)
Rafael Olea Franco (El Colegio de México)
Fernando Rodríguez de la Flor (Universidad de Salamanca)
William Rowe (University of London)
Carmen Ruiz Barrionuevo (Universidad de Salamanca)
Víctor Vich (Universidad Católica del Perú, Lima)
Edwin Williamson (Oxford University)

Dedicada a la producción crítica hispanista
a ambos lados del Atlántico, esta serie se propone:

• Acoger prioritariamente a la nueva promoción de hispanistas que, a comienzos del siglo XXI, hereda y renueva las tradiciones académicas y críticas, y empieza a forjar, gracias a su vocación dialógica, un horizonte disciplinario menos autoritario y más democrático.

• Favorecer el espacio plural e inclusivo de trabajos que, además de calidad analítica, documental y conceptual, demuestren voluntad innovadora y exploratoria.

• Proponer una biblioteca del pensar literario actual dedicada al ensayo reflexivo, las lenguas transfronterizas, los estudios interdisciplinarios y atlánticos, al debate y a la interpretación, donde una generación de relevo crítico despliegue su teoría y práctica de la lectura.

Jaime Marroquín Arredondo

DIÁLOGOS CON QUETZALCÓATL:

HUMANISMO, ETNOGRAFÍA Y CIENCIA
(1492-1577)

Iberoamericana - Vervuert - 2014

«Cualquier forma de reproducción, distribución, comunicación pública o transformación de esta obra solo puede ser realizada con la autorización de sus titulares, salvo excepción prevista por la ley. Diríjase a CEDRO (Centro Español de Derechos Reprográficos) si necesita fotocopiar o escanear algún fragmento de esta obra (www.conlicencia.com; 91 702 19 70 / 93 272 04 47)».

Derechos reservados

© Iberoamericana, 2014
Amor de Dios, 1 – E-28014 Madrid
Tel.: +34 91 429 35 22
Fax: +34 91 429 53 97

© Vervuert, 2014
Elisabethenstr. 3-9 — D-60594 Frankfurt am Main
Tel.: +49 69 597 46 17
Fax: +49 69 597 87 43

info@iberoamericanalibros.com
www.ibero-americana.net

ISBN 978-84-8489-829-0 (Iberoamericana)
ISBN 978-3-95487-373-9 (Vervuert)

Depósito Legal: M-27858-2014

Impreso en España

Diseño de cubierta: Carlos Zamora

Este libro está impreso íntegramente en papel ecológico sin cloro.

for we are beyond, both the old world, and the new
Francis Bacon

ÍNDICE

AGRADECIMIENTOS 11

PREFACIO 13

INTRODUCCIÓN 17
   Humanismo y ciencia 22
   Humanismo y etnografía 27

CAPÍTULO 1. Orígenes 35
   El método humanista 35
   La utopía gramática 42
   La canción-flor 49

CAPÍTULO 2. Utopía y etnografía 59
   La descripción del Caribe 60
   La utopía antillana 67

CAPÍTULO 3. Utopía y retórica 75
   El *Itinerario* de Juan Díaz 76
   Hernán Cortés: De Anáhuac a Nueva España 82
      I 82
      II 86
      III 91

CAPÍTULO 4. Humanismo y conversión 95
   Pedro de Gante, hermeneuta y gramático 96
   El *carisma* humanista en México 104
   Sebastián Ramírez de Fuenleal, presidente humanista 109

CAPÍTULO 5. Etnografía y república 115
   Refundación 116
   Andrés de Olmos: gramática y transculturación 121

La utopía mística: Toribio de Benavente Motolinía 127
    I 127
    II 135

CAPÍTULO 6. Bernardino de Sahagún: el momento del lenguaje . 143
    La historia-calepino 144
    Las cosas divinas 152
    Las cosas humanas 160
    Las cosas naturales 164

CAPÍTULO 7. Lenguaje y verdad 171
    Francisco Hernández: entre Galeno y Quetzalcóatl 172
    Moderno desengaño barroco 192

CONCLUSIÓN 201

OBRAS CITADAS 215

ÍNDICE ONOMÁSTICO Y CONCEPTUAL 247

Agradecimientos

Durante los años de trabajo para la escritura de este libro, recibí la ayuda de diferentes personas e instituciones. Agradezco el tiempo que la Universidad George Washington, en Washington DC, me otorgó para la escritura del manuscrito, así como el fondo de investigación del Departamento de Lenguas y Literaturas Romances, el *University Facilitating Fund* del *Columbian College of Arts and Sciences* —ambos de la misma universidad—, y el *Farmer Fellowship* del *Teresa Lozano Long Institute of Latin American Studies* en la Universidad de Texas en Austin. Agradezco también la ayuda y profesionalismo del personal del Archivo de Indias en Sevilla, el Archivo General de la Nación en México, la Biblioteca Nacional en Madrid, la Biblioteca del Congreso en Washington DC, la Biblioteca Central de la Universidad Nacional Autónoma de México, la Biblioteca Daniel Cosío Villegas del Colegio de México, la Biblioteca Gelman de la Universidad George Washington y el *Washington Research Library Consortium*.

Les doy las gracias también a los diferentes colegas y amigos que me ayudaron a escribir y publicar este libro, comenzando por mi mentor, Enrique Fierro. Agradezco a Adela Pineda, Enrique Marroquín, Eduardo Rodríguez, Marcy Norton y Jaime Velasco, quienes leyeron, comentaron y mejoraron mi trabajo en las diversas etapas de su composición. Flavia Leite y Verónica Grossi fueron fundamentales de diferentes maneras para la escritura y publicación del manuscrito, al igual que María Pizarro, mi editora. Agradezco también a Klaus Vervuert, director de Iberoamericana Vervuert por su amable profesionalismo. Una gran deuda de gratitud me une a Julio Ortega, editor de la Serie Nuevos Hispanismos, por su generosidad, apoyo y ayuda durante el proceso de publicación.

Gracias, finalmente, a mi familia, en especial a mis padres, Teresa y Jaime Manuel, mis primeros maestros del humanismo; también a mis hermanos, Francisco, Leticia y Verónica. Mi más profundo agradecimiento es para mi amada esposa, Alejandra, coautora de estas páginas, corazón de un mundo.

Prefacio

Ésta es una historia de la conquista de México y la fundación de Nueva España como un proceso epistemológico. Cargada de peso moral, la historiografía del siglo XVI mexicano e ibérico no había reparado en la importancia histórica del diálogo intelectual entre dos civilizaciones consideradas como comparables desde su primer encuentro en la isla maya de Cozumel. El estudio de las culturas y la naturaleza de México durante el siglo XVI formó parte del desarrollo de las nuevas prácticas empíricas y experimentales, así como de la articulación de un nuevo marco intelectual para el estudio de la realidad, fenómenos que en conjunto constituyen la llamada Revolución Científica. La purificación, puesta al día y síntesis del conocimiento a partir de la maestría gramática y retórica de las lenguas portadoras de civilización o *policía*, objetivo de los *studia humanitatis* renacentistas, permitió la transformación del escolasticismo a la nueva ciencia tanto en Europa como en México.[1]

La transformación de la historia de género retórico a método empírico de investigación y descripción de la realidad, fue un proceso transatlántico y transcultural que antecedió la formulación filosófica de la nueva ciencia llevada a cabo por Bacon y Descartes. La originalidad de este libro radica en que no solo concibe los inicios de la ciencia como el desarrollo de nuevas prácticas empíricas y nuevas redes de conoci-

---

[1] *Ciencia moderna* es entendida aquí como un método de verificación empírica de información específica obtenida de la naturaleza. Lo que se estudia y las conclusiones derivadas de los datos, implican la necesaria existencia de una teoría epistemológica, basada ésta, a su vez, en una filosofía sobre la naturaleza y el lugar y papel de los seres humanos en ella.

miento en el contexto del colonialismo y el comercio atlánticos, mas también como *diálogo* intelectual y retórico entre civilizaciones. El conocimiento más sofisticado que Occidente adquirió de la naturaleza y las culturas del antiguo Anáhuac provino de un experto intercambio epistemológico entre sabios y expertos de dos civilizaciones, fundamentado en el cultivo transcultural de maestría gramática y retórica en latín, español y náhuatl.

El mutuo estudio del *otro* fue indispensable para la elaboración de los proyectos imperiales y utópicos que acompañaron los inicios de la modernidad. En su nivel más fundamental se trató de la determinación, en base a demostrables criterios empíricos, de la igualdad o inferioridad moral e intelectual de la civilización de Anáhuac. Los humanistas de las órdenes mendicantes concluyeron que existía una evidente igualdad moral e intelectual entre Mesoamérica y Europa, mientras que los humanistas seculares concluyeron que la inferioridad indígena era evidente. La explicación de esta contradicción se encuentra en los diferentes parámetros de valor empleados para juzgar el conocimiento. Los frailes humanistas juzgaron el conocimiento mesoamericano en base a parámetros morales y filosóficos; los humanistas seculares lo hicieron de acuerdo a parámetros de utilidad y racionalismo. La naciente epistemología moderna se caracteriza por el gradual predominio de una nueva racionalidad instrumental; misma que Occidente adquiere, en parte, mediante el desarrollo de complejos intercambios epistemológicos con los *otros*, los *naturales* de las Indias.

Entre la plétora de opciones para conceptualizar la redefinición epistemológica del mundo a partir de la llegada de Colón a Guanahaní (hibridación, sincretismo, mestizaje, diglosia, etc.), opté por el neologismo *transculturación*, acuñado por el antropólogo Fernando Ortiz en su conocido ensayo: *Contrapunteo cubano del tabaco y el azúcar* (1940). Transculturación, en este libro, se refiere a los fenómenos de asimilación y convergencia de culturas, enfatizando las expresiones escritas de este proceso en los textos de los humanistas hispano-nahuas del siglo XVI.[2]

---

[2] *Cultura*, siguiendo en términos generales la conocida definición de Edward Burnett Tylor, es entendida aquí como el conjunto de las capacidades y habilidades adquiridas por el ser humano como miembro de una sociedad. Ver Eriksen / Nielsen, 29-32.

Sé que es aventurado nombrar como *diálogo* las prácticas epistemológicas transculturales de los humanistas españoles y nahuas, condicionadas por el dominio colonial de Europa sobre América. La palabra diálogo busca enfatizar que la *historia etnográfica* del siglo XVI tuvo una aproximación no dogmática al conocimiento mesoamericano, considerado no solo como valioso sino como indispensable por los frailes humanistas ibéricos. Para ellos, el conocimiento de los antiguos mexicanos se encontraba contaminado por una religión en parte diabólica y en parte irracional, por lo que se dieron a la tarea de purificarlo al mismo tiempo que lo traducían, verificaban su validez y lo incorporaban a la ciencia de Occidente. *Humanistas* y *naturalistas* nahuas colaboraron activamente en este proceso, buscando también articular la síntesis de conocimiento más adecuada a su lugar y tiempo históricos. La historia etnográfica hispano-nahua fue un sofisticado proyecto retórico transcultural fundamentado en evidencias empíricas recabadas de forma sistemática. Fue en parte mediante este complejo y desigual diálogo entre civilizaciones que Occidente dio inicio a la racional y sistemática desacralización de la naturaleza, paradigma fundamental de la modernidad.

Introducción

La historia de la representación occidental de la naturaleza americana es también una historia de la epistemología moderna. Esta fue, en síntesis, la idea que me llevó a la escritura de mi tesis doctoral y a la publicación de mi primer libro, *La historia de los prejuicios en América: la Conquista* (2007). Esbocé en él una historia de la conquista y colonización temprana de La Española y México como un proceso de aprendizaje epistemológico, una lucha cerrada entre ideología y realidad que permitió estudiar la naturaleza con criterios de veracidad cada vez más rigurosos, aunque siempre limitados.[1]

En los textos clásicos de la historiografía temprana de Indias, la descripción de las culturas y la naturaleza americanas se encuentra unida en una sola narrativa.[2] En sus páginas, la historia es al mismo tiempo etnográfica y naturalista. El conocimiento acerca de la naturaleza provino en su mayor parte de los indios; éstos, además de ser la fuente principal del conocimiento europeo sobre las Indias de Occidente, fueron también objeto de estudio, parte central de las maravillas naturales del Nuevo Mundo.

---

[1] Definí *ideología* en términos marxistas: "Considerar como natural lo que nos es de hecho incomprensible, extraño o perjudicial es [...] lo que Marx identificó hace más de un siglo como ideología. Althusser precisó más el término. Para él, ideología es la forma en la que se expresa la siempre doble relación, una real y la otra imaginada, entre un ser humano y el mundo" (Marroquín 40).

[2] Como señala Raquel Álvarez, la separación entre cultura y naturaleza, —"historia natural" e "historia moral"— es la culminación de un proceso que toma la mayor parte del siglo XVI (209).

La historia de la conquista y colonización de México es también la historia de la evolución de un método empírico, de base gramatológica, para la descripción y análisis de Mesoamérica. Este libro narra la génesis y evolución de este método. Argumenta que la transculturación religiosa, cultural y científica[3] del siglo XVI mexicano fue en parte un consciente proyecto de investigación antropológica, de base historiográfica. Humanistas franciscanos y dominicos intentaron construir la más grande de las utopías renacentistas. Mediante el estudio y comprensión de las señales de Dios inscritas en la naturaleza y la cultura del antiguo Anáhuac, México podría convertirse en la principal república del mundo, modelo de política, economía y espiritualidad auténticamente evangélicas.

La historia de la evolución de este método etnográfico —un controlado diálogo transcultural entre los frailes humanistas y los sabios mesoamericanos—, es un capítulo extrañamente olvidado en la narrativa acerca de los orígenes de la ciencia moderna.[4] Estas páginas demuestran que el gradual conocimiento de la realidad americana por parte de Europa dependió en buena parte de la creación de un método historiográfico de investigación y descripción de la cultura del *otro*.

Como notara Alfonso Reyes desde 1915, la expansión imperial ibérica transformó la escritura de la historia. Los modelos historiográficos de la Antigüedad pronto se vieron desbordados y la narración de los hechos políticos cedió su antigua preeminencia a la moderna descripción de la geografía y las culturas del Nuevo Mundo (*Visión* 9).

---

[3] Siguiendo a López Piñero/Pardo Tomás, entiendo por *ciencia* a los sistemas de conocimiento de los fenómenos naturales, entre los que figuran los relativos a los seres vivos, las enfermedades y su curación, los procesos materiales y energéticos, las operaciones numéricas, los cambios celestes y climáticos, el suelo y los minerales. Estos sistemas de conocimiento son desarrollados de maneras diversas por todas las civilizaciones humanas. Ver *Influencia* (29). En un estudio reciente, Peter Harrison hace notar la elusividad de la palabra *ciencia* y prefiere referirse a la historia del estudio de la naturaleza (3-4).

[4] Como señala Pagden, fue a partir de los estudios etnográficos hispánicos en América que la naturaleza humana dejó de ser considerada como inmutable (1). La magnitud de esta transformación epistemológica lleva a Navarro Brotóns y Eamon a sugerir que bien podría imaginarse una nueva narrativa de la revolución científica en la que la etnología y la antropología ocupan el lugar central en vez de la cosmología y las matemáticas (36).

Mediante esta transformación de la historia en método de descripción e investigación de la cultura, los humanistas hispano-nahuas llevaron a cabo la fusión parcial del conocimiento ético y científico de Mesoamérica y Occidente. La nueva *historia etnográfica*[5] llegó a incorporar el conocimiento mesoamericano a la *filosofía natural* y la *filosofía moral* de Occidente con carta de relativa igualdad. Seguir la evolución de la historia etnográfica en México me llevó también al descubrimiento de que su génesis y desarrollo son paralelos y complementarios a los de la historia natural renacentista. El método de investigación de ambas formas historiográficas tuvo las mismas bases epistemológicas, desarrolladas por los estudios humanistas italianos e ibéricos en los siglos XV y XVI.

La historia contemporánea de la ciencia afirma que fueron dos los principales cambios epistemológicos que llevaron a la gradual transformación de la *filosofía natural*[6] en *ciencia natural* (Cahan 254-290; Park/Daston 11, 14; Dear 117). El primero de ellos fue la fusión de la mecánica terrestre y estelar; el segundo, la fusión de la filosofía natural con la *historia natural* (Park/Daston 11).[7] Esta segunda fusión tiene orígenes transatlánticos. La temprana colonización europea de América significó el reto inmediato de corregir la antigua cosmografía ptolemaica (Vespucci 45); los letrados ibéricos se dieron a la tarea de incorporar la geografía y las civilizaciones de América al conoci-

---

[5] La falta de una denominación universal para la *etnología* ibérica del siglo XVI explica en parte su ausencia en la historia de la ciencia. Los trabajos etnográficos analizados en este trabajo fueron bautizados como *relación de antigüedades de indios* (Pané), *historia general* (Sahagún), *historia de indios* (Olmos, Motolinía) o *antigüedades* (Hernández). Decidí unificar los diversos nombres para este género renacentista bajo el término de *historia etnográfica*, resaltando su origen historiográfico, así como la relación y continuidad con las narraciones que serían bautizadas de manera explícita como etnografía, etnología y antropología a partir del siglo XIX.

[6] El término de filosofía natural hace referencia a la naturaleza filosófica de los estudios acerca de la naturaleza y al nombre de la recopilación de tratados aristotélicos (τὰ φυσικά), que significa *lo natural*.

[7] Ambos cambios tuvieron orígenes americanos. Los viajes de Cristóbal Colón (1451-1506) y Américo Vespucio (1454-1512) demostraron empíricamente que la tierra era una esfera y no un compuesto de dos esferas en el que la más pequeña, de tierra, descansaba de manera ligera y excéntrica dentro de otra mayor hecha de agua. La circunnavegación planetaria hizo posible imaginar un globo terráqueo en movimiento, desplazado del centro del universo; ver Vogel 479.

miento de Occidente;[8] el intercambio comercial de productos naturales americanos creó, a su vez, nuevas prácticas empíricas. La historia fue el género a partir del cual se sistematizaría la descripción y clasificación del conocimiento del mundo natural a ambos lados del Atlántico.[9]

A partir del segundo viaje de Colón a las Antillas, la Corona española fomentó el desarrollo de métodos confiables para la investigación de la naturaleza del Nuevo Mundo.[10] La institucionalización de diversas prácticas empíricas a través de la Casa de Contratación de Sevilla, creada en 1503, fue uno de los grandes motores de la renovación de la ciencia europea (Barrera-Osorio 2-3; Portuondo 299-306).[11] A finales del siglo xvi, la Casa de Contratación intentaba completar una moderna cosmografía; ésta debía describir, con rigor empírico, los cielos, la geografía, las culturas y la naturaleza de un nuevo mundo global (Portuondo 67-70). La cosmografía renacentista española estuvo poderosamente influida por las corrientes humanistas y su afán de purificación, síntesis y actualización del conoci-

---

[8] Este proceso inicia con la publicación en 1511 de la *Opera, Legatio, Babylonica, Oceanidecas, Paemata, Epigrammata* de Pedro Mártir de Anglería en Sevilla. Es llevado a cabo por pirmera vez de forma relativamente sistemática por Gonzalo Fernández de Oviedo con la publicación de su *Sumario de la natural historia de las Indias* en 1526 y de la primera parte de su *Historia general y natural de las Indias, islas y tierra firme del mar océano*, en 1535.

[9] Sobre la importancia del comercio en el auge de la investigación naturalista ver Cook, "Matters" 1-42. Morton analiza las prácticas médicas y comerciales que ayudaron a la incorporación de la terapéutica nahua a Europa (107-129); Findlen estudia la relación entre la nueva historia natural y las colecciones de novedosa *naturalia* (1-10); Harkness considera la importancia de diversas prácticas empíricas en la vida urbana de Londres a mediados del siglo xvi como preámbulo a la Revolución Científica (1-15); Smith estudia la relación del cuerpo con la naturaleza entre artistas y artesanos de Europa como parte de la epistemología que daría origen a la revolución científica (3-31). Eamon analiza las prácticas empíricas de los talleres artesanales y los mercados europeos en el siglo xvi (207-209).

[10] Me refiero por supuesto a la *Relación* (1494) sobre las Antillas del médico Álvarez Chanca y la *Relación acerca de las antigüedades de los indios* (1494-1496), pionera obra etnográfica del fraile jerónimo Ramón Pané. Ver capítulo 2.

[11] La primera ordenanza relativa a la creación de la Casa de Contratación de Sevilla data del 20 de enero de 1503. El Consejo Real y Supremo de Indias adquiere jurisdicción autónoma en 1524; ver Schäfer 31-86. Los avances en la descripción geográfica se dieron también dentro de la Península. La Corona concluyó la descripción geográfica de la propia España, la *Descripción y cosmografía de España* de Fernando Colón en 1517. Ver Padrón 50-51.

miento de la Antigüedad.[12] La ciencia española en los inicios de la modernidad, es de hecho inseparable de los estudios humanistas, iniciados con la estandarización gramática del idioma castellano por Elio Antonio de Nebrija. Al tiempo que describían un continente, los humanistas ibéricos intentaron crear una nueva lengua clásica.[13] Compartían las ideas de Lorenzo Valla y del mismo Nebrija, para quienes el dominio de la gramática y la retórica eran el primer paso para conseguir el florecimiento de las leyes, las artes, las ciencias y el imperio (*Prólogo* 110). No fue por casualidad que Francis Bacon hizo del español el lenguaje cosmopolita con el que se comunicaron los viajeros llegados de Perú y los dirigentes de Bensalem en la *Nueva Atlantis* (1624).[14]

El énfasis humanista en el dominio del lenguaje se traduciría en estudio sistemático de los lenguajes indígenas. La capacidad de los letrados españoles por obtener información verídica y confiable a través de un diálogo con los indios americanos fue determinante para el avance del conocimiento geográfico, botánico, medicinal y cultural sobre las Indias Occidentales.[15] El hecho de que la descripción, comprensión y aprovechamiento de la realidad americana estuviese mediada en gran

---

[12] Además del modelo matemático proveniente de Ptolomeo, la cosmografía española incorporaba también elementos de la geografía descriptiva de Strabo y Pomponius, así como de la historia natural de Plinio y de la recién creada historia etnográfica. Ver Portuondo 57-59.

[13] El caso más evidente se encuentra en la *Historia General de las Indias* (1552) de Francisco López de Gómara, quien afirmó que escribía una versión de su obra en español: "con el deseo de acrecentar y ennoblecer nuestro lenguaje" (142). Desde el inicio de su obra, Gómara enfatiza su maestría retórica: "Toda historia, aunque no sea bien escrita, deleita. Por ende no hay que recomendar la nuestra. Sino avisar cómo es tan apacible cuanto nueva por la variedad de cosas. Y tan notable como deleitosa por sus muchas extrañezas. El romance que lleva es llano. Y cual agora usan. La orden concertada e igual. Los capítulos cortos por ahorrar palabras. Las sentencias claras, aunque breves" (23). Demostraba Gómara en apretado párrafo su conocimiento de las ideas humanistas sobre el arte de la historia. "La orden concertada e igual" significaba que el libro había sido organizado y escrito siguiendo un método riguroso. El estilo llano, conciso y claro seguía los tradicionales ideales de la retórica aristotélica. La variedad lo hacía ameno. Enseñaba y deleitaba a la vez, tal cual había establecido Horacio en su *Arte Poética*, e incluso se permitía adornar literariamente los discursos, como recomendaba Luis Vives.

[14] Ver pp. 38, 40 y 71.

[15] Raquel Álvarez hace notar el componente etnográfico de las relaciones de Indias, desde inicios del siglo XVI hasta el primer cuestionario de las célebres *Relaciones de Indias* diseñadas por Ovando y López de Velasco en 1573, (161-217).

parte por la palabra de los indios, llevó al perfeccionamiento de un método, de bases humanistas, para el estudio del *otro*.

Humanismo y ciencia

A finales del siglo xv, el estudio de la naturaleza se conceptualizaba a partir de la filosofía natural, una de las tres ramas de la filosofía especulativa (o teorética), junto con las matemáticas y la metafísica (Blair 366). La filosofía natural tiene sus orígenes en la física (*physike*) de Aristóteles, que establece los principios generales del cambio que gobierna a todas las entidades naturales, mediante el estudio de la forma y el movimiento de la materia (Garber 21-22). La sistematización aristotélica del conocimiento (*epistêmê*), es la base del edificio científico occidental (Heidegger 62-63).[16] Todo conocimiento, dice Aristóteles, parte de la experiencia sensorial, complementada por la inducción y la deducción (Dear 106; Atran 7-8; Blair 371). Como toda filosofía, la filosofía natural enfatiza el estudio de lo universal, buscando descubrir las causas últimas de los fenómenos naturales.[17]

Aristóteles distingue también entre filosofía especulativa, filosofía productiva y filosofía práctica (*Physics*. 192b8–12; *Metaphysics*.

---

[16] No hubo una ruptura con la epistemología aristotélica en los siglos xvi y xvii. Los pensadores católicos eran discretos al introducir cualquier reforma epistemológica a Aristóteles y Tomás de Aquino. Por el contrario, los protestantes del norte de Europa proclamaron un dramático rompimiento epistemológico que fue, en realidad, reformista. El talento retórico de Bacon hace parecer que el método aristotélico de investigación de la realidad subordina la experiencia al pensamiento abstracto, utilizándola solo como medio para confirmar preconcepciones; como escribe en el *Novum Organum* (1620): "if the notions themselves (which is the root of the matter) are confused and overhastily abstracted from the facts, there can be no firmness in the superstructure" (XIV). Bacon formula en realidad una variante de la teoría aristotélica. En *Posterior Analytics*, Aristóteles especificó su método para obtener pruebas científicas. El silogismo o término medio que expresaba la causa operativa de todo fenómeno de la naturaleza debía seguir 4 etapas: observación, inducción (demostración de la causa por el efecto), consideración (comprender la relación entre causa y efecto) y demostración (del efecto por la causa) (Dear 107). Las leyes de la naturaleza que busca el pensamiento inductivo de Bacon son en realidad las antiguas formas aristotélicas (Joy 73-74).

[17] Aristóteles escribió en su *Metafísica*: "all men suppose what is called wisdom (*sophia*) to deal with the first causes (*aitia*) and the principles (*archai*) of things" ("Metaphysics" A.1, 981b28). Ver también Ogilvie 99, 298; Park/Daston 4.

1025b25). Esta última se ocupa del conocimiento contingente: de la ética (o filosofía moral) y de la política. Ambas dependen de la retórica para poder ser aceptadas como verdades sociales. En vez del absoluto lógico y filosófico, la retórica trata de lo debatible y lo históricamente variable. Su objetivo es ético y moral. Busca la difusión persuasiva de la verdad social y civil más plausible y adecuada a un tiempo y un lugar específicos (Struever 4-7; Reyes, *Antigua* 376). Aristóteles considera la historia, única forma narrativa comprometida con la verdad y la ética, como un subgénero de la retórica (Reyes, *Antigua* 368; Kohut, *Narración* 14-20).

El redescubrimiento de la retórica aristotélica por parte de los humanistas a finales del siglo XV los llevó a reincorporar la historia a la retórica, redefiniendo a la primera como búsqueda y difusión organizada, sistemática y elocuente de la verdad (Kohut 19-20). Tanto en Europa como en América, el predomino retórico en la escritura de la historia hizo que ésta se volviese consciente de la necesidad de una adecuada verificación, clasificación y organización de los *hechos* narrados. La influencia humanista volvió a la historiografía de Indias cada vez más dependiente de la observación y la experimentación sistemáticas, la descripción precisa y los testimonios autorizados. Permitió también la gradual conceptualización y categorización del enorme caudal de novedades humanas y naturales encontradas por Europa en América en los inicios de la modernidad.[18]

Los ideales historiográficos del humanismo fueron teorizados por Luis Vives en la primera mitad del siglo XVI. En el libro veinte de *De disciplinis* (1531), Vives afirma que es necesario purgar la historia de la abundancia de la mentira y el mito, así como del mal latín de los historiadores medievales (Kohut 19-21). En *De ratione dicendi* (1532), Vives hace explícita la pertenencia de la historia, narración verdadera, a la retórica. El lenguaje histórico debía ser ordenado y capaz de comunicar la verdad con claridad. En caso de duda sobre los hechos, el historiador debía adoptar la probabilidad más verosímil, de acuerdo a su conocimiento de la naturaleza humana (Kohut 14-20). Mediante la insistencia en la verdad, se intentaba recuperar

---

[18] Esta idea es también desarrollada por Laín Entralgo en su *Historia de la medicina* (251-253).

en lo posible la integridad original del lenguaje, perdida tras el pecado original (Beckjord 37). El historiador debía de obtener su información a través de fuentes confiables; la verdad histórica debía de ser la más "congruente con la naturaleza" (34). Vives incluyó el concepto retórico de la variedad o *varietas* en su teoría historiográfica. Era válido y deseable el incluir digresiones amenas y agradables, así como discursos en parte ficticios, si éstos ayudaban a remarcar ideas importantes (Kohut 20, Beckjord 36).[19]

La creación de un nuevo método historiográfico para el estudio y descripción de la naturaleza en el siglo XVI, partió así tanto de las nuevas prácticas empíricas y comerciales impulsadas por la expansión geográfica (Park y Daston 8-12; Findlen, "Anatomy" 280-296; Cook, "Matters" 1-42), como del nuevo énfasis de los estudios filológicos humanistas en la gramática, la retórica, la historia, la poesía y la filosofía moral (Grafton 1-23; Ogilvie 90-92). Además de la reincorporación de la historia a la retórica, el humanismo renacentista contribuyó también al desarrollo de nuevos métodos de observación, descripción y experimentación de la realidad a partir de su énfasis en lo particular, del predominio del pensamiento inductivo en la filología (Ong, *Ramus and the Transit* 220-26). La racionalización humanista del lenguaje es el primer paso de la moderna razón instrumental (Subirats 16).

La transición de la filología al empirismo marca los inicios de la historia natural renacentista. El conocimiento adquirido mediante el estudio y depuración de los textos que contenían la historia natural y el conocimiento médico de la antigüedad de Occidente y del mundo islámico, inician la transformación de la historia natural a inicios del siglo XVI. La subsecuente y metódica corroboración empírica del conocimiento grecolatino sobre la naturaleza llevó a los naturalistas de Occidente a enfatizar el estudio de los organismos vivos y sus interac-

---

[19] La relación entre la retórica y la historia no ha perdido vigencia. Como escribiera Johan Huizinga: "La Historia es, de todas las ciencias, la que se acerca más a la vida. En esta relación indestructible con la vida, reside para la Historia su debilidad y su fuerza. Hace variables sus normas, dudosa su certidumbre; pero al mismo tiempo, le da su universalidad, su importancia, su gravedad" (*Sobre* 10-11). Más recientemente, en *Tropics of Discourse* Hayden White afirma, como Vives, que resulta imposible separar el discurso histórico del literario. Concluye que los ingredientes fundamentales del discurso histórico siguen siendo la evidencia y la prueba, los dos pilares de la retórica aristotélica. Ver Beckjord 10.

ciones con el medio ambiente, a través de la experiencia, la observación y la descripción metódicas (Ogilvie 115-116). En su *Historiae animalium* (1551-1558), Conrad Gessner defendió la necesidad de organizar la *experiencia* como forma de conocimiento (Findlen "Natural" 435). Como señala López Piñero, el método científico parte de la evolución del concepto renacentista de la *experiencia* como "comprobación planificada de la relación de fenómenos" ("Prólogo" 25).

Esta corroboración sistemática de fenómenos particulares partió de la conceptualización de la experiencia como *hechos relatables*, como testimonios o reportes de testigos autorizados, siguiendo prácticas legales e historiográficas de la época. El concepto de *hecho (fait)* es uno de los enlaces conceptuales más significativos entre las ciencias humanas y las naturales (Serjeantson 158). Los *hechos* fueron reportes testimoniales de formas particulares de la experiencia, delimitadas de acuerdo a criterios sensoriales y retóricos específicos.

La historia natural renacentista fue la responsable de la incorporación de las novedades botánicas, aparentemente infinitas, de las Indias Orientales y Occidentales a la filosofía natural, transformándose así en sostén empírico del conocimiento (Dear 116-117; Findlen "Natural" 458-463). La conceptualización de la historia natural como la base del estudio y conocimiento de la naturaleza, es una idea humanista que Bacon reformularía a inicios del siglo XVII como la base de la *nueva ciencia*.[20]

Este libro muestra cómo la historia etnográfica siguió un proceso análogo al de la reinvención humanista de la historia natural, desde México. Su primera etapa fue también gramático-filológica. Los humanistas franciscanos instrumentalizaron la historia como método de investigación empírica. A partir de la corroboración y depuración filo-

---

[20] Bacon escribió en *Advancement of Learning* (1605) "So of natural philosophy, the basis is natural history; the stage next the basis is physic; the stage next the vertical point is metaphysic" (VII 6). De su *Instauratio Magna* (1620): "Of this reconstruction the foundation must be laid in natural history [...]. For first, the object of the natural history which I propose is not so much to delight with variety of matter or to help with present use of experiments, as to give light to the discovery of causes and supply a suckling philosophy with its first food" ("New Atlantis and Great Instauration" 27). Y la célebre cita de su *Novum Organum* (1620): "so likewise the secrets of nature reveal themselves more readily under the vexations of art than when they go their own way. Good hopes may therefore be conceived of natural philosophy, when natural history, which is the basis and foundation of it, has been drawn up on a better plan; but not till then (XCVIII)".

lógica de diversos reportes testimoniales, intentaron obtener los *textos clásicos* de la antigüedad nahua en su idioma original. La segunda etapa de la nueva historia etnográfica fue el análisis de los *hechos* recabados y la escritura de una síntesis narrativa, que incorporase el conocimiento nahua a la filosofía natural y moral de Occidente.

Al igual que el humanismo cristiano había hecho con los textos de la Antigüedad, los humanistas franciscanos juzgaron el valor del conocimiento indígena en términos primero morales y después científicos y utilitarios. Bernardino de Sahagún, el más importante etnógrafo del siglo XVI, afirmó que la filosofía natural y la filosofía moral de los antiguos mexicanos coincidían en términos generales con las de Occidente. Rescató y enfatizó también el valor y utilidad del conocimiento nahua sobre la naturaleza de México, en particular el de las propiedades terapéuticas de sus plantas. La matriz mesoamericana de conocimiento, al igual que la de la antigüedad grecolatina, debía ser modificada a la luz del cristianismo, verificarse empíricamente, ser actualizada y aprovechada.[21]

Para incorporar la religión, la historia, la cultura y la naturaleza del México antiguo a la filosofía natural aristotélico-tomista, los humanistas españoles adaptaron los modelos historiográficos de la Antigüedad a los procedimientos nahuas de descripción de la naturaleza, añadiendo la verificación sistemática, con frecuencia empírica, de la información contenida en la palabra del *otro*. La investigación y la representación de la naturaleza mexicana por parte de los humanistas ibéricos fue una empresa conscientemente transcultural, al mismo tiempo teológica, retórica, poética y científica.

La historia natural y la historia etnográfica iniciaron la transformación de la filosofía natural en una disciplina más descriptiva que explicativa. La historia etnográfica iberoamericana tuvo, además, dos grandes aportaciones a la nueva epistemología de Occidente en los inicios de la modernidad. La primera fue el reconocimiento de la igualdad humana dentro de la diversidad cultural (Palerm, *Introducción* 77). La segunda, casi ignorada, fue su fusión con la historia natural, para permitir que grandes fragmentos del conocimiento indígena americano formasen parte de las transformaciones en la botánica y la ciencia mé-

---

[21] El análisis de las prácticas empíricas y discursivas de Sahagún permite superar la concepción del trabajo etnográfico de los frailes franciscanos en México como fundamentalmente medieval, una idea aún defendida en 1988 por Keber 53-64, y por Browne en 2000.

dica europeas que culminarían en la moderna ciencia natural (López Piñero y Pardo Tomás, "Medicinas" 111-235; Marroquín Arredondo, "Ethnography").

Humanismo y etnografía

El capítulo inicial del libro rastrea la génesis del humanismo mexicano. La metodología de la historia natural y la historia etnográfica renacentistas tienen sus orígenes en el proyecto *gramatológico* de Lorenzo Valla,[22] base epistemológica de los llamados *studia humanitatis*.[23] Nebrija inició en España la instrumentalización de la gramática y la retórica como herramientas básicas para la investigación histórica, filológica y científica. Esta renovación del conocimiento a partir de la gramática y la retórica alcanzó también a las comunidades observantes de las grandes órdenes mendicantes hispánicas. Tras su llegada a la ciudad de México, los frailes humanistas descubrirían que los antiguos *pipiltin* creían que la palabra poética era el intangible lugar de encuentro de la sabiduría humana y la revelación divina. Argumento que la veneración por el lenguaje, compartida por los sabios de ambas culturas, fue la base teosófica y poética del proyecto retórico y científico con el que los humanistas franciscanos intentaron hacer realidad la república utópica y milenarista de México-Nueva España.

El capítulo dos establece la interdependencia entre la imaginación utópica[24] y la historia etnográfica.[25] Argumenta que Colón, Pedro

---

[22] Utilizo el término de *gramatología* para enfatizar el predominio de la gramática y la retórica en la ciencia, la política y la ética entre los humanistas del Renacimiento.

[23] Es común en la historiografía contemporánea acerca del mundo hispanoamericano en los inicios de la modernidad el concebir el humanismo tan solo como una doctrina pedagógica, ética y filosófica, sin atender a su dimensión epistemológica. El libro de Leticia Ivonne del Río Hernández, *Humanismo y políticas culturales en Nueva España: siglo XVI* (2008); la colección de artículos *Significación política y cultural del humanismo iberoamericano en la* época *colonial* (2008), editada por Ambrosio Velasco Gómez; o la editada por Karl Kohut, *Pensamiento europeo y cultura colonial (1997)*, entienden todos el humanismo únicamente como doctrina ético-filosófica.

[24] Uso la escurridiza palabra *utopía* para definir el proyecto retórico hispánico que pretendía sentar las bases religiosas, políticas, económicas y epistemológicas para la construcción de una ideal república cristiana en América.

[25] Ángel Palerm señalaba desde 1967 la necesidad de estudiar la relación entre los *utopistas* y los científicos sociales. Ver *Introducción* 90-92.

Mártir y Tomás Moro reconocieron a la propiedad comunal americana como la ideal base económica de una república cristiana en América. Los primeros utopistas europeos también compartieron la convicción de que la antigua organización comunitaria indígena debía ser dirigida y transformada por la racionalidad instrumental europea. La superior capacidad para la investigación, análisis y explotación racional de la naturaleza se transforma en el moderno criterio moral que justifica la dominación política y económica de los poco racionales pueblos vecinos.

La convicción acerca de la superioridad de la civilización y la racionalidad europeas, base secular del dominio colonial español sobre las culturas americanas, se complicó de inmediato tras la llegada de las primeras expediciones españolas a las ciudades mayas de Yucatán. El tercer capítulo estudia el desarrollo del método etnográfico humanista. Partió éste de la necesidad de los dirigentes españoles por articular un proyecto de colonización adecuado a la enorme complejidad mesoamericana. La sofisticación cultural del antiguo Anáhuac permitió a Hernán Cortés imaginar y esbozar retóricamente una república utópica y transcultural. La principal tesis de este capítulo es que el milenarista reino cristiano de la Nueva España delineado por Cortés, pretendía integrar la política, la economía y el conocimiento de dos culturas concebidas como fundamentalmente comparables. La historia etnográfica novohispana partió de la necesidad de reducir a unidad la particularidad y la diferencia indígenas; se trataba de la construcción retórica del proyecto más racional y factible para la cristianización y aprovechamiento de la naturaleza y la cultura de México-Nueva España.

El capítulo cuatro estudia la obra de los dos grandes iniciadores de la historia etnográfica en México: Pedro de Gante y Sebastián Ramírez de Fuenleal. Los estudios acerca de la gramática y la liturgia nahuas, llevados a cabo por Pedro de Gante a partir de 1523, dan inicio a la etnografía humanista en México. El programa de conversión religiosa diseñado por Pedro de Gante estuvo basado en la experta y consciente unificación retórica y pictográfica de la palabra religiosa nahua y española. Por su parte, Sebastián Ramírez de Fuenleal da inicio a la historia etnográfica en México. Fuenleal es el primer letrado europeo en recopilar *hechos* acerca de la Nueva España, recabados a partir de la comparación de diversos testimonios. Fuenleal fue uno de los primeros humanistas de Occidente en agregar mecanismos de corroboración de los hechos, provenientes de las ciencias humanas, a la investigación de la naturaleza.[26] Argumento también que los estudios etnográficos humanistas inician a partir del reconocimiento y admiración de Fuenleal y otros frailes humanistas por la sofisticación retórica y poética de la oratoria mesoamericana. Fuenleal afirmó explícitamente las bases ideológicas de la etnografía humanista en América: debían ser éstas un método historiográfico para demostrar, por medio de la *experiencia*, el evidente valor humano de las culturas indias, a pesar de su diferencia y diversidad.

El quinto capítulo trata de la obra etnográfica de Andrés de Olmos y Toribio de Benavente Motolinía. Fue Olmos quien desarrolló el método etnográfico humanista en México a partir del experto dominio de la gramática, la escritura y la retórica nahuas. Para obtener la base metafísica de la filosofía natural de los antiguos mexicanos, Olmos formuló y organizó jerárquicamente preguntas de investigación, seleccionó a sus informantes y los entrevistó de forma sistemática, corroborando su información en diversas fuentes. Como De Gante, Olmos desarrolló un proyecto retórico de evangelización transcultural, basado en la preservación y cristianización de las convenciones retóricas y religiosas nahuas que juzgó adecuadas para la vida moral de la república.

Motolinía articuló el proyecto retórico de la ideal república india; dio inicio, además, a los estudios de historia natural en México. Motolinía defendió el valor universal de la filosofía moral y natural nahuas basado en evidencia adquirida a partir del estudio de sus libros pictográficos y de su experiencia personal como observador y participante de la cultura india. El proyecto retórico de la utopía franciscana en México defendió desde sus inicios la investigación cultural, económica y aún científica de México. Motolinía imaginó una cosmopolita repú-

---

[26] Antes que Fuenleal, Gonzalo Fernández de Oviedo en La Española, defendió la necesidad de garantizar la confiabilidad de la información empírica sobre América, para lo que propone un mecanismo oficial y judicial, sancionado por la autoridad y el poder central de la Corona. Escribió en su conocido *Sumario de la natural historia de las Indias* (1526) que escribía basado en la autoridad de su propia *experiencia* como testigo, o tomando relación de diversos testigos. La Corona le había otorgado poderes, "para que todos sus gobernadores e justicias e oficiales de todas las Indias me den aviso e relacion verdadera de todo lo que fuere digno de historia, por testimonios autenticos, firmados de sus nombres e signados de escribanos publicos, de manera que hagan fe" (Martínez 239).

blica transcultural, de base indígena, donde la ciudad de México sería el futuro centro religioso, político y económico del mundo.

La historia etnográfica de Bernardino de Sahagún ocupa el sexto capítulo. Basado en los estudios humanistas, Sahagún intentó capturar todas las palabras del idioma náhuatl, partiendo de sus manifestaciones poéticas más sofisticadas a las expresiones más cotidianas. Estudiando la representación pictográfica y verbal nahua de las que llamó cosas divinas, humanas y naturales, Sahagún y sus estudiantes nahuas del Colegio de Santa Cruz de Tlatelolco, obtuvieron las bases de la *filosofía natural* y la *historia natural* de los antiguos mexicanos. El énfasis en la retórica le permitió a Sahagún delimitar con precisión el plan y la estructura de su enciclopédica historia etnográfica, al igual que su metodología y sus objetivos finales, persuasivos, utópicos y colonialistas.

Los criterios de Sahagún para demostrar la igualdad humana entre americanos y europeos fueron fundamentalmente éticos. La prueba indiscutible de su común humanidad fue el descubrimiento de que los antiguos mexicanos habían conocido la ley natural, la ley civil y, sobre todo, la *virtud*.[27] El capítulo muestra cómo, basado en estos principios, Sahagún demostró empírica y sistemáticamente la unidad humana en la particularidad histórica. Concluyó que la filosofía natural y la filosofía moral de los antiguos mexicanos no difería en lo esencial con la sabiduría del Occidente cristiano. Sahagún sentó las bases de un sofisticado proyecto retórico para hacer realidad en la república india de México una metódica síntesis cristiana de la religión, la política y la ciencia de Mesoamérica y España.

El diseño de un programa para el aprendizaje mutuo del lenguaje y el conocimiento del *otro*, entre los sabios de dos culturas; el diseño y perfeccionamiento continuo de sus preguntas de investigación a partir

---

[27] El concepto de *virtud* para los españoles de la época era un concepto al mismo tiempo moral y legal. La antigua *areté* o excelencia griega consistía, para Platón, en el cultivo de cuatro virtudes fundamentales, que serían después cristianizadas como cardinales: la justicia, la prudencia, la fortaleza y la templanza. A éstas se les añade con frecuencia la virtud cristiana de la humildad. De acuerdo a la teología católica las virtudes cardinales son hábitos que preparan al entendimiento y la voluntad para el bien. Ver Royo Marín 135. La *virtud* como un concepto que denota orden legal y jurídico se encuentra escrito en las célebres *Siete Partidas* escritas en la corte de Alfonso X: "Las virtudes son de siete maneras; 1) creer, 2) ordenar las cosas, 3) mandar, 4) juntar, 5) premiar, 6) prohibir, 7) castigar" Partida 1, Título 1, Ley 5.

de un modelo epistemológico aristotélico, tomista y humanista de integración transcultural; el registro y corroboración sistemática de toda información, así como la instrumentalización retórica del conocimiento obtenido, hacen de Sahagún el iniciador de la etnografía moderna.[28] Del análisis de su *Historia general de las cosas de Nueva España* (1577) se desprende la tesis principal de este libro: el método gramatológico de los estudios filológicos e históricos humanistas, aplicado a la investigación de la filosofía moral, la filosofía natural y la historia natural de los antiguos mexicanos, es la principal clave epistemológica de la historia etnográfica iberoamericana, la disciplina olvidada en la historia de los inicios de la ciencia moderna.

El último de los grandes etnógrafos humanistas del siglo XVI novohispano es el médico y naturalista Francisco Hernández de Toledo, cuya obra ocupa el capítulo siete y último. Demuestro que Hernández unificó en su trabajo el humanismo médico y naturalista europeo con el humanismo etnográfico novohispano. Basado en parte en el método etnográfico desarrollado por Fuenleal, Olmos y Sahagún, Hernández llevó a cabo la descripción sistemática de la historia natural de México-Nueva España, así como una síntesis parcial de la terapéutica mesoamericana y el humanismo galénico de la época. Anunciador de las ideas de Bacon, Hernández consideró la historia natural como la base de

---

[28] Diversos estudios históricos y antropológicos han señalado en repetidas ocasiones a lo largo del siglo XX que el método etnográfico moderno se encuentra plenamente desarrollado en la obra de Bernardino de Sahagún. Ya desde 1938 Jiménez Moreno había afirmado que Sahagún había creado el método "más riguroso" que se conocía hasta la fecha de investigación antropológica (xiv-xv). Nicolás D' Olwer afirmó en 1952 que Sahagún creó el método antropológico más de un siglo antes que Lafitau, a quien se consideraba tradicionalmente como el iniciador de los estudios antropológicos modernos (109). Ángel Palerm señaló en 1967 que la obra de Sahagún fue el primer tratado científico y sistemático de etnografía, utilizando técnicas en uso durante todo el siglo XX (58, 94). Enrique Dussel afirmó también en 1994 que fue Sahagún el gran fundador de la antropología moderna 71. León Portilla declaró en 1999 a Sahagún como pionero de la antropología en base a una rigurosa descripción de su método de trabajo, plenamente científico. Sintetizó el método antropológico de Sahagún, "pionero de la antropología" como: 1) Dominio y uso de la lengua indígena. 2) Preparación de cuestionario o minuta de investigación. 3) Adaptación a la epistemología indígena. 4) Flexibilidad en el proceso de obtención de datos. 5) Verificación y examen de la información y su interpretación. 6) Registro bilingüe, 188-192. Jorge Klor de Alva, H.B. Nicholson y Eloise Quiñones Keber definen también a Sahagún como pionero de la etnografía. Manuel Marzal describe en 1993 la obra de Sahagún como el "nacimiento de la ciencia etnográfica" (69).

todo conocimiento, incluido el estudio de las culturas humanas. Conceptualizó su obra naturalista en México como el primer paso para el estudio, clasificación y aprovechamiento de una naturaleza asumida como global.

Hernández fue incapaz de reconocer la igualdad humana de mesoamericanos y europeos. Esto fue así a pesar de que Hernández reveló inconsistencias fundamentales en la teoría médica de Galeno gracias al saber de los médicos indios, y a pesar también de haberse valido del idioma náhuatl para llevar a cabo la descripción y clasificación de un saber botánico mucho más vasto que el de Europa a finales del siglo XVI. Argumento que esta incapacidad anuncia el final del predominio epistemológico humanista en la ciencia iberoamericana. La obra etnográfica de Hernández se aleja en parte de los criterios éticos de Sahagún para juzgar al *otro*; trata, en cambio, de demostrar una supuesta inferioridad biológica de los indios, a partir del desconocimiento mesoamericano de la racionalidad instrumental europea.

A pesar de la evidente modernidad de la obra etnográfica de Sahagún y Hernández, la historia contemporánea de la etnografía, la etnología y la antropología desconoce en general sus orígenes humanistas iberoamericanos, lo que se traduce en una parcial incomprensión de los orígenes de la ciencia moderna.[29] La antropología, como disciplina especializada de conocimiento, aparece en el siglo XIX, pero la génesis de su metodología y sus primeras formulaciones teóricas deben ubicarse a finales del siglo XV y a lo largo del siglo XVI (Palerm, *Introducción* 58-77; San Martín 15-16; Marzal 17-18).[30] Este libro no solo ratifica esta afirmación, sino que analiza por primera vez el desarrollo de la

---

[29] Margaret Hodgen señaló que el método científico utilizado en el estudio de la cultura comenzó en el siglo XVI (8). No menciona, sin embargo, a los etnógrafos franciscanos en México, enfocándose en el trabajo de Johann Boemus, André Thevet, Jean de Léry y José de Acosta. En su ensayo "Anthropology Before Anthropology" (2008), Liebersohn también señala a Colón como el iniciador de la moderna etnografía, ignorando a los etnógrafos humanistas en México. Solo menciona brevemente a Las Casas y Acosta antes de llegar a Jean de Léry (20-23). Anthony Pagden enfoca su trabajo en las figuras de Las Casas y Acosta, ignorando también a los etnógrafos hispano-nahuas (1982). Baine Campbell afirma que la antropología moderna inicia con el libro de Lafitau, *Moeurs des Sauvages Amériquains (1724)*, (57).

[30] La palabra *antropología*, fue primero utilizada como título de un libro de Galeazzo Capel en 1533. En él discute el valor y los valores de los hombres, los encantos de la mujer y la miseria de la condición humana (Wuld 2).

historia etnográfica como instrumentalización del modelo epistemológico desarrollado por los estudios humanistas del Renacimiento y las prácticas institucionales de investigación empírica desarrolladas por las autoridades coloniales españolas.

El nacimiento del método etnográfico moderno a partir de la gramatología nebrisense comparte los propósitos utópicos e imperiales de ésta. La etnografía franciscana fue un proyecto retórico, de base empírica, diseñado para la transformación y sometimiento sistemáticos de la cultura colonizada. Esta transformación obedeció a los intereses económicos, políticos y religiosos de la corona española, a las necesidades del naciente capitalismo global y al genuino deseo de crear una próspera república cristiana de base indígena.

La sofisticación poética, moral y científica de la palabra nahua convenció a los frailes humanistas de la igualdad de México y España.[31] La historia etnográfica del primer siglo del virreinato compartió el mismo paradigma fundacional de los antropólogos decimonónicos: la búsqueda de "los universales de la cultura". La antropología, como ciencia formulada explícitamente, inició con la búsqueda de uniformidades, empíricamente demostrables, en la diversidad de las culturas humanas. Intentaba establecer de manera científica lo esencialmente humano, el antiguo *consensum gentium* (Geertz 38).

El hecho de que los pioneros estudios etnográficos en México tuvieran como objetivo principal la conversión al cristianismo de las antiguas culturas de Mesoamérica, no vuelve a su trabajo menos moderno desde un punto de vista epistemológico.[32] La etnografía no es otra cosa que la creación de diversas maneras de pensar y escribir sobre la cultura, desde el punto de vista de la *observación participante*. Las subjetividades que se producen en los intercambios entre los etnólogos y sus sujetos de estudio son casi siempre desiguales. Todo discurso etnográfico es siempre una versión construida de la verdad, una narrativa retórica y literaria consciente de su contingencia histórica, siempre abierta a reinterpretaciones (Clifford 9-10).

---

[31] El concepto de *España* se desarrolla a partir del matrimonio de los Reyes Católicos. Los historiadores de Indias contribuyen en buena medida a su establecimiento.

[32] Los grandes científicos del siglo XVII preservan bases metafísicas del conocimiento. Dios era la base de las leyes de movimiento cartesianas y del espacio absoluto de Newton. Ver Garber 22.

Las fuentes centrales de esta investigación son los estudios gramáticos, literarios, etnográficos y científicos de los humanistas españoles en México-Nueva España durante el siglo xvi. Pedro de Gante, Sebastián Ramírez de Fuenleal, Toribio de Benavente Motolinía, Andrés de Olmos, Bernardino de Sahagún y Francisco Hernández fueron los principales responsables de la gradual sistematización historiográfica y empírica de los estudios sobre la naturaleza y las culturas de México. Complemento el análisis de la historia etnográfica humanista en México con el estudio de las fuentes históricas clásicas acerca de la conquista española de las islas taínas, la temprana colonización de La Española, la conquista de México y la creación de la Nueva España durante el siglo xvi. Entre las fuentes secundarias, destacan textos relativos a la historia de la ciencia, la filosofía del lenguaje y la antropología cultural. El texto utiliza también fuentes documentales procedentes del Archivo de Indias en Sevilla, la Biblioteca Nacional de Madrid y el Archivo General de la Nación en México. La narración del proceso epistemológico hispánico de investigación y representación de la realidad cultural y natural de México es, por necesidad, cronológica. Se apoya, finalmente, en una breve narrativa histórica de la realidad material, política y religiosa de México y España en el siglo xvi.

Capítulo i

Orígenes

> *Escribes con flores...*
> *Con cantos das color*
> Nezahualcóyotl

La génesis de la historia etnográfica en México se remonta al nacimiento y desarrollo del particular método gramático de investigación de los *studia humanitatis*, o "estudios de la humanidad". La instrumentalización nebrisense de la gramática y la retórica permitió la articulación historiográfica de un proyecto imperial hispánico al mismo tiempo utópico, mesiánico y científico, y de cuya variante mexicana se ocupa este trabajo.

La complejidad teosófica, cultural y económica del antiguo Anáhuac reveló como imposible el intento de conversión y aculturación forzado que dominó la colonización de las Antillas. La fe humanista en el lenguaje como ontología se correspondió con la concepción nahua de la poesía como recreación de la armonía en movimiento de Ometéotl, omnipresente deidad originaria, incesante proceso de creación y destrucción del ser. La creencia mutua en un *logos*, un principio unificador y organizador del mundo, permitió el posterior desarrollo de los estudios humanistas hispano-nahuas.

El método humanista

En el ocaso de la Edad Media, en un mundo en el que la vida era considerada tan solo como preludio al tiempo y espacio eternos, todo ser, acto u objeto de la naturaleza era también un signo, una pequeña parte del infinito lenguaje de Dios. Como afirma Octavio Paz, el pensamiento analógico convierte al universo en "un tejido de relaciones y equivalencias" (Nueva 309). La historia de Israel era considerada, por ejemplo, como alegoría de la historia humana.[1] La realidad material y el amplio mundo de los signos y las palabras, podían ser todos reinterpretados y verificados a la luz de las Escrituras. Los primeros símbolos de la Iglesia fueron alegorías de los misterios esenciales del cristianismo. La constante reinterpretación y recreación de nuevas analogías se había convertido, sin embargo, en un pesado ejercicio intelectual que iba perdiendo su razón de ser (Huizinga, "Waning" 182-194).

El nacimiento del capitalismo moderno en las ciudades italianas a inicios del siglo XIV transformó la percepción humana de la naturaleza. Hizo volver los ojos al mundo material para aprovechar al máximo todo recurso, todo tiempo y toda vida. Su gran acompañante fue la eficaz razón instrumental.[2] Fuera de las ciudades del norte de Italia y de Flandes, el poder de la nobleza impidió que las ciudades de Europa se volviesen demasiado poderosas. La Peste Negra llegó en 1348, causando la muerte de al menos la cuarta parte de la población europea (Austin 21). La necesidad de afianzar el comercio y el temor a las rebeliones populares permitió la creación de monarquías cada vez más poderosas que rechazarían el poder político del Papado e intentarían someter a la Iglesia a los intereses del Estado. Mientras el poder del Islam llegaba a su punto más alto en la historia con la toma de Constantinopla en 1453, el ideal medieval de un mundo cristiano cohesionado y dirigido parecía comenzar a desaparecer.

A finales de la Baja Edad Media se multiplicaron los movimientos místicos, que desafiaban todo análisis racional y escolástico de lo divino y proponían en su lugar una relación personal y comprometida con Dios. El libro místico más popular de la época, *La Imitación de Cristo* (1418-1427) comúnmente atribuido a Tomás de Kempis, afirma que hay que desconfiar de la razón como instrumento para comprender a Dios (17). Los teólogos escolásticos saben definir palabras, afirmaba Kempis, pero no saben vivirlas, perdidos en su deseo por ser reconocidos como autoridades (18). El auténtico sentido de la vida no es otro

---

[1] Llevado al extremo, el pensamiento analógico permitía castigar a las campanas de las iglesias o a los cerdos por sus errores o malas influencias sobre el pueblo. Ver Eugene Weber 25-27.

[2] Ver la Introducción de Max Weber a su conocida obra *The Protestant Ethics and the Spirit of Capitalism* (2001).

que perfeccionarse espiritualmente, preparar el alma en la tierra para su encuentro con Dios (20-21).

Los místicos y los iluminados buscaban recuperar el auténtico modo de vida cristiano, tal cual se encontraba descrito en los Evangelios. Se conoció a su ideal como la *devoción moderna* y llegó a ser el modelo dominante de piedad cristiana en el siglo xv, precursor de los diversos movimientos de reforma de la Iglesia en los inicios de la modernidad (Macculloch 22-23). En la península ibérica, el misticismo tuvo gran presencia a través de los *alumbrados*, los religiosos que anunciaban de manera mesiánica la llegada de una nueva era, auténticamente cristiana (Bataillon 74-95).

El desdén por la escolástica era compartido por los *humanistas*, los intelectuales de Europa occidental que comenzaron a redescubrir en los textos de la Antigüedad el amor y estudio del mundo natural, la perfección en la forma artística y la profundidad de las emociones humanas.[3] A inicios del siglo xiv, Dante recuperó toda la riqueza estilística de la época clásica. Auerbach sintetiza así su originalidad y valor:

> En comparación con todos sus antecesores, entre los cuales se cuentan, sin embargo, grandes poetas, su expresión posee una riqueza, actualidad, fuerza y flexibilidad tan incomparablemente mayores, conoce una cantidad de formas tan superior, abarca los fenómenos y los asuntos más diversos con mano tan firme y segura, que uno llega al convencimiento de que este hombre ha redescubierto el mundo con sus palabras (174).

Redescubrir el mundo a través de la palabra describe de manera concisa el humanismo renacentista. En 1963 Hanna Gray lo definió como la "búsqueda de la elocuencia" (497). Esta confianza suprema en el poder de la palabra tiene orígenes atenienses. Según Platón, Sócrates afirmó que la condición necesaria para la existencia del conocimiento es que el lenguaje sea un vehículo confiable de una verdad expresada a partir de una definición rigurosa de los términos del discurso (*Crátilo* 435d-e). Platón escribió que un lenguaje ideal sería capaz de establecer

---

[3] Como señala Kristeller, el humanismo es continuación de los estudios gramáticos y retóricos de la Edad Media. Les añadieron el estudio de la historia, el griego, la filosofía moral e hicieron de la poesía el arte central y no solo una secuela de la gramática (178).

una relación directa entre la cosa y su esencia (*Fedro* 246c). Tuvo que reconocer, sin embargo, que el lenguaje era en realidad imperfecto y limitado (278d). Solo los poetas y los oráculos se acercaban a la perfección ideal del lenguaje, inspirados por la divinidad (*Ion* 534b-d). Para Platón, el lenguaje consigue una imperfecta aproximación a la unidad fundamental del universo, con ayuda tanto de la revelación poética como de la razón, aprendida de Sócrates.

Los diálogos platónicos preservan el dinamismo del pensamiento y su inestabilidad al tratar de fijar cualquier verdad. En ellos, la separación entre el lenguaje poético y el lenguaje filosófico no es radical ni insalvable. Como señala Alfonso Reyes, en los diálogos socráticos la filosofía aún se encuentra unida a la poesía (372). A partir de Aristóteles, el conocimiento, auxiliado por la lógica, privilegiaría el silogismo, el argumento formal que busca expresar con precisión una idea, definición o categoría. La realidad material se volvió aprehensible a través del análisis lógico y dialéctico de sus manifestaciones particulares (375-76).

Para los griegos, el lenguaje era el vehículo de todo conocimiento y la parte más esencial del ser humano. Como escribe Alfonso Reyes:

> He aquí, más o menos, cómo pensaba el clásico respecto al hombre y la palabra: El hombre es el único ser dotado de alma racional; esta alma racional se revela en todos sus actos, pero su expresión característica es la palabra. La vinculación en la palabra salva al espíritu puro de su esterilidad esencial. A su vez, la educación de la palabra refluye sobre el perfeccionamiento del alma, como la esgrima refluye sobre la educación del guerrero. Es más estimable lo que se dice que lo que se calla. Y el hombre dotado para expresarse es más estimable que el no dotado. Por eso los helenos valen más que los bárbaros, que *los sin lengua* (*Antigua* 370-71).

Los humanistas del Renacimiento rescataron la antigua noción griega de que el ser humano es, ante todo, lenguaje. Deslumbrados por la sabiduría y la belleza de las obras clásicas, intentaron elevar a toda costa la dignidad de las letras profanas. Rescataron la noción de la poesía como forma privilegiada de conocimiento y llegaron a sacralizar la literatura griega y romana al declararlas *studia divinitatis*, manifestaciones privilegiadas del lenguaje divino (Lafaye, *Amor* 24-27). Los poetas humanistas intentaron devolverle a la poesía su valor como ontología, como reflexión fundamental sobre el ser y la unidad del hombre y la naturaleza. Imitaron los modelos poéticos de la Antigüedad en su forma latina y después en su propia lengua vernácula, para dignificarla y convertirla en vehículo adecuado de conocimiento y placer estético (Gómez Moreno 52).

El redescubrimiento de los tratados retóricos de Aristóteles, Cicerón y Quintiliano llevó a una profunda reevaluación del arte oratoria y de la producción de todo discurso textual. En sus *Disputationes dialecticae* (1439), Lorenzo Valla argumentó que el abuso de la lógica había llevado a la invención de abstracciones y categorías arbitrarias y falsas. Propuso eliminar el predominio de la lógica y subordinarla a la retórica y la gramática.[4] El estudio de la gramática latina era para Valla el primero y el más importante de los pasos necesarios para la adecuada lectura y comprensión de los padres de la Iglesia y los escritores de la Antigüedad. Escribió la más influyente de las gramáticas humanistas, la *Elegantiae linguae latinae* (1437, pub. 1471), basada en un análisis inductivo y racionalista de las estructuras del latín. Para Valla, junto con el lenguaje florece también el conocimiento y el estudio de la ley. La fijación gramatical de la lengua latina debía basarse en el estudio histórico de su uso lingüístico y no en una teoría morfológica y epistemológica. Fue también Valla el primero en instrumentalizar la gramática como método de estudio de la Biblia, iniciando la moderna filología y allanando el camino para la instrumentalización gramático-retórica de la investigación humanista de las diversas áreas del conocimiento (Marsh 93-97).[5]

El auge de la retórica fue parte de la renovación humanista de la filosofía moral. Esta renovación tuvo su formulación más influyente en el humanismo cristiano de Erasmo de Rotterdam. La *Philosophia Christi* intenta conciliar y sintetizar la redescubierta sabiduría clásica con la piedad evangélica. En su *Enchiridion* (1503), Erasmo afirmó

---

[4] Ver el apartado acerca de las reformas de Valla a la lógica aristotélica en "Lorenzo Valla", *Stanford Encylopedia of Science*. 3 de octubre de 2013. <http://plato.stanford.edu/entries/lorenzo-valla/#ValRefAriLog>.

[5] Otros tratados influyentes de retórica escritos en a época fueron *De inventione dialectica* (1479), de Rodolfo Agrícola, quien buscó sustituir a la falsa y arbitraria certeza del silogismo por la probabilidad de la dialéctica y la retórica. Erasmo escribió un tratado para la enseñanza de la retórica *De duplici copia verborum ac rerum* (1512). Sobre la importancia general de la retórica en el Renacimiento ver la Introducción de Peter Mack a *Renaissance Rhetoric* 1-12.

que la filosofía de Cristo es en realidad muy simple y se puede prescindir de todo comentario para entenderla, pues lo importante es vivirla, no argumentarla. Recomendaba la lectura moderada de los autores clásicos, pues ninguno contradecía el mensaje de Cristo, cuyas enseñanzas se encontraban en el Nuevo Testamento, al alcance de cualquiera. En la práctica, estas enseñanzas no significaban mucho más que aprender a amar y prepararse para morir, como enseñaba Sócrates, afirmó Erasmo en su célebre *Moriae Encomium* (1511), (151-158).

En sus *Coloquios*, aparecidos por primera vez en 1517, Erasmo propone también un cambio en la percepción convencional de la naturaleza. Los reinos animal y vegetal no son solo testimonio del poder divino sino también oportunidad de acercarse a Dios. En el diálogo "El festín profano", uno de sus personajes afirma que la naturaleza no es silenciosa, sino que habla y enseña en todas partes a quienes tienen voluntad y capacidad de aprender (*Colloquies* 48). En la imaginaria casa de campo de un humanista, Erasmo describe árboles frutales, jardines llenos de plantas de diferentes virtudes, un aviario, árboles exóticos, abejas. La naturaleza bien podía ser amable y generosa maestra (158-60).

El racionalismo y el empirismo de Occidente provienen en parte de los estudios humanistas (Gil Fernández 10). Su método de investigación sigue tres pasos básicos. El primero es el estudio de toda literatura en sus fuentes originales, depurándolas a través de un análisis gramático, filológico e histórico. El segundo es la reincorporación de la sabiduría, así purificada, al conocimiento occidental, mediante un ambicioso proyecto retórico-literario, que incluye la perfecta imitación de los modelos clásicos. El último paso de los estudios humanistas es la corrección y actualización del conocimiento de la Antigüedad, mediante un proyecto de investigación empírica de bases gramáticas, retóricas e historiográficas (Grafton 3-5). Este programa de investigación, iniciado por Nebrija en España, estaría en la base de los estudios humanistas en México.

El humanismo cristiano erasmista buscó también una reforma religiosa y política. En 1516 Erasmo publicó la *Educación del príncipe cristiano*, dedicada al príncipe Carlos, entonces de dieciséis años, nieto del emperador Maximiliano I de Austria y de Fernando el Católico. De acuerdo a Aristóteles, escribía Erasmo, la forma más elevada de la sabiduría humana es la que le enseña a un príncipe a reinar de forma benéfica. Hacía notar que el gobierno de reinos y repúblicas debía basarse en un conocimiento obtenido a partir de la experiencia. Escribió que:

> La mejor manera de obtener este conocimiento es a través del estudio de la geografía, la historia y las visitas frecuentes de las provincias y ciudades. El príncipe debe estar deseoso de conocer la locación de sus distritos y ciudades, los orígenes de éstos, la naturaleza que los rodea, sus instituciones, costumbres, leyes, anales y privilegios. Nadie puede sanar el cuerpo hasta que está versado a fondo en él (*Education* 65).

En caso de rebeldía de los nuevos vasallos, había que conducirlos hacia el bien común mediante algún subterfugio o simulación. "Esto trabaja igual que el vino, que cuando primero se bebe no tiene efecto, pero en cuanto ha fluido a través de cada vena cautiva por entero al hombre y lo mantiene en su poder", afirmaba Erasmo (73). El pensamiento político del humanismo cristiano fue de enorme importancia en el programa político de Carlos V en la primera mitad del siglo XVI. Su presencia es evidente en la creación del proyecto de la utopía española en México. La investigación etnográfica de Fuenleal, Motolinía y Sahagún siguió de manera cercana el programa político y retórico del humanismo cristiano. Como afirma Chabod, el intento de los humanistas por construir un mundo nuevo a través de la educación tiene una "íntima afinidad espiritual con la espera escatológica del Advenimiento del Reino de Dios" (Lafaye, *Amor* 30).[6]

Al mismo tiempo, el nuevo énfasis humanista en la investigación sistemática y la corroboración empírica de toda información transformó la escritura de la historia. El método historiográfico moderno, basado en la sistemática confrontación de fuentes documentales, se encuentra bien desarrollado en la *Historiae Florentini populi* de Leonardo Bruni, terminada entre 1508 y 1509. La nueva historiografía, sin embargo, revelaba también la crudeza de los antiguos. La utopía moderna

---

[6] El programa educativo de Erasmo era para las clases dirigentes. Escribió en el *Enchiridion* que "ninguna cosa hay más desconcertada ni torpe que la gente baja y común del pueblo; por eso ha siempre de obedecer a los que gobiernan y no ser parte para gobernar" (159). Como escribe Jeremy Lawrence, "el objeto de los *studia humanitatis* —así como de la *enkyklopaedia* grecorromana— era el de diferenciar al "buen ciudadano" de los menestrales de las artes mecánicas propias de esclavos o de plebeyos" (179).

y su crítica aparecen de manera prácticamente simultánea. En *El Príncipe* (1519), Maquiavelo escribió que eran muchos los que habían imaginado repúblicas y principados ideales que jamás existieron. La realidad histórica era la lucha a muerte por el poder (342-343).

La utopía gramática

La expansión territorial de Castilla en los siglos XII y XIII estuvo acompañada por la traducción al latín y al castellano de muchos de los textos de la antigüedad árabe, griega y hebrea, preservados por los reinos islámicos de la Península, herederos del gran califato de Córdoba. Siguiendo la tradición musulmana de los *majlis,* el *scriptorium* de la corte de Alfonso X dividió las materias de trabajo en talleres separados, dedicados a la astronomía, la cosmografía, la música, las artes, la jurisprudencia, los estudios del lenguaje, la matemática y la historiografía (Kagan 22). Algunos de los libros traducidos en la comúnmente llamada Escuela de Traductores de Toledo fueron el *Almagesto* de Ptolomeo, los *Elementos de Geometría* de Euclides, la *Física* de Aristóteles y el *Canon de Medicina* de Avicena. La traducción de libros clásicos al castellano ayudó también a establecer las bases para la estandarización gramática de la lengua (21-23).

La inestabilidad de la Corona castellana durante el siglo XIV redujo el cultivo de los estudios filológicos, jurídicos y científicos. Estos tendrían un nuevo auge tras la unificación dinástica de Castilla y Aragón en 1469. La gradual centralización del poder político dependió en parte de un proyecto retórico: la reescritura de la historia de España.[7] Los dos historiadores oficiales de la corte española, Fernando del Pulgar y Lorenzo Galíndez de Carvajal, articularon el mesianismo utópico y nacionalista de los Reyes Católicos. La pareja real estaba destinada a unificar a la antigua Hispania, derrotar a los enemigos de la fe cristiana

---

[7] El nacionalismo español fue parte de los mecanismos para el relativo control de la poderosa nobleza española. De acuerdo a Jackson, al final del reinado de los Reyes Católicos, la nobleza controlaba el 97% de la tierra (184-188). Los Sforza en Milán y los Medici en Florencia patrocinaban en aquel entonces similares proyectos historiográficos. Ver Kagan 49-50.

y renovar la Iglesia de Cristo (Kagan 49-50).[8] Isabel de Castilla hizo suyo el anhelo de reforma religiosa y política promovido por las corrientes reformistas de las órdenes mendicantes. Promovió la reforma de la Iglesia española a partir de las comunidades monásticas observantes. Éstas eran parte de la corriente reformista de la Iglesia, influidas por el misticismo, la devoción moderna y el humanismo.

A su regreso a España, Nebrija ligó los estudios humanistas con el ideal mesiánico de los Reyes Católicos. Escribió en el prólogo de su *Vocabulario español-latino* (1492) que había ido a Italia y permanecido en ella largos años con el propósito de restituir "en la posesión de su tierra perdida los autores del latín, que estaban, ya muchos siglos avía, desterrados de España" (Gómez Moreno 82). Nebrija renovó la enseñanza del latín tras ganar la cátedra de Gramática en la Universidad de Salamanca en 1473. Publicó a instancias de la reina Isabel una gramática del latín, sus conocidas *Introductiones latinae* (1481). Vio impresa en 1492, unos cuantos meses después de la toma de Granada, su célebre *Gramática de la lengua castellana*, la primera gramática de bases científicas de una lengua europea moderna, iniciadora de la lexicografía de las lenguas románicas (Lope Blanch 8).

Para Nebrija, como para Valla, la gramática era la base de todo conocimiento y de todo arte, incluido el de la política. En el conocido prólogo de su *Gramática castellana*, dedicado a la reina, Nebrija expuso escuetamente sus ideas acerca de la estrecha relación entre la monarquía, el conocimiento, las artes y el lenguaje. Articula en su prólogo la dimensión gramática, retórica y utópica del naciente imperialismo español. La Corona tenía la oportunidad de crear una poderosa y civilizadora república cristiana, una Nueva Jerusalén. En el reino de Salomón, el momento de mayor esplendor de la civilización judía, habían florecido las leyes y la literatura. La lengua hebrea había alcanzado entonces su mayor perfección. Nebrija le explicaba a la reina cómo "con la monarquía floreció la paz, creadora de todas las buenas artes y honestas" (110). A través de su gramática castellana podrían conocer la

---

[8] Como señala Kagan, los dos principales historiadores de los Reyes Católicos fueron Fernando del Pulgar (1430-1492), comunero de origen converso y secretario personal de la reina, y Lorenzo Galíndez de Carvajal (1472-1528), censor y juez de la historia escrita en España, quien insistía en que los Reyes Católicos estaban destinados a terminar con el caos y la corrupción de la corte de Enrique IV (50-56).

ley incluso los "pueblos bárbaros y naciones de peregrinas lenguas" que los reyes conquistarían (113). Tras la adecuada implantación de la fe y la justicia en todos los reinos hispánicos, proseguía Nebrija:

> no queda ya otra cosa sino que florezcan las artes de la paz. Entre las primeras, es aquélla que nos enseña la lengua, la cual nos aparta de todos los otros animales y es propia del hombre, y en orden la primera después de la contemplación (112).[9]

Para Nebrija, como para Valla, todo conocimiento dependía en primer lugar de su capacidad de ser transmitido por el lenguaje. Más importante que la lógica del concepto era su expresión lingüística. La perfección en las palabras significaba una aproximación superior a la realidad. Como sintetiza Cirilo Flores: "Los *studia humanitatis* tienen como referencia básica la poesía, a la que entienden como el espacio superior al que el hombre puede llegar y donde se realiza la visión de lo divino" (*Humanismo* 350).

Nebrija fue el primero en intentar que la lengua española alcanzase la perfección de la latina o la hebrea.[10] La unión de Castilla y Aragón, la conquista de Granada y la colonización de las Canarias lo convencieron de que la lengua castellana no había estado nunca antes en semejante momento de expansión y florecimiento. Su fijación por medio de una gramática se justificaba entonces en términos históricos, "por estar ya nuestra lengua tanto en la cumbre, que más se puede temer el descendimiento de ella que esperar la subida" (*Gramática* 113).

Ligó también Nebrija los estudios humanistas al proyecto historiográfico de la Corona española. Nombrado Cronista Real en 1490, afirmó en sus *Antigüedades de España* (c.1499) que no habían sido los

---

[9] Compartía Nebrija la idea de Aristóteles, reformulada por Tomás de Aquino, según la cual tras la contemplación aparecen el lenguaje y la cultura. En la *Suma Teológica* se lee que: "lo primero que alcanza nuestra aprehensión es el ente, cuya noción va incluida en todo lo que el hombre aprehende" I-IIae, c. 94.

[10] Garcilaso de la Vega cumpliría el sueño de Nebrija e iniciaría la modernidad literaria en lengua española a partir de la perfecta imitación de los modelos poéticos de Petrarca, Virgilio y Horacio. Garcilaso de la Vega escribió en su carta-prólogo a la traducción de Boscán de *El Cortesano* de Castiglione, publicada en 1534, que tenía "por muy principal el beneficio que se hace a la lengua castellana en poner en ella cosas que merezcan ser leídas, porque yo no sé qué desventura ha sido siempre la nuestra, que apenas ha nadie escrito en nuestra lengua, sino lo que se pudiera muy bien excusar" (59).

romanos los únicos responsables de la civilización ibérica; antes de la invasión grecolatina había florecido una civilización que había sabido incorporar con éxito la cultura de diversos pueblos invasores (Tate 26). Además de darle un fuerte carácter nacionalista a la historia española, defendió también Nebrija la subordinación de la historia a la retórica, tal cual señalaba Quintiliano, heredero de Aristóteles. El mismo Nebrija fue el editor de un *Compendio* de las retóricas de Aristóteles, Cicerón y Quintiliano, publicado en Alcalá de Henares en 1529 (Carman 18). En su traducción al latín de la *Crónica de los Reyes Católicos*, terminada en 1490, Nebrija reescribe la obra de Fernando del Pulgar, siguiendo principios de la retórica clásica, reforzando los temas principales de la narración, limitando las digresiones y elevando el estilo (Hinojo 31-32).

La búsqueda de la perfección retórica de la historia, a partir de los modelos de la Antigüedad, sería el primer paso en los inicios de la moderna investigación científica en España. El *humanismo científico* español, iniciado por Nebrija, colaboró activamente en la recuperación humanista de todo el saber de la Antigüedad a partir de la depuración gramática y filológica de las "bárbaras" versiones medievales, traducidas indirectamente a partir del árabe (López Piñero y Pardo Tomás, *Influencia* 26). La renovación humanista del conocimiento científico de la Antigüedad tuvo su principal desarrollo en España a través de la historia natural.

Como es sabido, la llegada de Colón a Guanahaní-San Salvador había destruido nociones básicas de la geografía ptolemaica. Existía otro mundo más allá de las columnas de Hércules y culturas que sobrevivían en la zona tórrida. Era necesario incorporar la realidad natural y cultural de un nuevo mundo al conocimiento occidental, a la filosofía natural aristotélico-tomista. La búsqueda de veracidad en la historia significó privilegiar y sistematizar la observación empírica. El valor otorgado a la experiencia por los humanistas fue preámbulo de la ciencia moderna. El mismo Nebrija afirmó que solo "la experiencia dice cómo es la realidad" (Flores, *Humanismo* 22). La teoría y la práctica experimentalista del humanismo español se encuentra en la historia, "lugar de la experiencia acumulada por los hombres y cristalizada en el lenguaje" (*Humanismo* 357).

Participó también de manera activa Nebrija en la renovación de la medicina y la historia natural españolas. En 1518 editó en Alcalá la versión latina de la *Materia medica* (c. 50-70) de Dioscórides, llevada a cabo por Jean Ruel. Le añadió Nebrija un *Léxico* con la traducción al español de los nombres griegos y latinos de las plantas medicinales y los objetos curativos (López Piñero, Nebrija 62). Nebrija impulsó el humanismo científico en la Universidad de Valencia, "cuya facultad de medicina llegó a ser, a mediados de la centuria, la más importante de España y uno de los principales centros europeos de la reforma vesaliana" (Navarro Brotóns 364).[11] La influencia de Nebrija en la renovación de los estudios de historia natural y medicina llegó hasta los grandes naturalistas españoles del siglo XVI, Andrés Laguna, Nicolás Monardes y Francisco Hernández (López Piñero, *Medicinas* 62).

Colaboró Nebrija en la renovación de la cosmografía con su *Cosmographiae libros introductorium* (1499), precursora de la restauración en España de la geografía matemática o astronómica, que debía señalar con precisión sistemática la longitud y latitud de todo accidente geográfico (López Piñero, "Nebrija" 62). Formuló también Nebrija en su *Cosmografía* el novedoso concepto de *globo terráqueo*, demostrado en la experiencia por la circunnavegación de Magallanes. Escribió que "la superficie de la Tierra y la superficie del agua tienen juntas la forma de una esfera y tienen en común el mismo centro que el centro del mundo" (Navarro Brotóns 361).

Al parecer tenía Nebrija una concepción euclideana del espacio (Flores, *Humanismo* 22). En su *Repetitio sexta*, de 1511, afirmó que Dios había puesto orden en el mundo "con la medida, el número y el peso" (2). Como Pitágoras, creía también en la proporción: el secreto balance que armonizaba la naturaleza y el discurso. Era necesario buscar los elementos más simples en todo género de cosas para intentar establecer con ellos la proporción que mejor demostrase la armonía de la naturaleza (Flores, *Humanismo* 22).[12]

El humanismo penetró también en las comunidades observantes de las tres grandes órdenes mendicantes españolas. La reforma de la Iglesia española realizada por el cardenal Francisco de Cisneros a instancias de la

---

[11] Un discípulo suyo, Juan Andrés Stran, catedrático de griego en la Universidad de Valencia, realizó una versión comentada de la *Historia natural* de Plinio. Ver Navarro Brotóns, "Humanismo" 363-65.

[12] De acuerdo a Nebrija, "la proporción hermana a las palabras y a los números y hace posible decir las cosas bella y precisamente". Flores, *Humanismo* 22.

reina Isabel estuvo influida tanto por el milenarismo y misticismo bajomedievales como por las ideas gramatológicas del humanismo. Las comunidades observantes españolas buscaban recuperar la disciplina conventual, la austeridad, el recogimiento espiritual, el estudio intelectual y el arte de la predicación. En el caso franciscano, se buscaba también recuperar el carisma del santo de Asís:: una vida comunitaria y humilde entre los pobres de la sociedad, en paz con la naturaleza y siguiendo el ejemplo de Jesucristo, quien había crecido en un pequeño pueblo palestino de agricultores y cuya vida había transcurrido en cercanía con la naturaleza.[13] Este anhelo se mezcló con las nuevas corrientes humanistas. Además de la Biblia, la imprenta popularizó en España obras de Aristóteles, Séneca, Boecio y Petrarca. La filosofía clásica se consideraba como preparación para la imitación de Cristo (Bataillon 12-22).

La purificación de las fuentes patrísticas de la Biblia inundó a los estudiosos de las órdenes monásticas de un nuevo racionalismo gramático y retórico. En 1500 existían cinco monasterios franciscanos de hermanos menores observantes en España, los cuales fueron agrupados en la Provincia de San Gabriel en 1519. De San Gabriel provinieron los primeros franciscanos que irían a México (Baudot 82-85). En el caso dominico, la observancia se instauró en 1486 en el convento de San Esteban, ubicado dentro de la misma Universidad de Salamanca. En 1489, el capítulo dominico en San Esteban ordenó que se proveyese adecuadamente de libros a todos los conventos. Se afirmó que "el estudio es la gloria de la Orden; en lo que ella aventaja a las otras" (Hernández 201). Se ordenó que en todos los conventos "no se lea otro arte de gramática que el de Nebrija, y esto queremos que sea inviolablemente observado" (201). Los superiores de los conventos debían velar porque se perturbase lo menos posible a los estudiosos y se les proporcionaran las condiciones y herramientas necesarias para el trabajo intelectual. La reforma dominica estimuló también la participación de sus predicadores, expertos en la retórica, en los asuntos políticos y sociales de la época (Nieva Ocampo 157-168).

La reforma religiosa en España a partir de los ideales de las comunidades observantes franciscanas es el punto de partida indispensable

---

[13] En el Evangelio de Mateo, Jesucristo afirma que las flores eran más esplendorosas que el máximo esplendor de Salomón (5:28-29); que el verano se anunciaba para todos con los renuevos de las higueras (5:24-32).

para comprender las ideas religiosas y políticas de los primeros evangelizadores de México. La reforma buscaba la corrección y ajuste disciplinar y la eventual reunificación de conventuales y observantes (García Oro 129-130). Fue apoyada con decisión por los Reyes Católicos, quienes presionaron directamente a los superiores de los conventos para que pusiesen en práctica las reformas (131-142). El cardenal y los reyes se proponían elevar a un observante franciscano al generalato de la orden. Soñaban con hacerse del papado y reformar la cristiandad (155-56).

El cardenal Cisneros fue a la vez un místico, un cruzado y un humanista. Favoreció la conversión forzada de los musulmanes granadinos en 1499 e incluso comandó diez años después la expedición española contra Orán (Fernández-Armesto 34-36). Fue lector de Vicente de Ferrer y Savonarola, defensor de la oración mental, practicante y protector del iluminismo y el misticismo (36-38). Fue también el gran patrono de los estudios humanistas en España, favorecedor de Nebrija y amigo de erasmistas y reformistas. Inauguró en 1499 la Universidad de Alcalá de Henares, que combinaba los modelos de enseñanza tradicionales de París y Salamanca con la influencia humanista de Bolonia y Lovaina. La Universidad de Alcalá debía convertirse en la institución principal para la educación de un clero que siguiese los ideales del humanismo cristiano español y pudiese dirigir con acierto y moralidad la administración del imperio. Se fomentaron en Alcalá los estudios de medicina, gramática, artes liberales, y el estudio de la Biblia en sus fuentes originales, para lo que se ofrecieron clases de griego, hebreo, árabe y arameo. Los teólogos de Alcalá estudiaron y enseñaron el neotomismo, así como el escotismo y el nominalismo de Ockham (Bataillon 12-14).

La Biblia Políglota de la Universidad de Alcalá fue el gran proyecto humanista del cardenal Cisneros, bajo cuya iniciativa y supervisión se publicó por primera vez la Biblia en sus idiomas originales, junto con una edición de la Vulgata latina.[14] La depuración filológica de la traducción canónica de San Jerónimo fue mínima. Cisneros y el inquisidor Diego de Deza se opusieron al proyecto de Nebrija, quien

---

[14] Bataillon documenta en *Erasmo y España* la relación de Cisneros con el movimiento de los *studia humanitatis* y lo que denomina como la "prerreforma" en España (1-71).

había declarado en 1502 que había ido a Alcalá "para entender en la enmendación del Latín, que está comúnmente corrompido en todas las Biblias latinas, cotejándolo con el hebraico, caldaico y griego" (Gil Fernández 24).

El mesianismo al mismo tiempo feudal y humanista de Cisneros ayuda a entender las políticas del Estado y la Iglesia españoles en el Caribe. Cisneros promovió las reformas utópicas promovidas por los observantes dominicos en La Española y nombró a Bartolomé de las Casas como Protector de los Indios en 1516. La utopía indígena comunitaria esbozada en las Leyes de Valladolid buscaba la planificación de un nuevo orden civil y religioso a través de la creación de pueblos indígenas hispanizados. La adecuada construcción de la nueva Iglesia debía comenzar por la civilización de los indígenas. Era necesario "ponerlos en policía"; hacerlos al mismo tiempo vasallos y cristianos ejemplares (García Oro 686-88). El éxito de la cristianización y educación de los indios dependía en gran medida de la habilidad retórica de los frailes. Es en este sentido retórico en el que debe entenderse el humanismo cristiano y la práctica etnográfica de los frailes españoles en la América del siglo XVI.

La canción-flor

Los sacerdotes olmecas fijaron la visión mesoamericana de la tierra y el universo como "un plano definido por cuatro puntos extremos y un centro que es el eje del mundo" (López Austin, *Pasado* 99). Emanación de un originario dios dual, a la vez femenino y masculino, todo en el universo está conformado por elementos opuestos.[15] Hay una unidad, siempre contradictoria, en la pluralidad de una naturaleza en conflicto y cambio constante. El dios viejo, Ometéotl, señora y señor de la dualidad, de lo próximo y lo contiguo, de lo masculino y lo femenino, invisible e impalpable, era la deidad primigenia.[16] La unidad funda-

---

[15] Como señala Dussel, todas las culturas prehispánicas de América reconocían a la gran Divinidad uránica Madre-Padre (119).

[16] León Portilla traduce el siguiente fragmento del Códice florentino acerca de Ometéotl, dios de la dualidad: "Madre de los dioses, padre de los dioses, el dios viejo, / Tendido en el ombligo de la tierra, / Metido en un encierro de turquesas. / El que

mental del universo, emanación del dios-dos, Ome-Téotl, hacía que todo en la naturaleza estuviese dotado de corazón o *yóllotl*, principio espiritual que anima las cosas y no desaparece con la muerte.

Los corazones de las cosas fueron en sus orígenes antiguos dioses. Un mito mexica narra cómo el dios de la noche envió a sus músicos a seducir con sus cantos y armonías a los músicos del dios del día. Consciente del peligro, el Sol prohibió a sus hijos que respondieran a la música de la noche, mas éstos, embriagados de placer, no pudieron resistir la tentación e hicieron sonar la música del día. Los dioses quedaron fatalmente atrapados en el tiempo, en el ritmo musical y primigenio de las alternancias. "La unión de canto y música, de colores y negrura, del día y la noche, dieron origen a la fiesta del mundo", concluye López Austin (246).

La visión cosmológica mesoamericana concibe la idea de un lugar principal en el universo, el Omeyocán, el Lugar Dos, donde están Ometétotl y su mitad femenina, Omecíhuatl.[17] Los antiguos mesoamericanos identificaron el Omeyocán con la Estrella Polar. Las diferentes posiciones de Venus y la Osa Mayor con respecto a la Estrella Polar marcaban claramente los equinoccios y solsticios. Este universo en movimiento estaba dividido en cuatro cuadrantes, cada uno de ellos dominado por uno de los cuatro primeros hijos de Ometéotl. Un eje imaginario que une las diferentes posiciones de la Estrella Polar, Venus y la Osa Mayor, forma una cruz similar a la esvástica, base del símbolo del *ollin*, la cruz que marca el movimiento del universo, así como su centro o corazón (Landa Ábrego12).

El universo mesoamericano es un proceso en tránsito continuo de la muerte al renacer. La dualidad de Ometéotl es de polaridades simultáneas, de predominio alterno, complementarias e interdependientes, y que explican a través de su oposición dinámica la diversidad, el movimiento y la contingencia del universo (Maffie 76). La dualidad

---

está en las aguas color de pájaro azul, el que está encerrado en nubes. / El dios viejo, el que habita en las sombras de la región de los muertos, / El señor del fuego y del año", *Antiguos* 91. Ver también López Austin, *Pasado* 247.

[17] Alfonso Caso apunta que: "Una escuela filosófica muy antigua sostenía que el origen de todas las cosas es un solo principio dual masculino y femenino [...], un dios invisible que no se puede representar [...], 'el dios de la inmediata vecindad'. 'Aquél por quien todos viven', que está colocado sobre los cielos y en el punto más alto y del que dependen todas las cosas" (Landa Ábrego 13).

comienza con el ser y el no-ser, la vida y la muerte, lo masculino y lo femenino. No hay orden ni desorden en Téotl, solo procesos de transformación, potencialidades que se actualizan para desaparecer y volver a recrearse (77).

El universo es la máscara de Téotl. Las cosas y los seres del mundo eran las pinturas con las que la deidad originaria ilustraba el libro del universo. Los sabios nahuas, los *tlamatinime*, concebían la vida humana como ilusión. La realidad no era inferior a la invisible materia divina de la que emanaba, mas era incognoscible. Los seres humanos no podían evitar confundir la máscara de Téotl —la diversidad de la naturaleza— con la realidad, el proceso de morir y renacer del dios viejo. La vida y la muerte, el conocimiento y la ignorancia eran lo mismo y lo opuesto al mismo tiempo. La indeterminación ontológica de la metafísica nahua parece corresponderse con su sistema de escritura, basado en glifos pictográficos que no describen ni afirman verdad alguna de manera categórica. Provocan una respuesta ordenada y al mismo tiempo personal en su lector o intérprete (Searle 12).

A través del ritual y la poesía, los corazones humanos experimentan en sí mismos la armonía de Téotl, se *enraízan* en el universo. La verdad para los nahuas es un acontecer, una actualización de la posibilidad de ser en plenitud. Los *tlamatinime* recurrieron al arte, la poesía, la música, el simbolismo y la metáfora para *presentar*, más que *representar* a Téotl. La poesía imita el arte enmascarador de Ometéotl, prepara el corazón humano para conocerlo y participar en la constante recreación del universo. La palabra tenía la capacidad de ser parte de la dual armonía universal. En ella acontece la verdad, un *saber cómo*, más que un *saber qué*. El problema filosófico por excelencia para los nahuas era moral (Maffie 87-89).

Los dos grandes dioses olmecas son deidades agrícolas y civilizadoras. Tláloc es el dios de las aguas y la fecundidad. Todavía el día de hoy puede descubrírsele en algunas iglesias mexicanas en su disfraz cristiano de San Marcos, o incluso como una pequeña estatua de piedra conservada con veneración en alguna iglesia de las montañas.[18] Quetzalcóatl es un antiguo dios del mar y del viento. Es uno de los

---

[18] Tuve la buena fortuna de encontrar a Tláloc, sin disfraz aunque con su nombre cristiano, en una pequeña capilla en las montañas de Guerrero.

cuatro primeros hijos de Ometéotl y por lo tanto señorea uno de los cuatro rumbos del espacio. Viaja en ciclos regulares por el universo y se le identifica con Venus, estrella de la mañana que nace en oriente, desaparece y reaparece como estrella de la tarde en occidente. Simboliza también la muerte y el renacimiento. Es el ave-reptil que une el cielo con la tierra y la materia con el espíritu. Agua y viento, Tláloc y Quetzalcóatl son los patronos de la agricultura, las artes y la civilización.

El crecimiento demográfico, el desarrollo del comercio, la agricultura intensiva, la separación radical entre el campo y la ciudad, así como la creciente sofisticación política, militar y administrativa, culminarían en la creación de grandes centros urbanos. Estas majestuosas ciudades fueron la parte más visible y permanente de un período que los especialistas denominan clásico. López Austin lo define como:

> una época de gran esplendor, cuando las artes de Mesoamérica, y sobre todo el urbanismo y la arquitectura, descollaron al lado del bienestar superlativo de las élites, la prosperidad del comercio, la incuestionable potestad de los gobernantes y la gran evolución del calendario, la escritura y la observación del cielo (*Pasado* 109).

De esta época son la gran ciudad maya de Tikal, la monumental urbe zapoteca de Monte Albán y la cosmopolita Teotihuacan, de grandeza, poder e influencia sin igual en toda la historia mesoamericana. Estas grandes ciudades controlaban amplias regiones de técnica agrícola avanzada. Cada una de ellas era un microcosmos de poder político, religioso, artístico y científico. Las ciudades eran los grandes centros de producción de bienes de prestigio social, como piedras preciosas talladas, tocados de pluma, prendas finas de algodón, adornos de oro o cerámica de lujo (110-112).

La época clásica mesoamericana terminó al parecer debido a un inusitado crecimiento demográfico que provocó la explotación desmedida de selvas y bosques, así como la radicalización de las diferencias entre las élites y los campesinos, abrumados por el hambre y las excesivas demandas de tributo. Tras la caída de las grandes ciudades, las vastas redes de comercio se fracturaron y surgieron ciudades militaristas que compitieron por el control comercial y la explotación de los recursos naturales cercanos. La religión se transformó de acuerdo a la nueva realidad. El sacrificio ritual de los enemigos se transformó en un elemento central para el mantenimiento del orden cósmico. Los agricultores, liberados del poder centralizador de las grandes ciudades, emigraron a mejores tierras. Artesanos, comerciantes, guerreros y sacerdotes se trasladaron a su vez a las ciudades emergentes (190-202).

La antigua sabiduría sacerdotal teotihuacana migró en buena parte a Tula y a Cholula, las dos ciudades que, junto con Xochicalco, compitieron por el predominio comercial y militar de la Cuenca de México tras la caída de Teotihuacan. De esta época data el inicio del predominio del idioma náhuatl en Mesoamérica. Como señala León Portilla, el náhuatl era uno de los lenguajes de la *nobleza* teotihuacana. Tras la caída de la gran metrópolis, los llamados *nahua-pipiles* emigraron a Cholula, Veracruz, Tula, Chiapas y Guatemala. Su idioma se transformó en la lengua de la alta cultura mesoamericana durante la llamada época tolteca, dominada por la ciudad de Tula entre los siglos x y xii ("Estudio" vi-viii).

La última etapa mesoamericana antes de la invasión europea está marcada por la llegada de pueblos del norte, necesitados de mejores tierras para la agricultura, la recolección y la caza. Se trató de los llamados chichimecas, término que encierra una gigantesca variedad de etnias, lenguajes y culturas. El comercio y el intercambio cultural eran intensos en la frontera norte de Mesoamérica. López Austin señala que de tierras desérticas y semidesérticas viajaban pieles, turquesas, agave y peyote. De sur a norte fluían granos, cerámica, textiles, adornos y metales (41). Los chichimecas eran renombrados guerreros, célebres por su crueldad y habilidad con el arco. Si la guerra contra ellos no les era favorable o conveniente, los dirigentes de las ciudades mesoamericanas casaban a sus hijas con los hombres principales entre los invasores, absorbiéndolos así a la antigua cultura. Los vencedores no dejaban de colocar a uno o más de sus dioses en los templos de los derrotados. Las estructuras de transculturación y de sincretismo religioso eran particularmente flexibles en el periodo Posclásico (210-213).

Uno de los pueblos chichimecas llegados a la Cuenca de México fueron los mexicas. Habían viajado organizados en grandes unidades familiares llamadas *calputin*, una forma de organización y convivencia quizá más antigua que las primeras aldeas olmecas. Una vez establecida la tribu en el lugar indicado, cada *calpulli* recibía tierras que luego dividía en predios. Algunos de éstos se repartían entre las familias del *calpulli*, mientras que otros se destinaban al trabajo colectivo y los gastos comunales, entre ellos el tributo. Mediante el comercio, la guerra y las alianzas matrimoniales, los belicosos mexicas se integraron gradualmente a la alta cultura mesoamericana (214).

En tiempos de Motecuhzoma Xocoyotzin, el Estado mexica se encontraba en una etapa de consolidación y afirmación de su poder. Toda la riqueza del mundo mesoamericano llegaba a México a través de la guerra o el comercio. Las sofisticadas manufacturas de la Triple Alianza eran compradas a su vez por los pueblos sometidos. De acuerdo a López Austin, el complejo urbano de las dos islas mexicas, Tenochtitlan y Tlatelolco, alcanzó una población de entre ciento cincuenta y trescientos mil habitantes. México se comunicaba a tierra firme por tres grandes calzadas, orientadas según los puntos cardinales. Siguiendo la tradición mesoamericana, la ciudad se dividía en cuatro cuadrantes, cada uno a cargo de una función administrativa de la ciudad. Los cuadrantes se dividían a su vez en barrios, uno por cada *calpulli*. En cada barrio existía un templo, una plaza, escuela, viviendas y predios para ser cultivados siguiendo la avanzada técnica de chinampas (214-216).

El ideal de la mayoría de los jóvenes mexicas era llegar a ser un guerrero reconocido. En la cima de la jerarquía militar estaban los guerreros jaguar y los guerreros águila, comprometidos a no retroceder frente a veinte enemigos, autorizados a participar en danzas de señores, poseedores de diversas mujeres y de derechos sobre los tributos de ciertas tierras (Soustelle 22-34). Los sacerdotes eran la fuerza unificadora de la sociedad. Eran los dueños de la sabiduría, comenzando por su dominio de la escritura, con la que ayudaban a recrear las palabras de la tradición en la memoria de los estudiantes. Los sacerdotes eran también los encargados del cumplimiento puntual de los rituales y las fiestas, de la observación de los astros y del calendario, de la matemática, la educación de las élites, de informar de los destinos individuales y de interpretar los sueños (León Portilla, *Filosofía* 42-56).

Los plebeyos o *macehualtin* eran los agricultores, artesanos y comerciantes. Eran las clases obligadas a entregar tributo. La división del trabajo era de gran especialización. Había orfebres, albañiles, herreros, jardineros, médicos, veterinarios, pintores, músicos y diversos oficios más. Los campesinos estaban obligados a prestar servicios militares y comunitarios; tenían derecho a un terreno en el cual levantar su habitación así como a una parcela para el cultivo. La entrega de tributo aseguraba la participación en la distribución comunitaria de comida y ropa. Al fondo de la sociedad se encontraban los *tlacoti*, quienes por endeudamiento o pobreza, estaban obligados a trabajar las tierras de otra persona. A cambio de su trabajo recibían alojamiento y lo necesario para su vida.

La educación era universal en la sociedad mexica. Los padres entregaban a sus hijos a la escuela cuando éstos tenían alrededor de diez o doce años. En el *telpochcalli*, la escuela para los *macehualtin*, la educación seguía los ideales de los antiguos dioses nómadas y guerreros: Tezcatlipoca y Huitzilopochtli. Los *pipiltin*, en cambio, estudiaban en el *calmecac*, la escuela que preservaba la sabiduría mesoamericana, enseñada por Quetzalcóatl. En el *calmecac* aprendían a usar las palabras con propiedad, a dominar el arte de la escritura y la *declaración* de los libros o *amoxtli*. Estudiaban también las doctrinas religiosas, filosóficas y científicas, así como astrología, historia y política. En las escuelas para mujeres se enseñaba el arte del hilado y los deberes religiosos y domésticos. La ética mexica predicaba la necesidad del sacrificio, el valor de la moderación y las buenas maneras. Parte del culto a los dioses implicaba la ofrenda de sangre, mediante perforaciones en diversos lugares del cuerpo con espinas de maguey. En las escuelas mesoamericanas se inculcaba la conciencia de que nada era más importante que la comunidad. La vida era corta y llena de dificultades que había que enfrentar con fortaleza, serenidad y resignación.[19]

El estoicismo mexica estaba relacionado de manera íntima con su concepción de la naturaleza. En el universo habían vivido y muerto cuatro soles inmóviles. Los mexicas vivían en la era del Quinto Sol, el sol en movimiento, concebido gracias a la muerte voluntaria de dos grandes dioses en la ciudad sagrada de Teotihuacan. Cada amanecer era prueba de la resurrección de lo divino. El movimiento solar se había logrado a cambio de que cada uno de los cuatro rumbos del espacio tuviese un tiempo de predominio y otro de receso. El conflicto constante entre elementos y dioses opuestos no cesaría mientras durase la era del Quinto Sol. Algún día, sin embargo, el sol habría de morir una vez más

---

[19] De acuerdo a León Portilla, el maestro o sabio nahua que enseñaba en las escuelas, el *tlamatini*, era descrito como: el que ilumina la realidad, el que tiene una visión concentrada del mundo, el dueño de la escritura, el camino, el que ayuda a desarrollar un rostro y un corazón verdaderos, el que abre los oídos, el que coloca un espejo delante de los otros, el que estudia todo aquello que nos sobrepasa (*Filosofía* 64-66).

y junto con él, el pueblo mexica. Para posponer el cataclismo había que alimentar con regularidad las fuerzas de la vida. Era un espectáculo común en México-Tenochtitlan el ver pasar a cinco sacerdotes o dirigentes, con el cuerpo teñido de negro gracias un ungüento en el que se mezclaban semillas alucinógenas y yerbas que mitigaban el dolor, daban energía y eliminaban el temor. Los sacerdotes alimentaban con regularidad al sol en su movimiento, regalándole la esencia de los corazones humanos que latían por un instante en la mano de los sacerdotes. Tras el ofrecimiento de su corazón, se ingería la carne de la víctima, convertida en la carne del dios cuya muerte y resurrección animaban a un universo en lucha constante (Soustelle 102-127).

La religión penetraba todo aspecto de la vida.[20] En el mundo nahua existía una increíble abundancia de ritos y fiestas, de danzas y cantos que en su conjunto aseguraban, como escribe Soustelle, "la marcha regular de las estaciones" (151-152). Con un gigantesco esfuerzo colectivo se mantenía viva a la naturaleza misma. El pueblo mexica se imaginaba a sí mismo como elegido para mantener el equilibrio en la era del sol en movimiento. Su predominio militar se justificaba así, de forma mesiánica.

El mundo nahua, afligido por la certeza de la destrucción, cultivaba la posesión individual de una raíz, de un centro o corazón, emanación de Téotl, que supiera enfrentar toda aflicción. La ley era severa, las obligaciones muchas. (León Portilla, *Antiguos* 147-49). Los antiguos mexicanos cultivaban con esmero las formas, las buenas maneras y la elocuencia. Para ellos, como para los antiguos griegos, el dominio de las palabras y de la sabiduría antigua ayudaban a perfeccionar a los seres humanos, permitían la convivencia pacífica y recreaban el orden entre los seres humanos y la naturaleza. El mundo mesoamericano tenía en gran estima a los hombres dotados para hablar con elocuencia. Bernardino de Sahagún hacía notar que "cuando los señores salían de su casa y se iban a recrear, llevaban una cañita en la mano y movíanla al compás de lo que iban hablando con los principales" (*Historia* 459).

---

[20] Como afirma Marroquín Zaleta, la religión en Mesoamérica no era uno más de los diversos sistemas culturales de un pueblo —como el de parentesco, el de la enseñanza o el del lenguaje—, por lo que no puede ser entendida como se entiende hoy en día en Occidente, donde lo religioso se volvió patrimonio exclusivo de una institución especializada (11).

Al parecer los dirigentes y sacerdotes tenían por costumbre el hablar en una especie de prosa poética que seguía ciertos patrones rítmicos. Los poetas eran mensajeros de la divinidad. La ética y la ley se guardaban, a su vez, en formas poéticas.

La solución a los misterios esenciales de la existencia se buscaba a través de la intuición poética, revelación que concedían los dioses. Gracias a ella se declaraba la historia del mundo, la personalidad de las divinidades, las normas de conducta o el posible sentido de la vida. Esta veneración por la palabra poética convencería a los humanistas del valor universal de la civilización mesoamericana. Al igual que los humanistas europeos, los antiguos mexicanos se interesaban por la maestría verbal y cultivaban la *elocuencia* y la *ética* a partir de los modelos *clásicos* de su propia tradición religiosa y literaria. La mutua veneración por la palabra es la base del proyecto utópico transcultural del humanismo cristiano español en México.

Capítulo 2

Utopía y etnografía

Go, go, go, said the bird: human kind
Cannot bear very much reality
T. S. Eliot

Los inicios de la etnografía moderna son los mismos que los del pensamiento utópico español en América. La delectación de Colón ante la abundante y templada naturaleza americana y su favorable descripción de la cultura taína son el punto de partida del pensamiento utópico europeo: el deseo de aprovechar racionalmente la abundancia natural americana y de instruir en la fe y la civilización a los indios comunitarios y piadosos.[1] La justificación moral del colonialismo español no fue solo religiosa; se basó también en la superioridad de la razón instrumental de Occidente, eficaz procuradora del bien común. Colón, Mártir y Moro plantean una posible superioridad política indígena basada en la propiedad agraria comunal con la que soñaba el reformismo cristiano de la época. Al mismo tiempo, la antigua organización económica indígena debía ser mejorada con la racionalidad instrumental europea. La superior capacidad técnica e intelectual para la explotación de la naturaleza es la justificación moral del colonialismo utópico. La particular utopía del humanismo cristiano español en América fue primero formulada por Pedro de Córdoba y Antón de Montesinos. Era posible refundar la Iglesia primitiva a partir del comunismo indígena. Los orí-

---

[1] Wey-Gómez hace notar que Colón, como el cosmógrafo catalán Jaume Ferrer de Blanes, no estaba de acuerdo con la idea de que fuera imposible la vida en la zona tórrida y que, de hecho, pensaba que encontraría grandes recursos naturales si navegaba más al sur. Esto explica, en parte, el que Colón pudiese pensar que tenía derecho a reclamar las tierras del Lejano Oriente como descubrimiento y propiedad de la corona española (40-56).

genes del moderno método etnográfico parten de este proyecto retórico, de raíces humanistas, para la defensa política y la conversión religiosa del indio americano.

La investigación de la naturaleza americana fue desde sus inicios empírica y racionalista. En 1494 el médico Álvarez Chanca justificó la inferioridad taína en base a criterios empíricos de avances tecnológicos y de producción de riquezas materiales. La historia etnográfica de Ramón Pané se basó en la corroboración de la información obtenida y en privilegiar la descripción sobre la explicación. El humanista Pedro Mártir incorporó, desde España, los modelos historiográficos de la Antigüedad a la investigación de la naturaleza americana, buscando el aprovechamiento racional de la abundancia natural y de las culturas indígenas a partir de su estudio empírico y organizado.

La descripción del Caribe

A su llegada a las Antillas, Colón vio gente desnuda, con hermosos cuerpos morenos adornados con pequeñas piezas de oro, que le obsequiaron papagayos y algodón hilado. Vio también pequeños perros que no ladraban, tortugas gigantes, estatuillas con figuras de mujeres, canoas, exuberancia y novedad vegetal, tierra labrada, pan de mandioca y hamacas de algodón. Imaginó que tenía frente a sí a hermosos jóvenes asiáticos, de tan buen corazón que no conocían las armas. Eran amantes de su prójimo; no poseían religión alguna mas sabían de Dios. Eran mansos y cobardes, fáciles de capturar, convertir y someter. Afirmó que los indios le habían informado en dónde estaba Cipango, cómo encontrar las minas de oro y la pesquería de perlas y en qué isla habitaban los hombres con un solo ojo y hocico de perro. Imaginó también haber visto perros mastines, naves del Gran Khan, árboles de canela, mozas tan blancas y hermosas como las españolas, caminos anchos y buenos, ruiseñores, tres sirenas y un paraíso terrenal en la parte más alta de un planeta en forma de teta de mujer (*Diario* 110-124).[2]

---

[2] Sobre la escritura lascasiana del *Diario* de Colón ver el conocido estudio de Margarita Zamora (25-41).

Stephen Greenblatt se explica la desbordada imaginación occidental frente a América como resultado del estupor que produce una realidad demasiado nueva. Maravillarse causa, al menos por un instante, un vacío de sentido, un momentáneo darse cuenta de que nuestra percepción y comprensión del mundo es incompleta (*Marvelous* 19). Occidente transformó su estupor inicial frente a América en la imagen de una realidad previamente imaginada o en el lugar virginal donde podría hacer realidad sus sueños y anhelos.

Era del todo imposible, en efecto, que los conquistadores e historiadores del siglo XVI pudieran describir de manera medianamente objetiva la realidad americana, llena de novedades nunca imaginadas y de culturas ajenas a la cosmovisión cristiana de finales de la Edad Media. Novedades de todo tipo inundaban Europa, mas las ideas cambian con lentitud en la historia. Todos los escritores europeos de Indias, sin que estuviese en su poder evitarlo, rechazaron o distorsionaron las partes de la realidad para las que no estaban mental e ideológicamente preparados. Toda descripción y explicación de la realidad de América dependió, además, de los recursos retóricos, materiales, epistemológicos e imaginativos disponibles para cada escritor.

El asombro no es solo preámbulo a la fantasía; es también condición necesaria para el estudio de la naturaleza, tal cual afirmaron Platón, Aristóteles y Epicuro (Schrödinger 58).[3] Los escritores de las Indias Occidentales se entregaron con apasionado afán a la tarea de observar, estudiar y describir la nueva realidad. Su representación de América debe ser entendida también como un proceso epistemológico que da inicio a la ciencia social y acompaña, desde América, el nacimiento de la ciencia natural.

La versión colombina de las Antillas es la primera narrativa utópica de la modernidad. El Almirante describió la geografía de las islas como ideal para su explotación. "Crean Vuestras Altezas —escribió— que es esta tierra la mejor y más fértil y temperada y llana que haya en el mundo" (119). En su conocida carta a Luis de Santángel escribió que la tierra era no solo hermosa sino perfecta para la agricultura y la cría ganadera; que había muchos ríos y en general una gran abundancia de agua

---

[3] El énfasis en la dimensión ideológica de la temprana descripción europea fue primero analizado por Edmundo O'Gorman en su clásico estudio *La invención de América* (1958).

(231-233). La utopía de Colón implicaba la conversión y educación de los indios de las islas, quienes poseían "muy sutil ingenio, y [son] hombres que navegan todas aquellas mares, que es maravilla la buena cuenta que ellos dan de todo", elogiaba el Almirante (233). En su *Diario de navegación* destacó con frecuencia la generosidad taína. Llegó a describirlos como personas que "aman a sus próximos como a sí mismos, y tienen una habla la más dulce del mundo, y mansa y siempre con risa" (184). Los indios de las islas serían perfectos cristianos y excelentes vasallos.

Los otros habitantes americanos de la utopía colombina, los *caníbales*, eran "gente tan fiera y dispuesta y bien proporcionada y de muy buen entendimiento, los cuales quitados de aquella inhumanidad creemos que serán mejores que otros ningunos esclavos", escribió tras su segundo viaje (246). Como es sabido, la dicotomía colombina marcó profundamente la imaginación europea acerca de los antiguos americanos. Los amables indios comunitarios, redescubrimiento de la Edad de Oro, inspirarían las utopías humanistas; la bestialidad de los caníbales justificaría su colonización, esclavitud y exterminio (Fernández Retamar 19-33).

Muchas de las observaciones colombinas eran rigurosamente ciertas.[4] Margaret Hodgen considera a Colón el iniciador de la etnografía moderna en base a la moderación y realismo de sus juicios sobre los taínos (20). De las observaciones etnográficas de Colón, ninguna destaca más que su reconocimiento de la propiedad comunal entre los taínos. Me pareció notar, le escribió a Santángel, "que [de] aquello que uno tenía todos hacían parte, en especial de las cosas comederas" (235).[5] El antiguo comunismo indígena no era ninguna idealización proveniente de la Edad de Oro griega. El concebir la tierra y sus productos como propiedad comunal era una verdad no solo para las islas taínas sino para toda Mesoamérica.

La Iglesia y la Corona españolas reconocieron de inmediato la necesidad de conseguir información confiable acerca de las nuevas tierras

---

[4] Hodgen escribe de Colón que: "His initial response to the peoples of the New World was different from that of André Thevet, one of the earliest French explorers of South America, who saw marvels and monsters everywhere" (20).

[5] Como señala Richard Kagan, la carta original de Colón a Santángel "has never been found, and it is known only through the printed version, published in Basel in Latin in 1493" (51).

y sus habitantes. La segunda expedición de Colón incluyó al médico sevillano Diego Álvarez Chanca, quien en su *Relación* de 1494 realizó la primera descripción metódica, si bien apresurada y superficial, de la flora, la fauna y la cultura antillanas. Al parecer la relación de Chanca fue escrita por órdenes de Juan Rodríguez de Fonseca, Deán del Cabildo de la Catedral de Sevilla y organizador del segundo viaje de Colón, quien envió al médico sevillano a investigar la verdad sobre las aseveraciones del Almirante (Sagarra 19-40).

Chanca comparte el entusiasmo colombino por la naturaleza antillana. Escribió que la selva era tan espesa que ni siquiera un conejo podría andar por ella. Reportó la existencia de árboles de lináloe, canela y algodón. Describió también de manera breve la fauna, notando la ausencia de bestias feroces. Su visión etnográfica de los habitantes de las islas fue negativa. Admitió que tenían muy gentiles herramientas de piedra, mas se burló de las pinturas corporales, del orgullo de decorar la cabeza como solo un loco español haría (Álvarez Chanca 47-48, 59-60). Concluyó que "me parece es mayor su bestialidad que de ninguna bestia del mundo" (Gerbi 39-40). El primer estudio acerca de la cultura del *otro* realizado por un *físico*, un médico y un hombre de ciencia de Occidente, juzgó el nivel de la civilización indígena en base a parámetros de bienestar material y avance tecnológico, negando en general la virtud y el agudo entendimiento de los indios que había celebrado Colón.[6]

La inferioridad americana fue también la conclusión del ermitaño jerónimo Ramón Pané, a quien la Corona ordenó estudiar las antigüedades de los indios; es decir, su historia, religión y literatura. El primer estudio etnográfico hispanoamericano propiamente dicho fue la *Relación acerca de las antigüedades de los indios* de Pané, quien pasó dos años conviviendo y observando a los taínos bajo el cacicazgo de Mabinatué, aprendiendo su idioma y estudiando sus costumbres y tradiciones

---

[6] La identificación de los médicos como los hombres de ciencia en Castilla se encuentra bien definida en *Las Siete Partidas*: "Física, según mostraron los sabios antiguos, tanto quiere decir como sabiduría para conocer las cosas según naturaleza cuáles son en sí, y qué obra hace cada cual en las otras cosas; y por ella lo que esto bien saben, pueden hacer muchos bienes y quitar muchos males, y señaladamente guardando la vida y la salud a los hombres, desviando de ellos las enfermedades por las que sufren grandes lacerias y vienen a la muerte. Y los que esto hacen son llamados físicos" (Partida Segunda, Título 9, Ley 10).

hasta 1496.[7] Su método de estudio se basó en la obtención de evidencia testimonial diversa y confiable; basada en lo posible en la *experiencia*. Al describir las creencias religiosas de los indios, escribió su método: "Porque yo lo he visto en parte con mis ojos, bien que de las otras cosas conté solamente lo que había oído a muchos, en especial a los principales, con quienes he tratado más que con otros" (Domínguez 136).

La narrativa etnográfica de Pané posee un elevado grado de objetividad. Su breve obra ha sido la base de los estudios etno-históricos contemporáneos sobre los taínos y apoyo fundamental para la arqueología del Caribe (133-136). La veracidad de sus descripciones de algunos de los mitos, rituales y tradiciones taínos se debe en parte a la humildad con que cumplió su encargo.[8] "No pretendo ninguna utilidad espiritual ni temporal", escribió al final de su libro. "Plegue a Nuestro Señor, si esto redunda en beneficio y servicio suyo, darme gracia para poder perseverar" (56). Gracias a esa humildad y desapego fue capaz de describir sin juzgar ni modificar demasiado lo mucho que no pudo entender. Enfrentado a la poesía primigenia del mito, el fraile catalán se lamentaba ante la falta de lógica y de una narrativa lineal en las historias taínas. Los indios, escribió, "no saben contar bien tales fábulas, ni yo puedo escribirlas bien. Por lo cual creo que pongo primero lo que debiera ser último y lo último primero" (26). La diligencia de Pané al registrar la información proporcionada, aún sin darle crédito, reveló que los taínos tenían en efecto instituciones y leyes, estas últimas conservadas en poesías y canciones (34).[9]

La línea de argumentación del ermitaño jerónimo es fundamentalmente teológica. Obtuvo en primer lugar la información cosmológica taína, para determinar su semejanza o diferencia con la verdad cristiana revelada. Concluyó que la religión indígena era hechicería y engaño

---

[7] El texto original en castellano de Pané desapareció y solo se conoce a través de la traducción al italiano de la *historia del Almirante don Cristóbal Colón* de Alfonso Ulloa. Ver Rodríguez Álvarez 92.

[8] Sobre el avance epistemológico que significó la obra de Pané ver el estudio de Arrom 337-353.

[9] Se piensa que Pané habría entregado su manuscrito a Colón. En España el manuscrito fue visto y usado por al menos tres personas: Pedro Mártir lo incluye en la primera de sus *Décadas del nuevo Mundo*. Fray Bartolomé de Las Casas, que lo extracta e incluye en su *Apologética historia de las Indias*. El hijo de Colón, don Fernando, que lo reproduce íntegro en la *Historia del Almirante don Cristóbal Colón* (Arrom 340-351).

del diablo. Negó la casi cristiandad de los indios descrita por Colón y afirmó en cambio la necesidad de usar "fuerza y castigo" para lograr una verdadera conversión religiosa (55). Esta sería la política religiosa adoptada durante las primeras décadas de la conquista de las Indias, heredera de los largos siglos de guerra religiosa contra el Islam en la Península (Moraña, Dussel y Jáuregui 6-7).

Entre los mitos que rescató Pané se encuentra el de un jefe taíno, quizá un chamán, que había logrado capturar al numen de los bosques, llamado Opiyelguobirán. Esta deidad o cemí, escribió Pané, "muchas veces, por la noche salía de casa y se escondía en la selva" (45). El jefe taíno mandaba de inmediato a buscarlo y el numen se dejaba atrapar, tan solo para escapar y ser capturado una vez más. Cuando los españoles llegaron, Opiyelguobirán escapó por última vez. Los hombres del cacique siguieron su rastro hasta la orilla de una laguna, donde desaparecían sus huellas. Los informantes taínos le informaron a Pané "que nunca más lo vieron ni saben nada de él". Confundido, el ermitaño jerónimo apuntó tan solo: "como lo compré, así también lo vendo" (45).

Es común asumir que los humanistas europeos imaginaron e inventaron al buen salvaje, el filósofo en cueros. Detrás de la idealización literaria se esconde una realidad histórica. Como en toda cultura, existían sabios entre los taínos. Los mitos suponen un alto grado de racionalidad crítica (Lévi-Strauss 21). Contienen profundos juicios acerca de la realidad material e histórica, expresados mediante un lenguaje narrativo y poético, por lo que suponen un grado elevado de *ilustración* o *Aufklärung* (Dussel 103-107). El mito de Opiyelguobirán parece expresión poética del deseo e imposibilidad de los caciques y chamanes taínos por controlar la naturaleza. El antiguo mito había sido enriquecido poco tiempo antes de ser registrado por el fraile catalán. Tras observar la destrucción de sus bosques debida a los cultivos y los animales españoles, los taínos concluyeron que el cemí de la tupida floresta de La Española había decidido partir tras la llegada de los cristianos. La desaparición de su numen anunciaba la catástrofe de los bosques. Como atestigua Crosby, nadie sabe hoy cómo era la flora prehispánica de las Antillas (219).[10]

---

[10] Eduardo Rodríguez recoge un mito contemporáneo relativo a la reciente sequía de la laguna de Acuitlapilco, en Tlaxcala. La narración es similar a la crisis de los bosques taínos. La laguna era el antiguo hogar de la diosa del agua en Mesoamérica,

La pionera investigación empírica en América fue incorporada a los modelos historiográficos de la Antigüedad por Pedro Mártir de Anglería, humanista milanés al servicio de los Reyes Católicos. Escribió que Plinio —cuya *Historia Natural* sería el modelo por excelencia para la temprana descripción humanista de la naturaleza americana—, mezclaba "lo brillante con lo oscuro, lo grande con lo pequeño, lo importante con lo menudo, a fin de que la posteridad, con ocasión de lo principal, disfrutase con el conocimiento de todo" (3:370).[11] Fue también Mártir el primero en comprender la radical novedad de las tierras encontradas por Colón, a las que bautizó como un *nuevo mundo* al describir a grandes trazos el exótico continente en cartas cortesanas, que bautizó como *De orbe novo decades*. La isla de La Española ocupa el lugar central en la primera parte de su trabajo, su *Opera, Legatio, Babylonica, Oceanidecas, Paemata, Epigrammata*, publicada en 1511 en Sevilla.[12]

Los escritos de Pedro Mártir señalan el inicio del profundo cambio que experimentó la historiografía occidental durante la investigación y representación de América. El historiador comenzó a escribir cotidianamente de geografía, botánica y etnografía. La *Historia Natural* de Plinio fue el modelo para la creación de esta nueva historiografía, de necesidades enciclopédicas.[13] Pedro Mártir buscó con regularidad la verificación empírica o la corroboración de su información a través

---

Matlacuye, "blusa azul": "La laguna se secó porque una vez, durante una tormenta, se levantó algo como remolino o víbora, que se llevó el agua hacia el volcán. A partir de entonces fue secándose hasta que desapareció por completo. Dicen que es porque ese era el corazón de la laguna; o sea que se quedó sin corazón" (50). Al igual que Opiyelguobirán, la diosa del agua se retiró de Acuitlapilco un poco antes de la destrucción de sus lugares.

[11] Plinio el Viejo, el célebre historiador romano nacido veintitrés años después de Jesucristo, había intentado realizar la clasificación enciclopédica del mundo. Para él, la divinidad se manifestaba en la misma existencia de la naturaleza, en las más insignificantes cosas del mundo, en el sol y en las estrellas (*Historia natural* ii, 12 seq., 154 seq.).

[12] Las ocho *Décadas* completas fueron publicadas por vez primera en Alcalá de Henares en 1530. Ver la entrada sobre Mártir en el *Centro Virtual Cisneros* <http://www2.uah.es/cisneros/carpeta/images/pdfs/233.pdf>.

[13] O'Gorman hace notar que Mártir no podía intentar escribir una historia como la de Plinio, pues solo disponía de unas cuantas fuentes escritas y de los testimonios orales y las diversas muestras de la naturaleza americana que obtenía en Sevilla para elaborar su obra. Considera probable que haya sido por estas limitantes que Mártir escogió el género epistolar para su descripción de América. Las cartas compensaban toda deficiencia de Mártir como historiador y se acercaban al género del ensayo. Ver "Pedro" 10-11.

de diversas fuentes. Su gusto por el detalle le llevó a escribir, entusiasmado, que de la planta de la yuca se obtenía a la vez un sabroso pan y un veneno mortal, o que la sombra de algunos árboles era peligrosa. Hizo notar que las constelaciones cambiaban en América y que existían animales fantásticos en el Nuevo Mundo, como peces entrenados para la pesca de tortugas (1:137) o como el monstruoso manatí, cuadrúpedo con forma de tortuga, cabeza de buey y protegido de escamas (3:361).

El conocimiento de la realidad americana comenzó a ser sistematizado en las cartas de Pedro Mártir. Sus escritos poseen una de las semillas de la ciencia moderna: la redescubierta pasión renacentista por las pequeñas maravillas de la naturaleza. El humanista milanés se preocupó por informar de las nuevas especies vegetales y animales. Describió al terrible tiburón, "que de una dentellada parte por la mitad a un hombre y se lo traga" (1:361). Intentó describir también la religión de los indios, informando cómo ciertos espectros de algodón, los *zemes*, provocaban la lluvia o el sol. Propuso también hipótesis sobre algunos de los nuevos problemas geográficos. ¿Por qué, se preguntaba, si todos los mares parecen moverse hacia el occidente, éste no se desborda? Esto debía ser, pensó, porque los mares giraban en círculo alrededor del globo (3:354).

La utopía antillana

El concepto de Nuevo Mundo tiene una evidente connotación utópica. Pedro Mártir transformó a los indios amorosos y casi cristianos de Colón en el inesperado reencuentro de Europa con la Edad de Oro, celebrada por los clásicos.[14] El pasado remoto en el que los hombres habían estado en armonía con ellos mismos y con una naturaleza bondadosa y abundante, era al parecer tiempo presente en América. Al describir La Española, escribió que "refieren ser aquella tierra la más fecunda de cuantas alumbran los astros con su luz" (1:111). Sus habitantes, aseguraba, "poseen en común la tierra, como la luz del Sol y como el agua, y que desconocen las palabras "tuyo" y "mío", semillero de todos los males"

---

[14] El mito griego de la Edad de Oro fue retomado en Roma por Ovidio, Virgilio y Séneca. Ver Glacken 131-132.

(1:141). Son felices, concluía Pedro Mártir, "porque viven desnudos, sin pesas, sin medidas y, sobre todo, sin el mortífero dinero, en una verdadera edad de oro". Lo único que necesitaban era "que se les instruya en la verdadera religión" (1:121). En las primeras *Décadas* los indios taínos aparecen con frecuencia como sabios, astutos y de elegante palabra. Pedro Mártir recreó un breve discurso en estilo elevado en la boca de un cacique, quien increpa con elegancia ciceroniana a los españoles antes de enviarlos a combatir a un enemigo más lejano:

> ¿Qué es esto, cristianos? ¿Tan exigua cantidad de oro estimáis en tanto? Queréis, no obstante, transformar alhajas primorosamente trabajadas en barras informes [...]. Si tanta hambre tenéis de oro, que por su culpa perturbáis a tantas gentes tranquilas, soportando calamidades y molestias, desterrados por el mundo de vuestra patria, yo os mostraré una región rebosante de oro, en la cual podréis saciar vuestra sed (2:234).

El exotismo americano, con sus elocuentes filósofos desnudos, poseyó desde sus inicios "una intención política y moral" (Reyes, Última 58). Europa debía tratar de recuperar la pasada armonía con la naturaleza mediante el estudio de las culturas americanas. A cambio, debía civilizar a los indios, finalmente primitivos (Mártir 1:183; 1:197; 1:204; 3:325). El redescubrimiento de la antigua edad dorada griega por parte de Pedro Mártir fue también su desmitificación. El humanista milanés utilizó la evidencia etnográfica a su disposición para concluir que los griegos habían idealizado la antigua Edad de Oro. Como prueba, escribió que los taínos también se atormentaban con "la ambición del mando, y se agotan en mutuas guerras, peste, a lo que creo, de la que no se vio libre ni siquiera la edad de oro, como tampoco dejó de tener vigencia entre los mortales el "dame" y el "no te doy" (1:121). La humanidad no había dejado nunca de estar constituida por criaturas imperfectas, tal cual señalaba la Biblia.

La utopía humanista fue también desde sus inicios un proyecto sincrético. A través de los indios de América, Europa podría recuperar en parte la perdida armonía social y natural. A cambio, tenía la obligación de cristianizar y hacer partícipes de los beneficios de la civilización a los indios americanos. Los ideales de la Antigüedad y del cristianismo debían ser incorporados a la virtud natural de los indios. América se transformó para la imaginación humanista en instrumento de crítica del presente europeo, en búsqueda de las perdidas raíces históricas de Occidente y en proyecto transcultural de progreso político y espiritual.

La necesidad de imponer la superior racionalidad instrumental a los pueblos primitivos americanos fue formulada explícitamente por Tomás Moro, desde Europa. Los utópicos, escribió, "consideran como un culto grato a Dios la contemplación y alabanza de la naturaleza" (119). De la contemplación, sin embargo, habían pasado a su estudio con fines prácticos y se ocupaban en conseguir un dominio cada vez mayor sobre ella. Moro escribió que la naturaleza responde de manera favorable a la razón, que la tierra es más fecunda mientras más razonablemente se le cultiva. La adecuada explotación de la naturaleza tiene un carácter ético y moral en *Utopía*. Impedir que otro grupo humano deje la tierra "infecunda y despoblada" (64) es justo motivo de guerra. Los habitantes de los pueblos vencidos por los utópicos son asimilados, y "en comunidad de instituciones y costumbres, se funden fácilmente para bien de unos y otros" (64). Todo aquel que se niega a vivir de acuerdo a las razonables leyes utópicas es expulsado de su tierra, de la cual se adueñan los vencedores. El conocimiento de la naturaleza por parte de los utópicos es extenso y conocen diversas formas para aprovecharla. Saben cómo volver fértil, "con inteligente esfuerzo", una tierra yerma. En Utopía, escribió Moro, se llegan a ver "bosques enteros arrancados de cuajo por mano del pueblo y trasplantados a otro sitio" (89).

La isla de Utopía tiene más de una similitud con el Caribe, donde las formas de organización social estaban basadas en clanes relacionados por parentesco que se distribuían la tierra, las aguas y los alimentos en forma comunitaria. La imaginación utópica de Occidente fue en parte resultado de la pionera observación, estudio y descripción de la realidad americana llevada a cabo por los letrados ibéricos. La *Utopía* de Moro imagina a la economía comunitaria de los indios del Caribe como base de la renovación de los ideales civilizadores de Occidente. Sin embargo, la falta de una eficaz racionalidad instrumental para el aprovechamiento de la naturaleza convertía al mismo tiempo a los indios en bárbaros, obstáculo moral para la adecuada explotación de la naturaleza. La inicial crítica de Moro a la decadencia política y moral europea se transforma al final de *Utopía* en justificación imperialista y colonial. Los utópicos hacen de su superior dominio de la naturaleza —que les permite conseguir el bien común con mayor eficacia— la medida última de una nueva moralidad de Estado, conscientemente racional e instrumental.

El anhelo humanista de *progreso* y perfección a partir de América, implicó también el nacimiento de la moderna crítica política y su denuncia de la separación entre la realidad y los nuevos ideales políticos. Pedro Mártir documentó los raptos de mujeres por parte de los hombres de Colón, la injusta prisión de los señores taínos, el abandono de la agricultura por parte de los isleños y la violenta avidez de oro de los españoles. La descripción de la catástrofe humana tras la conquista española de los taínos aparece brevemente en la narración de Mártir, si bien como tema secundario a la maravilla y posibilidad de América. Mientras escribía que en La Española no había animales feroces, que su primavera era eterna, la tierra fértil, el aire saludable, que las aguas corrían sobre el oro y se daban maravillosamente la grana y el algodón, se detuvo para comentar que:

> en medio de cosecha tan espléndida hay algo que me atormenta no poco. Estos sencillos hombres desnudos estaban poco habituados al trabajo. Muchos perecen víctimas de la inmensa fatiga proveniente del laboreo de las minas, y hasta tal punto se desesperan, que no pocos llegan a suicidarse sin preocuparse en absoluto de la procreación de los hijos. Las madres encintas, dicen, toman abortivos para dar a luz antes de tiempo, por considerar que el fruto de sus entrañas irá a parar en esclavo de los cristianos. Cierto es que por provisión real se ha dispuesto que esos naturales no sean esclavos, pero, no obstante, se los obliga a servir más de lo que a un hombre libre puede agradar. El número de tales infelices ha disminuido extraordinariamente; muchos afirman que cierta vez pasaron de un millón doscientos mil. ¿Cuántos serán hoy? Me espanta considerarlo. Pero dejemos esto y volvamos a las delicias de la maravillosa Española (2:363).

No fue capaz el humanista italiano de explorar el lado destructivo y genocida del descubrimiento y la conquista de América.[15] Apenas esboza la radical crítica política que harían los humanistas cristianos españoles al proyecto religioso, político y económico español en Amé-

---

[15] Un censo de 1514 en La Española señala que solo existían ya veintidós mil setecientos veintiséis indios disponibles para el trabajo. Ver Rouse 158. Crosby afirma que si alguien hubiese sido capaz de observar las islas del Caribe desde el espacio exterior durante los años de 1492 a 1550, habría concluido que el objetivo de los recién llegados era la sustitución de los indios por cerdos, perros y ganado (75).

rica, una crítica basada en evidencia empírica recolectada a través de la nueva historia etnográfica.

Los primeros en denunciar la muerte por millares de los indios fueron religiosos observantes de la orden de Santo Domingo. Pedro de Córdoba y Antón de Montesinos, dos antiguos estudiantes del convento de San Esteban en la Universidad de Salamanca, desembarcaron en La Española en 1510. Constataron de inmediato que las instrucciones para el buen trato de los indios ordenadas por la reina Isabel antes de su muerte en 1504 eran ignoradas.[16] Los indios morían de hambre, enfermedad y maltratos; los encomenderos parecían tratarlos peor que a su ganado o sus perros. Los niños y las mujeres trabajaban en las minas y los colonos organizaban con frecuencia expediciones para cazar esclavos en otras islas. Las madres abortaban a sus hijos y poblaciones enteras se suicidaban para escapar de los nuevos amos (Keen 60; Crosby 99-100; Bataillon y Saint Lu, *Las Casas* 73-75). Cuatro días antes de Navidad, los dominicos recién llegados decidieron hacer una denuncia profética. En la misa se leyó el Evangelio acerca de San Juan Bautista, quien había anunciado la llegada del Hijo de Dios. A la hora del sermón, Montesinos declamó a los encomenderos:

> Yo soy la voz de Cristo en el desierto de esta isla, y por tanto conviene que con atención no cualquiera, sino con todo vuestro corazón y con todos vuestros sentidos, la oigáis; la cual voz os será la más nueva que nunca oísteis, la más áspera y dura, y más espantable y peligrosa, que jamás no pensasteis oír. [...] Esta voz es que todos estáis en pecado mortal y en él vivís y morís por la crueldad y tiranía que usáis con estas inocentes gentes. Decid: ¿con qué derecho y con qué justicia tenéis en tan cruel y horrible servidumbre aquestos indios? ¿Con qué autoridad habéis hecho tan detestables guerras a estas gentes que estaban en sus tierras mansas y pacíficas, donde tan infinitas de ellas, con muerte y estragos nunca oídos, habéis consumido? [...].
>
> ¿Estos no son hombres? ¿No tienen ánimas racionales? ¿No sois obligados a amarlos como a vosotros mismos? ¿Esto no entendéis? ¿Esto no sentís? ¿Cómo estáis en tanta profundidad de sueño tan letárgico dormidos? (Hernández Martín 208).

---

[16] La reina le especificaba a sus hijos: "no consientan ni den lugar a que los indios, vecinos y moradores de las dichas Indias y tierra firme, ganadas y por ganar, reciban agravio alguno en sus personas ni bienes, mas manden que sean bien y justamente tratados" (Hernández Martín 206).

La acusatoria de Pedro de Córdoba y Montesinos es un cuidadoso proyecto retórico, poderoso ejemplo del proyecto observante español de reforma espiritual, intelectual y oratoria. La misma voz de Cristo declaraba en pecado mortal a los esclavistas; la guerra contra los indios era ilegal; los españoles no tenían derecho alguno a someterlos como vasallos pues los indios eran, de hecho, sus iguales.[17]

Los encomenderos mandaron de inmediato sus quejas a la corte y el rey Fernando ordenó callar, sin éxito, a los frailes. El rey estableció una junta de juristas y teólogos mediante la cual se sentaron las bases para las célebres Leyes de Burgos, promulgadas el 27 de diciembre de 1512. Fueron éstas el primer cuerpo legislativo para la colonización americana, un intento por humanizar la servidumbre.[18] Las posteriores Leyes de Valladolid de 1513 esbozan el proyecto utópico de los frailes humanistas. Se debía de intentar crear pueblos a la usanza española, con plaza mayor, iglesia, hospital, casa del cacique y municipio indígena bajo la supervisión de un administrador español. La economía debía de estar basada en la agricultura y la ganadería de propiedad familiar y comunal. Debía regularse el trabajo comunitario para la extracción de oro así como los servicios personales a los caciques. La educación en las primeras letras y las artesanías europeas debía estar a cargo de un clérigo (García Oro 687-88). El cardenal Cisneros procuró que se otorgase a los indios personalidad jurídica libre y civil, así como derecho al autogobierno de sus comunidades; se permitió la esclavización de los Caribes y la importación de esclavos africanos (689).

Pedro de Córdoba, Montesinos y Bartolomé de las Casas insistieron en sus demandas a Fernando de Aragón, pidiendo la eliminación completa de la encomienda. Pedro de Córdoba le escribió a Carlos I, el nuevo rey, en 1517, sintetizando los objetivos de la utopía americana

---

[17] El tema de la vida como sueño, tan famoso en la literatura española, muestra en el texto de Córdoba y Montesinos su filiación humanista cristiana. Uno de los grandes poetas españoles del siglo XVI, Luis de León, escribiría también en la conocida "Noche serena" que: "El hombre está entregado al sueño / de su suerte no cuidando" (Ver Fred Jehle, <http://users.ipfw.edu/jehle/poesia/nocheser.htm> 5 de octubre de 2014).

[18] Las Leyes prohibían el castigo corporal, los insultos a los indios, y el trabajo infantil y femenino en las minas. Limitaban también las jornadas de trabajo, estipulaban que se educara a los hijos de los caciques, prescribían reglas para llevar un control más preciso de nacimientos y defunciones y creaban el puesto de visitador para asegurarse del cumplimiento de las leyes por parte de los encomenderos. El texto completo de las Leyes de Burgos se encuentra en el estudio de Rafael Altamira (22-45).

del humanismo cristiano español. Si en vez de encomenderos la corona enviase únicamente a predicadores a las Indias, afirmó, sería posible "fundar casi tan excelente Iglesia como fue la primitiva" (222). La utopía mesiánica del humanismo cristiano español partió así de un proyecto de aculturación civilizadora y paternalista de los indios.

Utopía (1516) describe la imposible república transcultural con la que sueñan los humanistas cristianos de Europa. La visión de Moro sobre los indios americanos parte de las pioneras descripciones de Colón, Mártir y las atribuidas a Vespucio.[19] El comunismo indígena debía ser la base económica de la ideal república, si bien modernizado y tecnificado. Las diferentes formas de la utopía española en el Caribe cambiarían profundamente a partir de la llegada española a Yucatán y Tabasco. La percepción de la evidente complejidad y sofisticación de Mesoamérica transformaría de inmediato el proyecto religioso, político, económico y científico de la utopía colonial española.

---

[19] La dudosa autenticidad de las cartas de Vespucio nos decidió a excluirlas de este trabajo. Ver Fernández Armesto 102-103.

Capítulo 3

Utopía y retórica

señor caballero andante
que no se le olvide lo que de la ínsula me tiene prometido
que yo la sabré gobernar por grande que sea
Miguel de Cervantes

La colonización española en el Caribe, basada en la imposición forzada de la superioridad técnica, cultural y religiosa española a los taínos, se transformaría en México en un proyecto retórico de colonización conscientemente transcultural. Desde la primera narrativa conocida de la llegada española a México, el *Itinerario* (1517) de Juan Díaz, se propone una colonización basada en la integración y el aprovechamiento de la civilización indígena. La moderna investigación etnográfica y etnobotánica en América parte de la evidente necesidad de unificar —religiosa, política y económicamente— dos culturas percibidas como comparables.

En la llamada *Primera Carta de Relación* (1519), Cortés afirma que las nuevas tierras poseen una geografía similar a la de Castilla y están habitadas por una cultura equiparable a la española. La sabia integración de ambas civilizaciones permitiría la creación de la anhelada Nueva Jerusalén. Cortés comparte el mesianismo utópico y la influencia humanista que recorre la España de la época. La utópica Nueva España es un proyecto retórico, conscientemente transcultural, al mismo tiempo feudal y humanista. La *Segunda Carta de Relación* (1520) precisa el sincretismo cultural con el que sueña Cortés, basado en la sistemática igualación de la naturaleza y la civilización europeas y mesoamericanas. Su descripción de la naturaleza y la cultura mexicanas desemboca en el reconocimiento de una *diferencia* entre ambos mundos que supera su capacidad de comprensión y asimilación epistemológica de ambas culturas. La investigación de esa diferencia, para reducirla a la necesaria *unidad* política, colonial y religiosa, es el punto de partida de la historia etnográfica franciscana en México.

El *Itinerario* de Juan Díaz[20]

En los primeros meses de 1517, Diego Velázquez, gobernador de Cuba, organizó una expedición al mando de Francisco Hernández de Córdoba para explorar tierras cercanas. El capitán regresó a Cuba malherido por los mayas de Yucatán. Antes de morir, informó de la existencia de una tierra similar a las otras islas pero con casas de cal y canto, calles empedradas, indios vestidos con ropas de algodón y grandes templos.[21] El gobernador Velázquez costeó de su propio bolsillo una nueva expedición al mando de su sobrino, Juan de Grijalva. Entre los participantes se encontraba Juan Díaz, capellán de la expedición, quien escribió un informe sobre el viaje, el *Itinerario de la Armada del Rey Católico a la isla de Yucatán, en la India, en el año 1518, en la que fue por comandante y capitán general Juan de Grijalva*.[22] El breve texto de Díaz informaba a la Corona acerca de la gran riqueza encontrada. Denunciaba también la ineptitud de Grijalva, quien se había limitado a seguir al pie de la letra las instrucciones de Velázquez —que destinaban la expedición al reconocimiento geográfico de las nuevas

---

[20] Poco se sabe del autor de la primera narración sobre el encuentro de España con las dos civilizaciones de más compleja y sofisticada cultura del mundo mesoamericano, los mayas y los nahuas. Juan Díaz nació en Sevilla y fue capellán en diversas expediciones capitaneadas por Grijalva, Cortés y Pedro de Alvarado. Fue parte de la facción partidaria de Velázquez que se rebeló contra Cortés en los inicios de la invasión a México. Estuvo con Pedro de Alvarado durante la masacre en el patio del Templo Mayor que inició la gran guerra y al término de ésta recibió un solar en la ciudad de México, donde llegó a ser clérigo y capellán de la Catedral en 1530. Ver Gurría Lacroix 10-22.

[21] La expedición de Hernández no fue la primera en llegar a tierras mayas. En 1511 una expedición al mando Diego de Nicuesa naufragó cerca de las costas de Yucatán. Dos supervivientes, Jerónimo de Aguilar y Gonzalo Guerrero vivían cerca de Campeche a la llegada de la expedición española. Ver Campos Jara 75-98.

[22] El *Itinerario* de Díaz es un documento complementario al informe oficial sobre la expedición de Grijalva. Su difusión se debe al clérigo Benito Martín, quien al parecer la entregó puntualmente a la corona. Oviedo la usó en su *Historia general y natural* sin citar la fuente. El texto original se encuentra perdido. Fue traducida del italiano por García Icazbalceta e incluida en su célebre *Colección de documentos para la historia de México*. Ver Vázquez Chamorro 31-34.

tierras y la obtención de oro mediante el trueque—, desoyendo los deseos y ruegos de la tripulación por fundar algún tipo de asentamiento (Galván 180).

A la llegada de los españoles a Yucatán, el trato con los indios estaba parcialmente codificado. Las Leyes de Burgos de 1512 habían establecido penas económicas e incluso castigos físicos para quien incurriese en maltrato injustificado de los indios.[23] Cualquier acto bélico en América tenía que ser precedido por la lectura del célebre *requerimiento* o justificarse como legítimo acto de defensa.[24] Toda expedición encaminada al descubrimiento de nuevas tierras tenía que mandar a su regreso una relación a la Corona. Las obligaciones burocráticas de los capitanes de las compañías de conquistadores implicaban un empleo más o menos cotidiano de la escritura.

La Junta de Indias pedía específicamente a sus conquistadores que descubrieran y reportaran "los secretos de las tierras", tal cual especifican las instrucciones de Velázquez a Cortés, donde se piden informes geográficos, cartográficos, etnográficos y naturalistas de las tierras recién descubiertas (Díaz Plaja, *Documentos* 51-55).[25] La gradual sistematización del método de escritura en las relaciones de Indias estaba encaminada a la obtención de la mayor cantidad posible de información

---

[23] La ley 21 dice textualmente "que la persona que así no lo cumpliere y tuviere detenido algún indio que no le sea dado en repartimiento caiga e incurra en pena de perdimiento de otro indio de los suyos propios que tuviere en repartimiento por cada uno de los dichos indios que así tuviere ajeno y den el tal indio al que lo acusare y torne a su dueño el indio que así le tuviere y si no tuviere indios la tal persona caiga de pena por la primera vez seis castellanos de oro y por la segunda doce y por la tercera doce y por la tercera vez le sea trasdoblada la cual se reparta por la manera susodicha y si no tuviere indios ni dineros de que pague la dicha pena le sean conmutados en cien azotes". Ver Altamira 37.

[24] Como es sabido, el *requerimiento* era una declaración que la monarquía española leía a los recién *descubiertos* indios americanos, haciéndoles saber del derecho divino de los reyes de España para tomar posesión pacífica o violenta de los territorios de las Indias Occidentales. Fue redactado por el abogado del Consejo de Castilla, Juan López de Palacios Rubios en 1513. Ver Keen 82-83.

[25] Las instrucciones que Velázquez le entrega a Cortés incluían "asentar en las cartas de los pilotos e a vuestro escribano en la relación que de las dichas islas e tieras habéis de hacer, señalando en nombre de cada uno de los dichos puertos e aguados e de las provincias donde cada uno estuviere"; asentar por extenso los "ritos y ceremonias" y describir los "árboles y frutas, yerbas, aves, animalicos, oro, piedras preciosas, perlas, e otros metales" y, finalmente, componer y entregar de todo entera relación "por ante nuestro escribano que de ello dé fe" (Ver Díaz Plaja, *Documentos* 51-55).

verídica y confiable. La búsqueda de información sobre la naturaleza y las culturas americanas a través de preguntas y cuestionarios cada vez más elaborados y sistemáticos es un proceso en evolución constante desde la llegada de Colón a las tierras taínas (Álvarez 145). Estas relaciones son el antecedente más antiguo de las historias etnográficas posteriores, así como de las célebres *Relaciones de Indias* de 1577 y 1584.[26]

La representación temprana de América estuvo así condicionada desde sus inicios por un discurso legal y cortesano. Este discurso, como afirma Roberto Gonzalez Echevarría, "garantizaba su veracidad y hacía su circulación posible" (35). La obligación de producir textos oficiales y legalistas, de seguir al pie de la letra las instrucciones y ordenanzas reales, generaron un tipo de escritura "políticamente correcta". La realidad debía de acomodarse dentro de los límites permitidos por las leyes seculares y eclesiásticas, entonces inseparables.

Al mismo tiempo, al ser textos fundamentalmente narrativos, las relaciones dejaban un enorme espacio para la valoración subjetiva de los hechos y la manipulación del discurso. Debían captar la benevolencia de la corte, persuadirla de que la descripción de la realidad que transmitían no solo era verídica, sino también útil para la Corona. El celo de la monarquía española por obtener información confiable acerca de las Indias provocó así una aparente paradoja. Por un lado, conquistadores y burócratas aprendieron a mirar con atención y detalle aspectos de la realidad que de otra manera hubieran ignorado, como los sistemas políticos y legales indígenas. Por otra parte, con frecuencia los conquistadores hicieron que la realidad americana se ajustase lo más posible a lo que sabían que podría interesar o agradar a la corte. El Estado favoreció la descripción sistemática de la realidad, mas condicionándola también a sus propios objetivos y su lenguaje privado. La competencia en el arte retórico, revitalizado por el humanismo de la época, fue también en América poderosa moneda de cambio.

El primer texto conocido acerca de Mesoamérica, el *Itinerario* de Juan Díaz, comparte esta triple vertiente informativa, burocrática y retórica o persuasiva. El texto es breve, conciso y desborda entusiasmo

---

[26] Seguimos a Raquel Álvarez, quien hace notar que el título de *Relaciones Geográficas* dadas al proyecto de Ovando de 1577 por Marcos Jiménez de la Espada no es adecuado puesto que las relaciones pedían información geográfica, etnográfica y naturalista (15).

por las nuevas tierras. Diez millas antes de llegar a las costas de Yucatán, reportaba Díaz, la tripulación percibió "olores tan suaves que era cosa maravillosa" (40). Frente a la costa de Cozumel contó hasta catorce torres que sobresalían por encima de los árboles, algo jamás visto en las Antillas. Díaz escribió con sorpresa que "todas las casas eran de piedra y entre otras había cinco con sus torres encima muy gentilmente labradas" (40). El pueblo "tenía las calles empedradas [...] con cantos grandes" (40). Los habitantes de la ciudad parecían ser personas "de grande ingenio, según como se ve en los edificios y las casas" (40). Si no fuera por algunos edificios nuevos, proseguía Díaz, "se pudiera presumir que fueron hechos por españoles" (40). Es ésta la primera vez en la que Occidente describe la cultura americana como comparable a la suya.

Los isleños recién descubiertos eran gente ingeniosa y de grandes capacidades creadoras. Poseían colmenas de cera y miel "como las de España, salvo que son más pequeñas" (40). Al día siguiente, desde la nave y justo a la puesta del sol, Díaz describió maravillado "una villa o lugar tan grande que la ciudad de Sevilla no podría parecer mayor ni mejor; y se divisaba una torre muy grande en él" (41). La comparación tenía que ser sorprendente para un lector europeo de la época. ¿Podía existir en las Indias una ciudad tan grande como el gran puerto y ciudad principal de Castilla? Líneas después, es la cerámica maya la que admira al capellán. Dos jarras de alabastro que encuentra uno de los hombres de la expedición son de tal calidad y arte "que se podían presentar al emperador, henchidas de piedras de muchas suertes" (49). Escribió también que en un templo maya había "en lo alto un mármol como los de Castilla, sobre el cual había una animalia a manera de león, que estaba hecha asimismo de mármol". Díaz igualó la calidad del arte escultórico de los indios recién descubiertos al de España: la escultura de piedra caliza se vuelve mármol como de Castilla y el jaguar, un león (48).[27] El capellán sugiere que para poblar de manera adecuada semejantes tierras "es menester que se haga una villa muy principal" (47). Tal cual haría Cortés pocos años después, Díaz reconoció de inmediato el enorme valor material de una naturaleza domesticada y habitada por una civilización en apariencia comparable a Europa.

---

[27] Sobre el mestizaje lingüístico, la "indianización" del español, la "españolización" del náhuatl y, en general, sobre la diglosia novohispana, ver Parodi, 2011.

Como Colón, Juan Díaz idealizó la sorprendente realidad que miraba y experimentaba. Escribió de la tierra descubierta que "parece ser la mejor que el sol alumbra" (47). En uno de los templos afirmó haber visto una higuera, árbol entonces desconocido en América. Líneas adelante confesó lo que seguramente era el deseo compartido de toda la tripulación: "creemos que esta tierra es la más rica y viciosa que hay en el mundo en piedras de gran valor" (51). El oro le pareció abundantísimo y fue casi lo único que percibió entre los presentes que un indio principal obsequió a Grijalva (47). Tras el avistamiento de otra torre, desde las naves, la idealización se vuelve fantasía. De esta nueva ciudad reportó que "se dice estar habitada por mujeres que viven sin hombres (créese que serán de la estirpe de las amazonas)" (42). Lo fantástico se vuelve milagroso. Dios les manda una señal a los navegantes. Una estrella apareció una noche encima de la nave y comenzó a moverse:

> despidiendo rayos de luz a la continua hasta que se puso sobre aquella villa o pueblo grande, y dejó un rastro en el aire que duró más de tres horas largas; y también vimos otras señales bien claras, por donde entendimos que Dios quería que poblásemos aquella tierra para su servicio (52).

La narración parece mostrar rastros de una sugestión colectiva. "Se dice" que en una torre viven amazonas; "creemos" que la tierra es la más rica; "vimos y entendimos" que Dios quería que "poblásemos". Díaz utiliza la primera persona del plural o la voz pasiva para mantener afirmaciones dudosas o juicios sin fundamento cierto. Lo que les confiere verosimilitud es el hecho de que sean percepciones compartidas. La realidad fantástica narrada por Díaz parece haber sido construida en parte a través de un consenso imaginativo.

Juan de Grijalva envió a Pedro de Alvarado de vuelta a Cuba antes de terminar su viaje de exploración. En la nave de Alvarado iba el capellán Díaz, quien incluyó en su *Itinerario* una breve relación del segundo descubrimiento geográfico de la expedición, del que no fue testigo (Gurría Lacroix 18-20). Afirmó que sintetizaba la misma información que Grijalva había escrito al rey. El capitán de la expedición había escrito que en otra isla, llamada Uloa, habían encontrado "gentes que andan vestidas con ropas de algodón, que tienen harta policía y habitan en casas de piedra" (55). Sus vasos de oro y sus mantas de algodón, labradas con muchas figuras de aves y animales, demostraban su gran ingenio. Los indios descubiertos, dice el texto, "tienen sus leyes y ordenanzas", así como "lugares públicos diputados para la administración de justicia". Adoraban "una cruz de mármol, blanca y grande, que tiene encima una corona de oro, y dicen que en ella murió uno que era más lucido y resplandeciente que el sol" (55).

No es imposible que Grijalva haya tenido un encuentro con la cruz, quizá en alguna representación del *ollin*. Sus sorprendentes afirmaciones cuestionaban todos los fundamentos de la dominación española en las Indias. Si los indios tenían "policía y justicia", su única condición bárbara sería el paganismo. Y si una forma del cristianismo preexistía en América a la llegada española, todo el edificio ideológico que justificaba la dominación hispánica se venía abajo.[28] El *Itinerario* de Díaz anuncia el cambio en la conceptualización española de América como consecuencia del descubrimiento y conquista de México. En términos políticos y económicos, la civilización recién descubierta era comparable a Europa. Debía ser aprovechada, no destruida.

Basada en la reducida información etnográfica disponible, la Junta de juristas y teólogos, convocada por Fernando de Aragón en Burgos en 1511, había concluido que toda supuesta inferioridad de los indios contradecía la bondad y el poder de Dios. No podían existir hombres sin la capacidad suficiente para recibir la verdadera fe y salvarse (Zavala, *Filosofía* 74-76). Sin embargo, los indios habían sido considerados de manera unánime como primitivos, torpes y viciosos. Estaban necesitados de educación religiosa y civil. El dominico fray Bernardino de Mesa escribió que los indios eran inferiores en entendimiento y capacidad, por lo que debían de ser sometidos a una servidumbre moderada, un punto medio entre la libertad y la esclavitud (51-52).

Las políticas españolas de colonización en México dependerían en buena medida de la información obtenida sobre las nuevas tierras y sus misteriosos habitantes: los bárbaros con una sofisticada cultura urbana, conocedores del derecho civil. El racional e instrumental hibridismo cultural y económico, que caracterizaría el proyecto colonial español en México, partió de un inicial reconocimiento de las evidentes similitudes de ambas civilizaciones.

---

[28] Las *Instrucciones* de Velázquez a Cortés incluían la verificación de las misteriosas cruces indígenas. Ver Díaz Plaja, *Documentos* 51-52.

Hernán Cortés: De Anáhuac a Nueva España

I

Soldado, cortesano, empresario y retórico, Hernán Cortés combinaba la ambición de poder, el egoísmo, la sagacidad y la oportuna rapacidad que describiera Maquiavelo, con el deseo de fundar una sociedad basada en un cristianismo reformado.[29] La fuerza militar de una cultura feudal en guerra centenaria de defensa y conquista convivía en él con la corriente humanista española y su amor por la razón, el lenguaje y la elocuencia.[30]

De acuerdo a Las Casas y Díaz del Castillo, Cortés estudió leyes y gramática en la Universidad de Salamanca durante dos años. Sin embargo, Juan Suárez de Peralta, familiar de Cortés, afirmó que el futuro conquistador fue directamente a Valladolid desde su natal Medellín. Al llegar, se habría asentado "con un escribano, donde estuvo más de un año, y aprendió a escribir y tomó notas y estilo de escribano, lo cual sabía muy bien hacer" (Pereyra 24). Lo incierto de la educación de Cortés no impide afirmar que conocía los códigos legales de Castilla, el cultivo humanista de la retórica y los ideales de los observantes franciscanos acerca de la reforma de la Iglesia y la cristiandad.[31]

La llamada con frecuencia *Primera Carta de Relación* (1519) de Cortés, firmada por los procuradores de la Villa de Veracruz, Portocarrero y Montejo, es una composición de autoría compartida, aunque posiblemente redactada siguiendo las ideas del caudillo extremeño.[32]

---

[29] La información biográfica de Cortés proviene de Duverger, 2005; de Madariaga, 1941 y Miralles Ostos, 2001.

[30] De Cortés, Ricard escribe que tenía grandes ambiciones, presto sucumbía a las delicias de la carne y era un político de muy pocos escrúpulos (75). Todorov señala que era también un agudo observador de la realidad y de los hombres, además de un maestro en el arte de la comunicación humana (106-137).

[31] Para la presencia del humanismo cristiano en la Salamanca y Valladolid ver Martín Hernández 5-16; Alfonso Ortega 135-160.

[32] Como es sabido, la *Primera Carta de Relación* intentaba justificar de manera legal el delito de desobediencia al gobernador invocando el derecho todopoderoso de la comunidad, reglamentado desde el siglo XIII en las *Siete Partidas* de Alfonso X, el Sabio. Al fundar legalmente, ante escribano, la Villa Rica de la Veracruz, con todo y sus improvisados alcalde y regidor, se volvía posible invocar el derecho y la voz de la comunidad. Ver Elliott, "Introduction", xviii-xi.

La descripción inicial de la naturaleza mexicana es una breve referencia a la isla de Cozumel, mucho menos elogiosa que la imagen utópica esbozada por el capellán Díaz. La isla era "pequeña, y no hay en ella río alguno, ni arroyo y toda el agua que los indios beben es de pozos, y en ella no hay otra cosa sino peñas y piedras y arcabucos y montes" (14). Salta a la vista la visión escueta y desdeñosa de la isla por quienes habían vislumbrado ya las riquezas del antiguo Anáhuac. La descripción utópica correspondería esta vez al litoral del Golfo de México.

Grijalva, establece de entrada la *Primera Carta de Relación*, nunca puso un pie en tierras mexicanas y por lo tanto la Corona debía saber "que todas las relaciones que de esta tierra les han hecho no han podido ser ciertas" (10). La carta pone un gran énfasis en la descripción geográfica. Sorprendentemente, parecía existir nieve en la zona tórrida. Las partes más altas del actual Pico de Orizaba parecían cubiertas de nieve y "aún los naturales de la tierra nos dicen que es nieve", escribieron (20). Sin embargo, como no habían podido llegar a la cumbre, no podían confirmar su información mediante la experiencia. "Trabajaremos de ver aquello y otras cosas de que tenemos noticia para de ellas hacer a Vuestras Reales altezas verdadera relación de las riquezas de oro y plata y piedras", aseguraban (20). Cortés había decidido explorar un río por el que no podían entrar las naves, por estar "tan inclinado al servicio de Vuestras Majestades" y tener gran "voluntad de hacer verdadera relación de lo que en la tierra hay" (14). En los inicios de la Conquista, la principal riqueza que Cortés y sus hombres podían ofrecer a la Corona era información útil o novedosa sobre las nuevas tierras y sus habitantes.

El texto establece que se trataba de una tierra muy extensa, pues "tiene cincuenta leguas de costa de la una parte y de la otra de este pueblo" (20). La tierra cercana a las playas era "muy llana y de muy hermosas vegas y riberas [...], tales y tan hermosas que en toda España no pueden ser mejores así de apacibles a la vista como de frutíferas cosas que en ellas siembran" (20). Era tierra conveniente para la cría de ganado y tenía, además:

> todo género de caza y animales conforme a los de nuestra naturaleza, así como ciervos, corzos, gamos, lobos, zorros, perdices, palomas, tórtolas de dos y de tres maneras, codornices, liebres, conejos, por manera que en aves y animalias no hay diferencia de esta tierra a España (20).

Cortés y sus hombres le informaban a Carlos I que habían descubierto una tierra de enorme extensión, cercada por el mar y una enorme cadena montañosa, que contaba con grandes llanuras, apacibles y convenientes para la agricultura y la ganadería. Las nuevas tierras poseían, además, una naturaleza similar a la de España: sus valles y riberas eran tan buenos como los de allá y su fauna igual a la de Castilla. La tierra era tan rica, afirmaban, como aquella en la que consiguió Salomón las riquezas para construir el templo de Jerusalén (20-21).

Ninguna de las plantas en la base de la civilización mediterránea: el trigo, la vid y el olivo, pudieron ser cultivadas con éxito en el clima tropical de la Antillas. Tampoco existían en las islas ciervos, gamos, liebres, lobos y en general todos los animales de los bosques mediterráneos. Al escribir sobre tierras tan fértiles como las de España, llenas de cultivos saludables y de una fauna conocida, los conquistadores sugerían haber encontrado tierras perfectas para fundar un reino parecido a España. El éxito de la colonización parecía asegurado en base a una geografía familiar.[33]

Esta inicial igualación de la naturaleza mexicana a la de España alcanzó también a los mesoamericanos, quienes fueron descritos con un exotismo moderado, comparados de manera recurrente con los moriscos españoles.[34] Tenían los indios cultivos abundantes y saludables, caza, pesca y gallinas "grandes como pavos" (21). Quemaban incienso en los templos, poseían casas de cal y canto con aposentos "amoriscados" e incluso suntuosas casas señoriales de hasta cinco patios, con pozos, albercas, piezas destinadas para uso exclusivo de ciertas actividades y aposentos para esclavos y gentes de servicio. Los mismos objetos indígenas que los conquistadores enviaron al monarca como presentes se volvían familiares al recibir nombres españoles o hispano-árabes (25-27). Tanto la ropa como la decoración e incluso algunos de los objetos indios son descritos o nombrados como muestra de una cultura con un nivel de *policía* o civilización comparable al menos al de los tra-

---

[33] Una civilización es, ante todo, una serie de plantas domesticadas que aseguran la supervivencia de una comunidad (Diamond 83-107).

[34] Los indios eran "de mediana estatura, de cuerpos y gestos bien proporcionada"; sus ropas eran similares a las de los moros, pues usaban unos como "almaizares muy pintados", así como mantas "delgadas y pintadas a manera de alquiceles moriscos" (21). De acuerdo al Diccionario de la Real Academia Española, un *almaizar* es una toca de gasa; un *alquicel* una capa morisca, usualmente blanca.

dicionales enemigos de Castilla. "Viven más política y razonablemente que ninguna de las gentes que hasta hoy en estas partes se ha visto", concluyeron Cortés y sus hombres (22).

Al describir la religión indígena, los conquistadores reconocieron que la complejidad del extraño culto superaba su capacidad. "En mucho papel no se podría hacer de todo ello a Vuestras Reales Altezas entera y particular relación", confesaban (21). Lo que podían decir es que las "casas y mezquitas" eran los edificios más ricos y mejor labrados de las ciudades y que en ellos honraban y servían a sus ídolos con muchas ceremonias (21-22). Todos los días los indios se sangraban diversas partes del cuerpo y ofrecían la sangre a los ídolos o a los cielos. Su religión tenía, sin embargo, "otra cosa horrible, abominable y digna de ser punida". Les abrían el pecho a niños y adultos para sacarles el corazón y quemarlo, ofreciendo el humo a los ídolos. Calculaban que cada año sacrificaban en cada mezquita al menos a cincuenta almas y le informaban al rey que era su deber evitar "tan gran mal y daño" (22). Suplicaban que hiciera llegar una "verdadera relación" al Santo Padre para poder iniciar la conversión y tener autorización para castigar a los que se resistieren a la fe católica. Agregaban al final la homosexualidad de los indios como la prueba definitiva de la necesidad de cambiar sus costumbres (22-23). El emperador Carlos debía, en síntesis, suprimir la religión pagana, cristianizar a los indios y aprovechar su elevado nivel de civilización.[35]

Cortés conocía las ideas mesiánicas del humanismo cristiano con relación a Carlos I de España, quien por entonces competía por la corona del Sacro Imperio. Mercurino Arborio de Gattinara, seguidor de Erasmo y Gran Canciller del rey desde 1518, trabajó para que Carlos fuese el emperador de una cristiandad que debía ser renovada de acuerdo a los ideales del humanismo cristiano (Chabod 98-101).[36] Cortés se

---

[35] Como escribe Hugh Thomas, Cortés concibió a los mesoamericanos como "una nueva especie de moros, a los que debía convertir y someter. Mas sus experiencias en Salamanca y en Valladolid parecen haber dado un toque renacentista a sus objetivos" (7).

[36] Brandi transcribe una versión de las palabras que Gattinara dijera a Carlos V: "Sire, God has been merciful to you; he has raised you above all kings and princes of Christendom to a power such as no sovereign has enjoyed since your ancestor Charles the Great. He has set you on the way towards world monarchy, towards the uniting of all Christendom under a single shepherd" (61).

presentó a sí mismo como el encargado de ofrecerle al emperador una tierra cuya naturaleza era abundante, rica, semejante a España y poblada por una civilización avanzada, productora de las riquezas necesarias para construir la ansiada Nueva Jerusalén. Como sintetiza Brading, la historia del México antiguo "termina en profecía" (15-17).[37] Cortés ofrece ya, desde el anonimato de su *carta-relación*, un reino lleno de riquezas obsequiadas por Dios a España para cumplir sus designios. Desde la *Primera Carta de Relación*, tras vislumbrar apenas el mundo mesoamericano, Cortés y sus hombres esbozan el gran proyecto de la ideal república cristiana hispano-nahua.

II

Cortés escribió su texto más conocido mientras estaba refugiado en la ciudad aliada de Tlaxcala. Una grave derrota militar le había costado el ser expulsado de México-Tenochtitlan, el centro político, religioso y económico de las vastas tierras que había descubierto Grijalva. Antes de entrar en guerra con los mexicas, Cortés había pasado siete meses como invitado de Motecuhzoma. Durante ese tiempo había observado, investigado y tratado de entender lo más posible de las nuevas tierras y la civilización que las habitaba.

El capitán español se encontraba aún en busca del perdón oficial del rey al mandar la *Segunda Carta de Relación*. En ella confirmaba con creces lo que había sugerido en la *Primera*: las tierras descubiertas eran en sí mismas un imperio. La nueva relación comenzaba con la afirmación de que Carlos podía llamarse a sí mismo emperador de las nuevas tierras "y con título y no menos mérito que el de Alemania, que por la gracia de Dios vuestra sacra majestad posee" (31). Cortés deja muy poco al azar en su *Segunda Carta de Relación*. La narración histórica y la descripción de la realidad natural y cultural de Anáhuac se ajustan a bien pensados cálculos políticos, económicos, religiosos y legales.[38] Un

---

[37] En su *Historia general y natural de las Indias* (1535), Gonzalo Fernández de Oviedo articula una narrativa análoga a la de Cortés, pero con relación a todas las Indias Occidentales. En América están los recursos materiales para conseguir un imperio español ordenado de acuerdo a principios divinos. Ver Marroquín Arredondo, *La historia* 49-50.

[38] Beatriz Pastor va tan lejos como afirmar que Cortés es un narrador capaz de componer artificiosamente una realidad a su medida mediante un uso riguroso de la razón (190-220).

ejemplo evidente es el esfuerzo de Cortés por escribir como victorioso capitán a pesar de escribir desde la derrota (Kruger-Hickman 92). Cortés conocía el arte retórico. Se esfuerza por captar la benevolencia de su lector, sabe amplificar la narración y suscita sorpresa y admiración de manera ordenada y precisa (Añón 35-43).

Al igual que en la *Primera Carta de Relación*, la descripción geográfica de los valles centrales de México pone un fuerte acento en su similitud con España. Las ciudades le recuerdan a Europa. Tlaxcala, la primera de las tres grandes ciudades que encontró en su camino a México-Tenochtitlan, fue comparada por Cortés con cuatro de las más importantes ciudades mediterráneas de la época. La ciudad encontrada era más grande que Granada y mejor abastecida de cosas de la tierra. Era una ciudad-estado, con un estilo de gobierno similar al de las señorías de Venecia o Génova. El orden en ella era tal, juzgó, "que lo mejor de África no se le iguala" (41). Cholula, rodeada de tierras fértiles a las que se regaba continuamente, poseedora de más de cuatrocientos templos, fue descrita por Cortés como "la ciudad más hermosa de fuera que hay en España," además de la "más a propósito de vivir españoles que yo he visto de los puertos acá" (45). México-Tenochtitlan avasalló su capacidad de percepción y descripción. Cortés se declaró incapaz de comprender de cien partes de la ciudad, una sola. Las pocas cosas que alcanzaría a explicar, le escribió al emperador, "serán de tanta admiración que no se podrán creer, porque los que acá con nuestros propios ojos las vemos, no las podemos con el entendimiento comprender" (62).

Cortés desautoriza su propia representación de una realidad, que a pesar de ser observada y experimentada, aún escapa a su comprensión. El capitán extremeño fue uno de los pocos conquistadores que al enfrentarse a la realidad del mundo mesoamericano se dio cuenta de que no podía comprenderla (Baudot 12-20). México-Tenochtitlan agotó las posibilidades de comparación con Europa. Cortés escribió que la ciudad era tan grande como Sevilla, que una sola de sus plazas era tan grande como dos veces Salamanca y que el comercio en ella parecía infinito. En el templo principal cabían quinientos vecinos y su torre más alta superaba la Giralda. No puedo decir más, escribió, que "en su servicio y trato de la gente de ella hay la manera casi de vivir que en España; y con tanto concierto y orden como allá" (66). El Templo Mayor fue la primera cosa que dejó a Cortés sin referentes o símiles. Escribió que "no hay lengua humana que sepa explicar la grandeza y particularidades" que lo conforman (64). Líneas adelante, al escribir de la sofisticación del arte nahua, reflexionó confundido:

> ¿Qué más grandeza puede ser que un señor bárbaro como éste tuviese contrahechas de oro y plata y piedras y plumas, todas las cosas que debajo del cielo hay en su señorío, tan al natural lo de oro y plata, que no hay platero en el mundo que mejor lo hiciese, y lo de las piedras que no baste juicio comprender con que instrumentos se hiciese tan perfecto, y lo de pluma, que ni de cera ni en ningún bordado se podría hacer tan maravillosamente? (66).

Para Cortés, la grandeza de Motecuhzoma resultaba incomparable si se aceptaba como parámetro de juicio la perfección mimética en la representación artística de la realidad. El capitán escribió que las casas de aposentamiento de Motecuhzoma eran, de hecho: "tales y tan maravillosas que me parecía casi imposible poder decir la bondad y grandeza de ellas, y por tanto no me pondré en expresar cosas de ellas más de que en España no hay su semejable" (67).

Tampoco tuvo Cortés un referente europeo con el cual comparar los bosques zoológicos nahuas. Escribió que una de las muchas casas de Motecuhzoma tenía:

> diez estanques de agua, donde tenía todos los linajes de aves de agua que en estas partes se hallan, que son muchos y diversos, todas domésticas; y para las aves que se crían en la mar, eran los estanques de agua salada, y para los de ríos, lagunas de agua dulce, la cual agua vaciaban de cierto a cierto tiempo, por la limpieza, y la tornaban a henchir por sus caños, y a cada género de aves se daba aquel mantenimiento que era propio a su natural y con que ellas en el campo se mantenían. [...] Había para tener cargo de más aves trescientos hombres, que en ninguna otra cosa entendían. Había otros hombres que solamente entendían en curar las aves que adolecían. Sobre cada alberca y estanque de estas aves había sus corredores y miradores muy gentilmente labrados, donde el dicho Mutezuma se venía a recrear y a las ver (67).

Una lectura cuidadosa de la maravillada descripción que hace Cortés de los jardines zoológicos de Motecuhzoma ofrece un testimonio patente del sofisticado conocimiento biológico de los nahuas, superior en muy diversos aspectos que el de la Europa de la época. Baste recordar que no fue sino hasta 1568 que Ulisse Aldrovandi fundó los célebres jardines botánicos de Bolonia.[39] A pesar de la temprana y obvia evidencia, tendrían que pasar cientos de años para que Occidente llegase a reconocer los campos del conocimiento en los que Mesoamérica aventajaba a Europa a inicios del siglo XVI. De acuerdo a Lafaye, éstos podrían ser sintetizados en cosmología, economía planificada, la cuenta del tiempo, la farmacopea, la cirugía, la botánica y la zoología (*Conquistadores* 27-29).

La descripción del mercado procede también de lo familiar a lo ajeno y extraño. Cortés señalaba que se vendían en él "todos los géneros de mercadurías que en todas las tierras se hallan" (63). Había "casas como de barberos", "calle de herbolarios", restaurantes, cargadores como los ganapanes de Castilla, cerezas y ciruelas "semejantes a las de España", hilados de algodón como de "alcaicería de Granada," además de cuantos colores "se pueden hallar en España" (63).[40] El mercado se vuelve así un lugar familiar a través de la comparación e igualación constante con Europa. Sin embargo, y al igual que en la descripción del Templo Mayor y las casas de Motecuhzoma, la novedad y variedad de la naturaleza mexicana imponen un límite a su descripción del gran centro comercial nahua. Cortés termina su descripción afirmando que en los mercados mexicanos estaban a la venta "cuantas cosas se hallan en toda la tierra", mas tendrían que bastar las que él había mencionado pues las otras: "por la prolijidad y por no me ocurrir tantas a la memoria, y aun por no saber poner los nombres, no las expreso" (63). La primera justificación por las omisiones es de carácter retórico: la larga enumeración afectaría negativamente la composición del discurso y el hilo de la narración. Los otros dos impedimentos son epistemológicos: la capacidad de su memoria y de su lenguaje le resultaban insuficientes.

Las enormes ciudades, los numerosos campos fértiles, muchos de ellos con eficaces sistemas de regadío, así como la abundancia y variedad

---

[39] Aldrovandi escribió de ellos que: "public and private gardes, with the lectures, are the reason that natural things are eleucidates, joined together with the New World that we are still discovering". Ver Findlen, "Anatomy" 281.

[40] *Alcaicería*, de acuerdo al Diccionario de la Real Academia es una "aduana o casa pública donde los cosecheros presentaban la seda para pagar los derechos establecidos por los reyes moros" <http://lema.rae.es/drae/>. Consultado el 31 de octubre de 2013.

de los tributos llevados a Tenochtitlan desde todas partes, convencieron a Cortés de la conveniencia de aprovechar en lo posible los sistemas de explotación de la naturaleza ya existentes. Los mismos soldados que el capitán había enviado en misiones de reconocimiento de las minas de oro cercanas, le habían informado que habían pasado por tres provincias: "de muy hermosa tierra y de muchas villas, ciudades y otras poblaciones en mucha cantidad y de tales y tan buenos edificios, que dicen que en España no podrían ser mejores" (56).

El bautizo del antiguo Anáhuac como Nueva España obedece a los mismos criterios de similitud. Cortés justificó el nombre para el nuevo reino con argumentos geográficos. Escribió que:

> Por lo que yo he visto y comprendido cerca de la similitud que toda esta tierra tiene a España, así en la fertilidad como en la grandeza y fríos que en ella hace, y en otras muchas cosas que la equiparan a ella, me pareció que el más conveniente nombre para esta dicha tierra era llamarse la Nueva España del mar Océano (96).

La fertilidad, la extensión territorial y el clima eran parecidos a España, así como "otras muchas cosas" que Cortés dejaba sin nombrar, pero que habían sido escritas ya en diversas partes de su *carta-relación*. Bautizar al supuesto imperio mexica como Nueva España es una poderosa asimilación retórica de una civilización ajena a los parámetros naturales, políticos y económicos de Europa. La articulación de la idea moderna de *progreso* es inseparable del mesianismo utópico que informa la conquista y colonización de América. En las *cartas-relación* cortesianas la imaginación utópica está acompañada de una nueva conciencia historiográfica que se preocupa por el orden, la composición, la diversidad y, sobre todo, la abundancia de la evidencia empírica como prueba de veracidad.[41] La *Segunda Carta de Relación* de Cortés identifica la creación de la ideal república cristiana de Nueva España con el estudio sistemático de su novedosa realidad material. A partir de este estudio, sería posible la adecuada incorporación de las diferencias geográficas y culturales del nuevo reino al proyecto de la utopía mesiánica novohispana.

---

[41] Como señala José Luis de la Fuente, esta nueva imaginación utópica se encuentra "tanto en su diseño como su proyección y consecuencias futuras" (44).

III

Consciente del valor de la civilización conquistada y temeroso de una destrucción de los indios similar a la de las islas, Cortés le sugirió al emperador en su *Tercera Carta de Relación*, de 1522, que destinara las ganancias reales para mantener a los conquistadores y evitar así los peligros de la encomienda. Afirmaba que le parecía del todo inadecuado repartir entre los soldados españoles a gentes "de mucha más capacidad" que las de las islas (171). Le confesaba al emperador que había sido contra su voluntad que se había visto forzado a "depositar los señores y naturales de estas partes a los españoles" (171).

El rey Carlos reconoció a Cortés como gobernador de la Nueva España en 1524 y le ordenó que se abstuviese de repartir tierras e indios en encomienda. De acuerdo a las conclusiones de los teólogos de la corte, Dios había hecho libres a los indios y los españoles no tenían derecho a quitarles esa libertad. Se le ordenaba al gobernador que los españoles fundasen sus propios lugares y estableciesen libre contratación y comercio con los indios.[42] Influida por las ideas de los humanistas dominicos en La Española, la Corona intentó prohibir la servidumbre y reconocer como únicos derechos válidos para los españoles la libertad para la evangelización y la libertad de comercio. Son éstas, en apretada síntesis, las mismas conclusiones legales a las que llegaría Francisco de Vitoria en 1538 en su célebre *Relectio de Indis*, pionera reconocida del moderno derecho internacional.[43]

La corte se negó a aprobar la manutención de los conquistadores a cambio del quinto real. Al contrario, le pidió a Cortés oro con apremio.[44]

---

[42] Ver la carta de Cortés a Carlos V de 1524 incluida en las *Cartas de Relación* (209).

[43] Vitoria encontró en el libre comercio la justificación legal para la presencia española en América. El derecho de gentes, de raíz romana, permitía a los españoles viajar por el Nuevo Mundo, comerciar y permanecer en él por todo el tiempo que quisieran siempre y cuando no causaran daño alguno. Era lícito "traficar entre ellos sin dañarles la patria, ya importándoles mercancías de las cuales carecen, ya exportando oro, plata y otras cosas allí abundantes" (149). De acuerdo al derecho natural eran "comunes a todos, el agua corriente, el mar, los ríos y los puertos y por el derecho de gentes es lícito atracar en ellos" (147). Si los indios no tenían establecido entre sus leyes el que les estuviese prohibido a los extranjeros el uso de cosas comunes, como por ejemplo: "el excavar oro en las tierras comunes y públicas o en los ríos [...], no pueden los bárbaros vedárselo a los españoles" (153).

[44] La explotación minera de las nuevas tierras era un imperativo de Estado. Carlos V le escribió a Cortés en 1524 que "de lo que así nos ha pertenecido, o perteneciere

En su carta secreta de 1524, Cortés le respondió al emperador que existía una gran dificultad para establecer libre contratación y comercio con los naturales y que no sería capaz de poner la medida en práctica hasta que el asunto no fuese estudiado de nuevo en la corte tras sus informes. Si lo intentase, explicaba, los indios solo recibirían malos tratos, injurias, robos y otras vejaciones por parte de los españoles. Afirmaba que con sus disposiciones, los indios no disminuirían ni se acabarían como en las islas. Él tenía experiencia personal de los daños que se les había hecho y de las causas de ellos; por eso, explicaba:

> yo no permito que saquen oro con ellos, ni tampoco permito que los saquen fuera de sus casas a hacer labranzas, como lo hacían en las otras islas, sino que dentro en sus tierras les señalan cierta parte donde labran para los españoles que los tienen depositados, y de aquello se mantienen y no se les pide otra cosa (474).

Las disposiciones de Cortés seguían en los hechos las costumbres ancestrales del *calpolli* mesoamericano, que destinaba siempre una parte de sus tierras para el tributo.[45] La terrible novedad para la cultura mesoamericana fue la manera en la que Cortés solucionó la explotación minera. El primer gobernador de Nueva España autorizó que los pobladores españoles esclavizaran a los prisioneros de guerra, herrados con una G en el rostro, y también que "pudiesen rescatar esclavos de los que los naturales tienen por sus esclavos" (474).[46] Los *tlacoti* fueron considerados por Cortés como legítimos esclavos, a pesar de que muchos de ellos eran poseedores de tierras en sus *calpultin* de origen (Palerm, *Introducción* 161). Desde los inicios mismos de la coloni-

---

de nuestro quinto y derechos, como de cualquier oro vuestro, o tomándolo de otras cualesquier personas que le tengan, tratéis de me enviar la más suma de oro que vos fuere posible, teniendo por cierto que en ello me haréis muy agradables servicios" (Duverger 254).

[45] Por supuesto, los tributos cambiaron de acuerdo a los gustos y necesidades de los nuevos señores. Como escribe Weckmann, las plumas de ave, las armas indígenas, las aves vivas, el jade y el cacao no valían nada para los españoles. Al principio éstos ni siquiera valoraron el maíz, el frijol, el maguey, los textiles o las cerámicas mesoamericanas (435-440).

[46] Bernal Díaz del Castillo escribió que fue en Tepeaca donde "se hizo el hierro con que se habían de herrar los que se tomaban por esclavos, que era una G, que quiere decir guerra" (269).

zación de México comenzó una disputa, nunca resuelta del todo, acerca del modelo económico y político sobre el cual debía basarse. La corte, los encomenderos y los frailes emprendieron una suerte de guerra de utopías. La encomienda nunca fue bien vista por la Corona.[47] Aconsejada por sus humanistas religiosos, la corte propuso en principio un tipo de colonización basada en el comercio y en el tributo directo de los indios al Estado. El trabajo de minas debía ser remunerado y las estructuras económicas y políticas de los indios mantenidas en lo posible.

El proyecto colonial novohispano se realizó a partir de la ciudad de México, incuestionable centro simbólico de la Nueva España. En 1523, Alonso García Bravo inició el nuevo trazo de la ciudad, basado en las características cruciformes de la antigua Tenochtitlan, mas reorientándola de norte a sur en vez de este a oeste (Mier y Terán 141-203). Los ideales renacentistas neoplatónicos de armonía geométrica y emanación simbólica del centro a la periferia, coincidían en buena parte con la antigua visión mesoamericana, que también intentaba replicar en la ciudad terrenal el orden divino.[48] Muchos indígenas pagaron tributo reconstruyendo y embelleciendo la gran ciudad. Poco a poco se establecieron en ella artesanos y comerciantes a la usanza de las ciudades españolas.

El proyecto colonizador de Cortés se basó en la preservación parcial de la cultura indígena, a la que intentó importar también la civilización mediterránea y hacerla rentable a través de la encomienda, confiando en la lenta fusión de ambas culturas (Duverger 227-31). Mandó traer ganado y legumbres europeas e intentó fijar en las encomiendas cuotas de producción obligatorias de viña y trigo, así como la siembra de moreras para la producción de seda. Ordenó también que se respetasen los cultivos tradicionales: el maíz, el tomate, el chile y el frijol.

---

[47] El primer juicio de tierras en la Nueva España es la demanda de la restitución de una encomienda perdida, por parte del conquistador Gutierre de Badajoz, en 1523 (Archivo General de Indias, México 95, "Cartas y expedientes de personas seculares 1519-1544").

[48] Como señala Eugenio Garin: "El estado ideal de que se habla es siempre el estado-ciudad, es decir, la *res publica*, que en sus formas arquitectónicas materializa objetivamente una estructura económico-política adecuada a la imagen del hombre que ha ido delineando la cultura del Humanismo" (111). Los tratados sobre urbanística serán también tratados de reflexión política y el arquitecto, un emulador de dios que con la suma de todos sus conocimientos, y por medio de la *imitatio*, crea ese espacio urbano siguiendo las formas, conforme a las jerarquías estipuladas por el creador (111-117).

Sus oficiales acompañaron a los antiguos encargados nahuas de supervisar la entrega de tributo a México y obtuvieron en sus recorridos información acerca de las minas de oro y plata (Liss 170-174). Temeroso de rapiñas destructivas como las de las islas, Cortés prohibió también que los españoles visitasen o vivieran en los pueblos indios, una decisión de enorme importancia para el futuro de la Nueva España.

Capítulo 4

Humanismo y conversión

Abolida la dura ley antigua, el hombre debía, sin trabas, sin más guía que tu ejemplo, elegir entre el bien y el mal.
Fyodor Dostoyevsky

La historia etnográfica da inicio en México con la llegada de tres observantes franciscanos provenientes de Flandes: Juan de Tecto, Juan de Aora y Pedro de Gante. El estudio y enseñanza mutuo de la palabra cristiana y mesoamericana entre los frailes humanistas y los jovenes *pipiltin*, la averiguación mediante entrevistas formales a informantes nahuas sobre la antigua religión y la creación de un proyecto retórico y transcultural de conversión religiosa, hacen de Pedro de Gante el iniciador de los estudios etnográficos humanistas en México.

La república americana imaginada por Pedro de Gante partía, sin embargo, de una supuesta inferioridad moral de los indios necesitada de redención. La creencia en la inferioridad moral indígena acompañó los primeros diez años de la evangelización española en México. A partir de 1531, el gobierno de la Segunda Audiencia decretó que los indios de México conocían la *virtud*, por lo que era ilegal toda forma de esclavitud indígena así como el dominio administrativo y legal ejercido hasta entonces por los frailes en los pueblos indios. La república indígena debía gozar de autonomía política y estar sometida tan solo a la Corona. La nueva práctica catequética debía basarse en la mayor asimilación cultural posible entre frailes e indios, fomentando el conocimiento y estudio de la civilización indígena, para proceder a una adecuada conversión religiosa, de base retórica.

Estas nuevas premisas de conversión religiosa influyeron de manera decisiva en el desarrollo de la historiografía etnográfica humanista, cuyo iniciador oficial fue Sebastián Ramírez de Fuenleal, presidente de la Segunda Audiencia de México. Los logros materiales y la sofisticación retórica de la cultura indígena lo convencieron de la necesidad de estudiar y preservar la tradición religiosa, histórica y política de Mesoamérica. Las ideas de Fuenleal coinciden con la teoría antropológica cultural moderna, cuya vocación esencial, en opinión de Geertz, es incluir las respuestas que las diversas culturas han dado a preguntas fundamentales en el registro consultable de la palabra humana (30).

Pedro de Gante, hermeneuta y gramático

Los primeros tres humanistas franciscanos llegados a México estaban convencidos de que los secretos de una cultura debían ser descubiertos a través del estudio sistemático de su lenguaje.[1] Tras su arribo a la antigua Tenochtitlan en 1523, dedicaron los primeros meses de su estancia a estudiar en Texcoco, la ciudad de más sofisticada cultura en el Valle de México, guardiana de la sabiduría de Quetzalcóatl y heredera de las leyes establecidas por Nezahualcóyotl. Cuando los primeros doce franciscanos españoles llegaron a México en 1524, se mostraron consternados por los pocos avances en la conversión de los indios y preguntaron a sus tres hermanos flamencos qué es lo que habían hecho hasta entonces. Juan de Tecto, antiguo profesor de teología en París, guardián del convento de Gante y confesor de Carlos V, les respondió que habían estado aprendiendo "la teología que de todo punto ignoró San Agustín" (Mendieta V 17).

Tecto y Aora murieron en la desventurada expedición de Cortés a las Hibueras. El superviviente, el lego Pedro de Gante, inició el estudio sistemático del idioma y la cultura nahuas, y sentó las bases del proyecto humanista de conversión religiosa en Nueva España. Nacido en la alta nobleza borgoñona, Pedro de Gante (Pieter van der Moere) estudió en la prestigiosa Universidad de Lovaina, donde enseñaron Erasmo, Vives y Vesalius. Educado para desempeñarse en los más altos puestos de la corte, al parecer fue Pedro de Gante uno de los consejeros flamencos que acompañaron a Carlos I en sus primeros años

---

[1] Verlinden afirma que las numerosas escuelas de los frailes de la Vida Común en los Países Bajos jugaron un papel muy importante en el desarrollo del primer humanismo. El propio Erasmo fue su alumno de 1476 a 1480 (112).

como monarca de España.[2] Inconforme, al parecer, con su género de vida, el consejero de la corte Pedro de Mura decidió ingresar al convento franciscano de la ciudad de Gante. Jamás fue ordenado sacerdote y permaneció toda su vida como lego (Mendieta IV 51-52).

De Gante decidió aprovechar las estructuras formales y retóricas del culto religioso preexistente. Los jóvenes *pipiltin*, los antiguos alumnos del *calmecac*, debían ser por derecho los verdaderos evangelizadores de la Nueva España y sus futuros sacerdotes. Con este fin fundó al lado del convento franciscano de la ciudad, el Colegio de San Francisco, con salones de clase y colegio mayor. Combinando la antigua tradición educativa del *calmecac* con la regla franciscana, De Gante enseñó a los jóvenes *pipiltin* la gramática castellana y latina, el canto polifónico, diversos oficios manuales y los fundamentos de la doctrina y la predicación cristianas. Los jóvenes mexicas compartieron con los frailes su conocimiento de la cultura y el idioma náhuatl. Siguiendo el modelo de Pedro de Gante, los conventos franciscanos en México tuvieron una escuela en la que los frailes educaban de manera preferencial a los jóvenes *pipiltin*, en teoría los futuros dirigentes políticos y religiosos de la república.[3]

En su *Cuarta carta de relación* de 1524, Cortés había pedido que se enviasen a la Nueva España frailes franciscanos o dominicos, a quienes se les debía otorgar la mayor cantidad posible de poder político (204). Suplicó entonces que no se enviasen obispos ni otros prelados que con toda seguridad gastarían el dinero de la Iglesia en lujos y ostentaciones vanas. Se atrevió a escribir que si los indios llegasen a ver en los obispos españoles "los vicios y profanidades que ahora en nuestros tiempos en esos reinos usan, sería menospreciar nuestra fe y tenerla por cosa de burla" (Duverger 250). Compartía al parecer Hernán Cortés la

---

[2] Siguiendo a Ezequiel Chávez, Torre Villar cree que De Gante "sirvió en el grupo de consejeros flamencos del emperador que encabezaba Monsieur de Chievres y le identifica con el tantas veces citado por fray Bartolomé de las Casas, Monsieur La Mure a quien este religioso debió tanta ayuda" (9).

[3] Ver Ricard 320-324; En su carta del 27 de junio de 1529, Pedro de Gante afirma de los jóvenes nahua que educaba: "con ellos no poco trabajamos enseñándoles a leer y escribir y cantar el Oficio eclesiástico, y decir las Horas cantadas y oficiar las misas e imponerlos en todas las buenas costumbres de la cristiana religión, por manera que no solamente éstos han sido traídos al camino de nuestra verdad y fe católica, mas ya ellos mismos hechos maestros y predicadores de sus padres y mayores". En Torre Villar 14-15.

mentalidad reformada con respecto a la Iglesia española, así como el sueño franciscano de construir una Iglesia renovada desde México-Nueva España. Los primeros doce franciscanos españoles enviados por la Corona provinieron de la provincia reformada de San Gabriel. Los dirigía su antiguo provincial, Martín de Valencia, místico y alumbrado de gran prestigio (Gómez Canedo 43-46).

Cortés organizó y presidió un encuentro entre las autoridades políticas y religiosas de México-Tenochtitlan y las de Nueva España. En ese encuentro, los frailes le hicieron saber a los dirigentes políticos y religiosos mexicas que habían sobrevivido a la guerra y la peste, que la antigua religión quedaba prohibida, por órdenes del gran sacerdote de Dios, Téotl. Tras una supuesta y simbólica conversión de los dirigentes nahuas, los evangelizadores franciscanos prosiguieron con su labor entre los millones de paganos, de quienes Cortés había escrito grandes maravillas. Se trataba de inaugurar la era del Espíritu Santo en la tierra, un nuevo ciclo cósmico mesoamericano.[4] Ricard describió con cierta amplitud los inicios de la evangelización franciscana. Los frailes partieron desde la ciudad de México a Cuautitlán y Tepotzotlán. Un año después se establecieron en Chalco y Toluca. Fundaron Cuernavaca, a poca distancia de Malinalco y Ocuila. Ese año cruzaron también los grandes volcanes y llegaron al Valle de Puebla, a Tepeaca. En 1526 se encontraban ya en territorio tarasco, en Tzintzuntzán y Pátzcuaro (146).

La conversión religiosa se basó en sus inicios en mecanismos oficiales de coerción y castigo. Los templos fueron arrasados, los libros destruidos, los disidentes castigados con rigor extremo. Francisco de Jiménez, uno de los primeros doce franciscanos españoles llegados a México, confidente y biógrafo de Martín de Valencia, escribió que el provincial había intentado en un principio convertir a los naturales mediante el ejemplo, la enseñanza, la prédica y la represión de palabra. Decepcionado por los pobres resultados, Valencia se había convencido de que eran necesarios el "temor y castigo". Esto debía ser así, al menos hasta que los indios viniesen "en más conocimiento" (Morales, "Dos figuras" 341).

---

[4] El testimonio escrito del increíble encuentro entre los dirigentes espirituales de Occidente y Mesoamérica fue descubierto y reescrito por Bernardino de Sahagún en sus célebres *Coloquios*. Ver capítulo 6.

En 1529, seis años después de su llegada a México, De Gante escribió una carta a sus hermanos franciscanos de Flandes, en la que describía su experiencia en tierras mexicanas. Comenzaba afirmando que la geografía de Nueva España "aventaja a todas las demás del mundo, porque no es fría ni caliente en demasía, y en cualquier tiempo se siembra y se cosecha, por ser tierra de regadío" (39).[5] Los naturales eran gente "de bonísima complexión y natural, aptos para todo, y más para recibir nuestra santa fe" (40). De Gante les hacía saber a sus hermanos que existían en México las condiciones adecuadas para hacer realidad la ideal república cristiana. Los habitantes de la Nueva España poseían magníficas disposiciones físicas, intelectuales y espirituales. El gran obstáculo a vencer era lo que Pedro de Gante nombró como la "condición servil" de los indios, quienes estaban acostumbrados a actuar obligados por el temor a unos dioses sanguinarios y opresores, y no "por [el] amor a la virtud" (40). La naturaleza temerosa y humillada de los naturales se oponía a la visión humanista cristiana del ser humano como criatura libre, soberana en sus decisiones íntimas y perfectible por amor al bien y la virtud.[6]

La descalificación de los indios por parte de Pedro de Gante tenía como evidencia el sacrificio humano, el canibalismo ritual y el politeísmo. De Gante satanizó la religión indígena tras un breve estudio de algunas de sus características exteriores. El texto de Pedro de Gante es el primer escrito de antropología religiosa en México. Notaba que:

> Los demonios de esta tierra tenidos por dioses eran tantos y tan diversos, que ni los indios mismos podían contarlos. Creían que para cada cosa había dios, y que uno regía ésta, otro aquélla. A uno llaman dios del fuego; a otro del aire; a aquél de la tierra; a uno llaman culebra, a otro mujer de la culebra, a éste siete culebras, a aquél cinco conejos y así a una infinidad, según su oficio, pero por la mayor parte tienen nombres de culebras y serpientes. Unos había para los hombres, otros para las mujeres; unos para los niños, otros para todos en común. A ciertos de ellos sacrificaban corazones

---

[5] La carta de Pedro de Gante se encuentra como apéndice en Torre Villar 39-44.

[6] El cristianismo es heredero de la concepción judía de la religiosidad como una vivencia fundamentalmente personal. Como señala Erich Kahler, tras la conquista de Jerusalén por los babilonios en el siglo VI AC, los profetas judíos liberaron la religión de sus formas oficiales y la insertaron de manera cada más profunda en el individuo, quien debía cargar con una responsabilidad moral de carácter personal (90-91).

de hombres, a otros sangre humana; a cuales sus propios hijos; a algunos codornices; pájaros a otros, o bien a varios incienso, papel, la bebida que aquí usan, y otras muchas cosas a este tenor, conforme a diversos ritos y ceremonias que los demonios mismos pedían, y según eran los dioses; porque los había negros, amarillos y pintados de otros colores. Y tenían entendido que de no ofrecerles lo que pedían, serían muertos por ellos y consumidos en cuerpo y alma (41).

La palabras de Pedro de Gante revelan el nivel de conocimiento que había adquirido la naciente etnografía en México sobre la religión nahua. Notó el franciscano la existencia de deidades masculinas y femeninas. Matizó la práctica del sacrificio, percibió el simbolismo religioso de los colores y dio cuenta de la existencia de un culto de compleja liturgia, dirigido por un extraño grupo de religiosos, caníbales y homosexuales (41).[7]

El proyecto de conversión religiosa de Pedro de Gante fue la base metodológica de los estudios etnográficos en México. El método seguido por De Gante tiene una evidente génesis humanista. El primer paso para la obtención de todo conocimiento era el estudio y dominio del lenguaje. Para conseguir la suficiente maestría gramatical, era necesario estudiar el lenguaje en sus manifestaciones más elevadas.[8] Los humanistas flamencos se dieron cuenta del valor superlativo que los nahuas otorgaban a la palabra. Los antiguos mexicanos simbolizaban su lenguaje mediante una vírgula azul turquesa, el color de lo bello, colocada junto a la boca. Expresaban así que ellos "hablaban turquesa" y no "arena" (*xaltlatoa*), la metáfora común para las lenguas bárbaras (Cortés Castellanos 49).[9]

Pedro de Gante se enfrentó con la enorme dificultad de traducir palabras y conceptos de un idioma a otro. El náhuatl es una lengua

---

[7] Poco se sabe hoy en día de la homosexualidad entre los nahuas. Sigal afirma que algunas ceremonias religiosas relacionadas con el culto a Tezcatlipoca incorporaban la sodomía (535-543).

[8] El estudio del idioma náhuatl por parte de Occidente comenzó como un juego infantil. Los tres religiosos flamencos pasaban el tiempo jugando con los niños, anotando las palabras que lograban captar del náhuatl y traduciéndolas. Por la tarde comparaban las palabras que habían obtenido los tres y redactaban los primeros vocabularios europeos en lengua náhuatl. Ver Mendieta (Lib. III, cap. 16).

[9] Lockhart hace notar que en el *Códice Florentino* se afirma que los españoles balbucean, tartamudean y hablan una lengua bárbara (628).

polisintética y aglutinante; sus palabras se forman mediante la unión de diversos morfemas a los que se les puede añadir una gran cantidad de afijos y sufijos. Además de la obvia dificultad en la traducción de palabras y oraciones entre dos lenguas con diferentes estructuras sintácticas, el principal reto para De Gante fue la traducción de conceptos abstractos entre dos culturas con aparentes puntos mínimos de contacto. Cada lengua se había desarrollado a partir de realidades materiales y concepciones metafísicas ajenas, reflejadas en diferentes estructuras sintácticas y valores semánticos.

Tratemos de imaginar el problema de Pedro de Gante al explicar el significado de la palabra *espíritu* a sus estudiantes nahuas. Espíritu proviene del latín *spirĭtus*, que significa hálito o respiración; de ahí su derivación a vida, a principio vital y a alma. Ni espíritu ni alma existían en la lengua náhuatl antes de la conquista. Una palabra aproximada podría ser *tonalli*, basada en *tona*, que significa hacer calor o sol. El *tonalli* era la porción de rayos solares que entraba en el corazón del recién nacido en su nacimiento, determinando con ello las peculiaridades individuales, el nombre secreto del niño y la tendencia de su destino (López Austin, *Pasado* 242). De Gante prefirió utilizar la palabra *yóllotl*, corazón, para acercarse a la acepción cristiana de espíritu. En náhuatl, *y* es adjetivo posesivo, *oll* significa movimiento y *otl* es la terminación de los sustantivos (Cortés Castellanos 146-147). *Yóllotl* significa entonces "mi movimiento" o "tu movimiento". No era solo el órgano del cuerpo encargado de hacer circular la sangre sino también la imperceptible sustancia ligera que conformaba, junto con la materia pesada, al cuerpo humano (López Austin, *Cuerpo* I 207). Entre los nahuas, *yóllotl* es el centro material y espiritual de toda persona o ente.

Pedro de Gante preparó de manera personal a alrededor de cincuenta jóvenes *pipiltin* en el arte de la predicación evangélica. Los más hábiles entre ellos partían del Colegio los domingos para predicar en comarcas cercanas a la ciudad. De Gante les hacía saber a sus hermanos en Flandes que se encontraba lleno de trabajo, "atento día y noche a este negocio, para componerles y concordarles sus sermones" (Torre Villar 42). Escribir en náhuatl significaba para De Gante el trabajo arduo y disciplinado de estar atento a la sintaxis y los contenidos semánticos de las palabras de los jóvenes nahuas. Éstas debían transmitir con eficacia la doctrina cristiana sin alejarse de la interpretación de las escrituras de acuerdo al dogma de la Iglesia. De Gante concluyó su carta a los franciscanos de Flandes con las siguientes palabras: "*Ca ye ixquichs ma moteneoa in toteh in totlatoauh in Jesu Christo*, que se traduce así: por lo demás no tengo ya que decir, sea loado Nuestro Dios y su bendito Hijo Jesucristo" (43). Con ayuda de los jóvenes *pipiltin*, Pedro de Gante y los franciscanos en México habían desarrollado los esbozos de una primera gramática del náhuatl en 1529.

Los franciscanos no solo diseñaron un sistema fonético para escribir en lengua náhuatl sino que compusieron también catecismos pictográficos con ayuda de los pintores indios. El *Catecismo en pictogramas* atribuido a Pedro de Gante es una breve doctrina católica, de influencia erasmista, escrita en un lenguaje pictográfico similar al usado antiguamente en el *calmecac*.[10] El dibujante fue un *tlacuilo* nahua, probablemente uno de los jóvenes alumnos del Colegio de San Francisco. Se encuentran en el catecismo los mandamientos de la Iglesia, los sacramentos, el Credo, el Padre Nuestro, el Ave María y otras oraciones, escritas en un particular lenguaje ideográfico, mezcla de la escritura fonética occidental y la ideográfica nahua.[11]

El *Catecismo* fue dibujado de izquierda a derecha, en líneas horizontales descendientes, de acuerdo a la forma occidental de escritura. Una gran parte de los pictogramas pertenece a la tradición nahua, aunque De Gante y su *tlacuilo* occidentalizaron algunos de estos símbolos. Al llamado *quincunce* nahua —un círculo con una cruz dentro—, le agregan otra cruz por encima del circulo. Este *quincunce* de doble cruz simbolizaba de forma conjunta el mundo cristiano y el mundo nahua. En su acepción cristiana, representa al mundo regido por entero por Cristo. Para los nahuas, la cruz interior señalaba los cuatro rumbos del espacio y era un símbolo del movimiento de Quetzalcóatl.[12] Los pecados, concepto inexistente para la cosmovisión nahua, son representados con un abejorro de aguijón prominente, como algo que pica y arde.[13] Otro concepto ajeno, el mal, se asocia con lo nocturno. Su símbolo es el tecolote o búho, el ave de Tezcatlipoca. Este dios fue asociado

---

[10] De acuerdo a Cárceles Laborde Pedro de Gante escribió su *Catecismo en pictogramas* entre 1525 y 1529 (1371-1379). Leone afirma que es imposible fecharlo (57-70).

[11] El completo desciframiento del catecismo de Pedro De Gante fue realizado por Justino Cortés Castellanos en 1987. Morales sintetiza las enseñanzas tradicionales catequéticas de los inicios evangélicos franciscanos ("Coloquios" 176-177).

[12] Sobre el símbolo del *quincunce* ver Séjourné (103).

[13] Glifo 38, según la numeración de Cortés Castellanos.

de inmediato con el diablo: el hombre búho. La Iglesia Católica está representada por una figura estilizada de Quetzalcóatl en movimiento. Asimilado también al Espíritu Santo, la Serpiente Quetzal es la divinidad que proporciona la fe. La eternidad es representada con una planta de maíz, símbolo de la vida en renovación continua.

En la escritura pictográfica del Padre Nuestro destaca la abundancia de símbolos mixtos. No existía en náhuatl el verbo glorificar ni santificar. Para escribir que el nombre de Dios debe ser glorificado, el *tlacuilo* dibujó una figura humana de cuya boca brota una flor en forma de corazón.[14] Entre los nahuas, la flor era signo de lo noble y lo precioso, de los perfumes y las bebidas; surgía de la sangre del sacrificio, coronaba el jeroglífico de la oratoria y, junto a la palabra canto, nombraba la poesía (Reyes, *Visión* 24-25). Era, en general, el símbolo de la belleza. Al dibujarla en forma de corazón, representaba la forma personal y universal de hablar con belleza de Dios y sentir su presencia.

Mediante la acumulación y uso recurrente de formas poéticas y metáforas comunes reutilizadas, los nahuas transmitían a través de las generaciones la expresión poética, en plenitud de belleza y revelada por la divinidad, para recrear con la mayor perfección posible, en infinitas variaciones, la realidad material e inmaterial. Para los *pipiltin*, la belleza poética era recreación de la presencia y sabiduría de Téotl. Para que la sabiduría pudiese perdurar, se auxiliaba la memoria con la escritura en los libros o códices, los *amoxtli*. Los estudiantes del *calmecac* aprendían a declarar los signos y símbolos que desataban la memoria y hacían brotar las palabras de la antigua sabiduría. En los *amoxtli* se guardaba la verdad religiosa, moral, política y ética. Se enseñaba también con ellos el cómputo del tiempo, la historia, la genealogía, la cartografía, el sistema de tributos e incluso saberes relativos a las plantas.[15]

El hecho de que entre los nahuas la belleza en la expresión verbal fuese concebida como parte sustancial de toda oración religiosa fue un descubrimiento de singular importancia para los religiosos franciscanos. Los catecismos en náhuatl revitalizarían y modificarían en parte el mensaje cristiano al verse obligados a expresar las palabras rituales del catolicismo, como el Padre Nuestro o el Ave María, en códigos

---

[14] Ibíd. Glifo 22.
[15] Acerca del contenido de los *amoxtli*, ver la "Introducción" de León Portilla a la Gramática de Olmos (ix-x); también Gómez-Pompa (87-97).

retóricos y poéticos aceptados como poseedores de la belleza suficiente para ser utilizados como apropiada y verdadera invocación a la divinidad. Toda la organización religiosa y política nahua estaba relacionada de manera íntima con esta confianza suprema en la palabra. El *Catecismo en pictogramas* atribuido a Pedro de Gante muestra cómo los humanistas franciscanos entendieron el hoy llamado sincretismo religioso como necesario e inevitable.

El inicial empeño de los franciscanos españoles por sustituir una cosmovisión por otra de manera abrupta y violenta revelaría su imposibilidad tan pronto los frailes comenzaron a comprender la complejidad de la cultura sometida. En las formas más sofisticadas de conversión, los humanistas franciscanos intentaron la traducción de símbolos e ideas cristianos a códigos mesoamericanos. La elaboración de un consciente sincretismo de los símbolos religiosos de ambas culturas fue visto por Pedro de Gante como un paso previo a la cristianización indígena. Asumió que en la religiosidad indígena se encontraban principios espirituales comunes a ambas civilizaciones.

El *carisma* humanista en México[16]

Los inicios de la historia etnográfica en México son inseparables de las políticas oficiales de conversión religiosa por parte de la Iglesia y la Corona. El agresivo pseudo-feudalismo de los primeros años tras la conquista se transformó en 1531 en un proyecto paternalista y utópico, informado por el humanismo cristiano. El apoyo de la Corona al proyecto religioso de los frailes humanistas en México resultaba un adecuado contrapeso al poder de los encomenderos y del mismo Cortés, cuya salida en 1524 a su fracasada expedición rumbo a Centroamérica marcó el inicio de un periodo de seis años de relativa anarquía en el gobierno central de Nueva España.[17]

---

[16] De acuerdo al Diccionario de la Real Academia Española, *carisma* viene del término latino *charisma*, y éste del griego χάρισμα, de χαρίζεσθαι, agradar, hacer favores. En términos religiosos carisma se refiere a un don o talento, dado por el Espíritu Santo a un creyente para fundar o edificar a una comunidad cristiana. 31 de octubre, 2013. <http://lema.rae.es/drae/>.

[17] Gibson afirma que la Corona luchó desde España contra la formación de una nobleza feudal y de una Iglesia demasiado poderosas en sus colonias americanas. En

El predominio neofeudal tras la Conquista llegó a su punto culminante con el gobierno de la Real Audiencia de México, presidida por Nuño de Guzmán de 1528 a 1530.[18] Esta Primera Audiencia instaló un régimen despótico que incluyó la tortura y asesinato del principal dirigente tarasco, Tzinticha Tangaxoan.[19] Las autoridades novohispanas vendieron cargos y prebendas al mejor postor, esclavizaron al mayor número posible de indios para el trabajo de minas y explotaron sin miramiento a las comunidades mesoamericanas. La peste se enseñoreó sobre la tierra, iniciando la pavorosa despoblación del continente americano durante el siglo XVI.[20]

La primera etapa de la evangelización franciscana compartió el agresivo neofeudalismo de los encomenderos. En 1526 Martín de Valencia, provincial franciscano de Nueva España, le escribió una breve carta al emperador dando su opinión respecto a la base económica que debía regir la Nueva España. Afirmaba que él y sus hermanos defendían de forma unánime la encomienda sobre el repartimiento perpetuo. La tierra, los encomenderos y los indios debían de estar todos sujetos a la jurisdicción real. Dependía de la capacidad personal de los encomenderos el lograr extraer de los pueblos indios mayores ganancias de las que se estaban obteniendo (156-157).

La conversión religiosa de los antiguos mexicanos fue impuesta de manera especialmente violenta bajo la etapa de gobierno encomendero. En su conocida carta del 12 de julio de 1531, el obispo Zumárraga le informó a la corte que se habían destruido más de quinientos templos

---

1526 se adjudicó todos los derechos legales sobre el suelo y el subsuelo de la Nueva España, con la excepción de los repartimientos a perpetuidad otorgados a las herederas de Motecuhzoma y el inmenso marquesado de Cortés, cedido en 1528. Limitó también el número de encomiendas entregadas a los conquistadores; éstas no pasaban de treinta a mediados de 1530 (66-67).

[18] Como gobernador de Pánuco, Guzmán había despoblado la región gracias a la continua venta de sus habitantes como esclavos en las islas. Acerca de Nuño de Guzmán ver Marín-Tamayo 217-231; también el libro de Carrera Stampa.

[19] Apresado y torturado por Guzmán, fue acusado de conspiración e idolatría y condenado a ser quemado vivo hasta morir o, si aceptaba convertirse al cristianismo, a ser muerto de un garrotazo. Archivo General de Indias. Justicia, 107. Autos entre partes, México 1527-1530 #6. Sobre las penalidades de Zumárraga con el gobierno de la Primera Audiencia ver García Icazbalceta, *Zumárraga* 27-60.

[20] Como señala Alchon, no hay datos precisos acerca de la despoblación indígena de México. Calcula que la población indígena disminuyó de 75 a 90 por ciento durante el primer siglo de dominio colonial español (70).

y veinte mil ídolos.[21] Ricard narra que durante los primeros tiempos de la colonia, cada barrio o *calpulli* caminaba rumbo a la iglesia, rezando durante todo el camino y siguiendo una cruz. Se pasaba lista a todo el pueblo en la iglesia y las ausencias al catecismo eran castigadas con un rigor que podía llegar a incluir azotes, encarcelamiento o cadenas (182). La visión teológica de la conversión de los indios compartía y justificaba las ideas políticas que predicaban el necesario sometimiento y esclavitud por sus pecados contra la ley natural y su inferioridad moral con respecto a los europeos.

El gobierno de la Segunda Audiencia llegó a México en diciembre de 1530 con la urgente misión de elaborar un proyecto colonial viable para la Nueva España. Sus integrantes fueron cuidadosamente seleccionados por la corte. El presidente, Sebastián Ramírez de Fuenleal, obispo de Santo Domingo, era doctor en derecho civil y canónico. Los oidores eran Juan de Salmerón, doctor en derecho y antiguo consejero del emperador, así como los respetados juristas Alonso de Maldonado, Francisco Ceynos y el célebre Vasco de Quiroga.[22]

El nuevo proyecto colonial debía partir de una adecuada evaluación y descripción de la realidad geográfica y política de México-Nueva España. La Audiencia debía articular una manera de conciliar los intereses de los colonos españoles —en particular de los encomenderos— con los de la Corona, así como de ajustar toda política colonial con las nuevas disposiciones de la corte con respecto a los indios. Convencida por el desastre de las islas y por los informes de dominicos y franciscanos acerca de la despoblación de las Indias, la Corona española terminó con toda forma de esclavitud de los indios en agosto de 1530.[23]

El reconocimeinto de la plena humanidad de los indios por parte de la Corona provocó en México graves tensiones dentro de la comunidad

---

[21] Juan de Zumárraga, Carta a capítulo, 12 de junio de 1531. Ver García Icazbalceta, *Zumárraga*, 311.

[22] Sobre las funciones de Vasco de Quiroga como oidor de la Segunda Audiencia ver Liss 90-107; así como el libro de Verástique.

[23] La ordenanza advierte que "ninguna persona sea osada de tomar en guerra ni fuera de ella ningún indio por esclavo, ni tenerle por tal con título de que le hubo en guerra justa, ni por rescate, ni por compre, ni trueque, ni por otro título ni causa alguna, aunque sea de los indios que los mismos naturales de las dichas Indias, Islas y tierra Firme tenían o tienen o tuvieren entre sí por esclavos, so pena que el que lo contrario hiciere, por primera vez incurra en perdimiento de todos sus bienes." Ver García Icazbalceta, *Zumárraga* 86.

franciscana. Francisco de Jiménez escribió que tras la llegada de la Segunda Audiencia, existió una gran polémica tanto "entre los religiosos como entre seglares", acerca de los métodos de conversión seguidos hasta entonces (Morales, "Dos figuras" 341). Una facción de los dirigentes políticos y religiosos afirmaba que los métodos para la evangelización de los naturales no habían sido "conforme a la conversión de los apóstoles en la primitiva iglesia" y eran, por lo tanto, equivocados. El otro grupo, al parecer encabezado por Martín de Valencia, afirmaba que los indios eran "otra gente muy diversa de aquella y requiere temor y castigo y que de estas gentes se entiende a la letra aquello del Evangelio: *Compelle eos intrare*" (341).[24]

Los franciscanos se reunieron a capítulo en Tlamanalco en 1531. A la reunión acudió el obispo Zumárraga, al parecer con órdenes expresas de la nueva administración. Se concluyó que la evangelización de los naturales debía dejar de basarse en la intimidación física y el temor a los castigos. Francisco de Jiménez escribió que "el parecer que se dio acerca de la manera de la conversión" había violentado la "voluntad y querer" de Martín de Valencia, a quien incluso se le había hecho "cuesta arriba" obedecer. Se había concluido que "ya era tiempo que los religiosos no tuviesen tanto trabajo corporal en la manera de la doctrina [...], que parecía un dominio y señorío que hasta entonces se había sufrido y convenía, pero que ya no". Se adoptó como verdad oficial el que los indios "tenían conocimiento de la virtud, y que si hasta entonces había sido necesario rigor y temor, que ya era tiempo de dejarlos y así se vería y conocería si eran hermanos o todavía niños en la fe" (342).

El "dominio y señorío" que había dejado de ser conveniente se refería al monopolio de la justicia y el control político en los pueblos indios. Además de limitar el poder político de los franciscanos en México, el respeto a una cierta autonomía indígena por parte de la Corona se basaba en el reconocimiento de que los naturales conocían la *virtud*. Para los letrados españoles del siglo XVI, la superioridad o inferioridad cultural se determinaba en primer lugar por el conocimiento y práctica de valores morales, sancionados de manera oficial y legal por la comunidad.

Pedro de Gante había considerado a los indios de México como personas encogidas, temerosas e incapaces de actuar por amor a la virtud.

---

[24] "Anda por los caminos y setos, y *oblígalos a venir*". Lucas 14:23.

El mismo Juan de Zumárraga le escribió al emperador meses después del capítulo franciscano de Tlamanalco que, en su opinión, los naturales eran gente mansa, que hacía "más por temor que por virtud" (Biblioteca Nacional de España. Mss. 20285). El reconocimiento oficial de que los indios americanos conocían la práctica reglamentada de las virtudes esenciales, significaba aceptar que poseían la misma valía espiritual y moral que los españoles y solo necesitaban ser persuadidos de la verdad de la fe cristiana. Los propios indios debían ser los responsables de regir su sociedad. La república de indios permanecería bajo el control directo de la Corona, separada de la república de españoles en términos legales bien establecidos.[25]

Las bases políticas y legales del proyecto utópico de los humanistas franciscanos en México provinieron de la Corona, que decidió reconocer en los indios la plenitud humana y cultural que aún les negaban frailes humanistas de la talla de Pedro De Gante y Juan de Zumárraga. Era necesario respetar las leyes e instituciones indígenas si éstas no iban en contra de las enseñanzas cristianas. El nuevo modelo de conversión religiosa intentó adaptar el mensaje cristiano a los usos y costumbres mesoamericanos, en particular a las prácticas retóricas y litúrgicas indígenas. Los frailes debían respetar las costumbres de los naturales, cubrir el hueco dejado por los antiguos sacerdotes y ajustar su labor sacerdotal a las necesidades espirituales y materiales de los indios. Mendieta resume la doctrina de conversión que se adoptó: era necesario que los religiosos abandonaran "la cólera de los españoles, la altivez y presunción [...] y se hagan indios con los indios, flemáticos y pacientes como ellos, pobres y desnudos, mansos y humildísimos como lo son ellos" (Brading 33).

A partir de la llegada de la Segunda Audiencia, los humanistas franciscanos empezaron a comprender que las creencias religiosas de los antiguos mexicanos se encontraban profundamente ligadas a los sistemas económicos y sociales mediante los cuales la colectividad aseguraba su supervivencia. La conversión del antiguo Anáhuac debía ajustarse a la experiencia cotidiana del mundo indígena: a sus formas de explotación

---

[25] Como señala Phelan: "La llegada de los doce primeros misioneros franciscanos a México en 1524 dio inicio formal a lo que pudiéramos llamar la 'conquista espiritual' en su sentido fuerte" (71). Se trató del periodo inicial en el que "todo fue borrado con un método de *tabula rasa*" (76).

de la tierra, de comercio y relacionamiento, todas ellas enraizadas en su particular visión cosmológica y en sus prácticas litúrgicas.

Sebastián Ramírez de Fuenleal, presidente humanista

Ramírez de Fuenleal es uno de los humanistas más importantes y peor conocidos de la historia temprana de México-Nueva España (Sáez 21-23). Graduado en derecho civil y canónico en el prestigioso Colegio Mayor de Santa Cruz en Valladolid,[26] trabajó como inquisidor en Sevilla y oidor de la Cancillería de Granada antes de partir rumbo a Santo Domingo como obispo y presidente de la Audiencia de la Española. Defendió allí la libertad e igualdad indígena, luchó contra la encomienda y trató de hacer prosperar los recién creados pueblos indios.[27] Su competencia y reputación lo convirtieron en el candidato idóneo para la reestructuración del gobierno novohispano. Fue él, al parecer, quien desarrolló el método que habrían de seguir las *Relaciones de Indias*, la historia etnográfica y la historia natural de Indias durante el siglo XVI.

A su llegada a México, el 23 de diciembre de 1531, Fuenleal comenzó el estudio sistemático de la realidad geográfica, económica, política y religiosa de las tierras y sus habitantes. En abril de 1532, ocho meses después de desembarcar en Veracruz, le informó al emperador que había comenzado a recolectar la información necesaria para la descripción de la Nueva España (León-Portilla, "Ramírez" 14). A finales de ese mismo año le envió al emperador la solicitada *Descripción de Nueva España*, el primer estudio sistemático de la geografía natural y política de México-Nueva España, tristemente perdido. La corte había demandado la obtención de las medidas aproximadas de los territorios y sus nombres, la organización política indígena, los mecanismos de recaudación de tributo, las formas comunes para la división y reparto de

---

[26] Como señala Francisco M. Hernández, no había menos erasmistas en Valladolid que en Salamanca y Alcalá (7).

[27] El 11 de agosto de 1531 le escribía a la emperatriz, Isabel de Portugal, pidiéndole que, dado que los indios "son libres y ellos gozan de toda libertad, mande que todos los de esta isla no se encomienden, sino que sirvan a quien mejor se lo pagare". Ver Sáez, "Carta de Sebastián Ramírez de Fuenleal a la emperatriz sobre la Visita Pastoral y otros asuntos eclesiásticos" (Santo Domingo, 11 de agosto de 1531), (131).

tierras, los ritos y costumbres, y la descripción de los animales y las aves (León-Portilla, "Ramírez" 25).

Fuenleal le escribió una carta al emperador en la que explicaba el método seguido para la descripción de la Nueva España. El presidente de la Segunda Audiencia había mandado reunir a los recolectores de tributo, los "visitadores o *calpisques*" de los diversos pueblos conocidos y les había encargado una relación de la tierra. Si el pueblo que describían las relaciones entregadas estaba bajo la jurisdicción de algún corregidor, se le habían mandado instrucciones a éste para que elaborase una relación más detallada. Cada monasterio y cada pueblo de españoles había escrito también una relación de sus tierras y de los pueblos bajo su jurisdicción. Lo mismo les había sido encargado a los encomenderos. A los señores indios se les había mandado hacer pinturas de sus tierras y pueblos (20-22). Fuenleal describió con bastante acierto la organización social nahua en tiempos de Motecuhzoma y las adaptaciones que los españoles habían llevado a cabo y que provenían en su mayor parte de las antiguas disposiciones de Cortés (42-43).[28]

Tras la recopilación de la información necesaria para la organización política y económica de la Nueva España, la Audiencia se reunió en 1532 con las autoridades eclesiásticas, para discutir las políticas de gobierno, colonización y conversión que se propondrían a la Corona. Los oidores Ceynos y Quiroga, el presidente Fuenleal y el obispo Zumárraga enviaron todos a Valladolid su personal visión de la Nueva España y de las políticas económicas, administrativas y religiosas que debían regirla.[29] Para Fuenleal, la Nueva España debía organizarse de forma jerárquica,

---

[28] Con todo, cometió Fuenleal el grave error de juzgar que las tierras de los indios principales eran propiedad privada. Ibíd 35. No existía ninguna forma de propiedad privada en Mesoamérica. El poder religioso-administrativo disponía de tierras y existían otras más reservadas para recompensa de guerreros o funcionarios de alta jerarquía o mérito. En todas ellas, sin embargo, lo que le pertenecía a las élites era únicamente el tributo. Los campesinos lo entregaban a cambio del permiso de vivir de la tierra en la que trabajaban Ver López Austin, *Pasado* 222-223.

[29] El parecer de Vasco de Quiroga desapareció. Sobre el de Zumárraga, ver capítulo 5. Francisco Ceynos poseía la visión más tradicionalmente feudal. El oidor le sugirió a la corte en su parecer de 1532 que se hiciera "merced perpetua de la tierra" de acuerdo a los méritos y calidad de cada conquistador o poblador, sin superar las cuatrocientas personas por feudatario (158-159). El repartimiento era inevitable, afirmaba el oidor, considerando el tipo de colonos con los que contaba la Nueva España: "gente puesta en hábito de honra", de mentalidad señorial (160). Ver "Carta del licenciado Fracisco Ceynos", *Colección de documentos para la historia de México*.

otorgando a los españoles mercedes de tributo y servicios por parte de las comunidades indígenas, de acuerdo a la hidalguía y los méritos militares. Los colonos debían ser obligados a vivir de manera permanente en un rancho pequeño, no mayor "de dos caballerías de tierras" y dentro de un pueblo asignado por la Corona (García Icazbalceta V.1 170-171).[30]

El presidente de la Segunda Audiencia imaginó la Nueva España dividida en pueblos dominados económicamente por pequeños ranchos semi-feudales, cuyos poseedores, a pesar de no ser los dueños de la tierra ni poseer jurisdicción legal o política sobre los pueblos, dominarían el proceso de producción económica.[31] No solo recibirían tributo sino que serían los únicos autorizados a poseer "molinos o aceñas, [y] sierras para aserrar maderas y batanes" (171), con los cuales podrían obtener ganancias suplementarias.[32]

Aconsejó Fuenleal mantener separados a los indios de los españoles, si bien no dejó de advertirle a la Corona que los indios no se hispanizarían y se mantendrían en sus antiguas costumbres. A pesar de comprender esta realidad, Fuenleal le hizo saber al emperador que la triste verdad era que los españoles no les enseñaban nada provechoso a los indios. Lo único que los indios principales aprendían de los colonos era a robar mujeres en los pueblos. No era posible, además, fundar pueblos de españoles en las muy pobladas tierras indias. Las montañas no estaban libres para la necesaria obtención de maderas y leña y las ovejas no podrían moverse libremente. El antiguo obispo sabía también de la deforestación y despoblación que seguiría a la implantación indiscriminada de pueblos de pastores y ganaderos y enfatizó que no se debían de abrir campos para el pastoreo (168-169).

Fuenleal concluyó que la Nueva España debía mantenerse en general como una república india. En su carta a la emperatriz Isabel de

---

[30] Biblioteca Nacional de España. MSS/20417/29. "Extracto de la forma con que se miden tierras arreglado a las Reales Ordenanzas que en el año de 1536 expidió confirmándolas el Excm. Señor D. Antonio de Mendoza". En el manuscrito se especifica que una caballería ocupa 50,784 varas cuadradas, con 779 varas por lado. La vara oscilaba entre los 0.77 y los 0.83 metros.

[31] Perry Anderson notaba que la posesión del molino de agua por el señor feudal lo hacía ser el dominador de todo el proceso de producción. *Transiciones* 156-157.

[32] Una aceña es un molino harinero de agua situado dentro del cauce de un río; un batán es una máquina generalmente hidráulica, compuesta de gruesos mazos de madera, movidos por un eje, para golpear, desengrasar y enfurtir los paños <http://www.rae.es/recursos/diccionarios/drae>.

Portugal, en noviembre de 1532, escribió que "los naturales han de ser los que han de poblar y asegurar, conociendo cómo lo van entendiendo cuánto bien les es ser de V.M. y no estar encomendados a los españoles, ni sujetos a las tiranías y muertes que entre sí tenían" (Sáez 171).[33] Asegurar, para el letrado español en la Nueva España, significaba una relativa autonomía de gobierno local indígena, sujeta a un control central por parte de la corona española.

La civilización mesoamericana impresionó profundamente a Fuenleal, quien inició de manera oficial los estudios etnográficos modernos. En noviembre de 1532, a menos de un año de su llegada a Nueva España, Fuenleal le escribió a Carlos V que había recibido a los señores de la provincia de Michoacán, quienes habían ido a quejarse de los abusos de los colonos españoles. La admonición de los dirigentes tarascos había sido "larga y bien ordenada, y tan cuerdamente dicha y de tan buenas cosas", que ella sola bastaba para demostrar "el entendimiento y otras buenas partes que tienen, para esperar que han de ser buenos cristianos y muy fieles, y tan provechosos súbditos como cuantos Vuestra Majestad tiene" (León Portilla, "Ramírez" 17).

La habilidad retórica indígena fue prueba irrefutable de alta civilización para Fuenleal. La plática de los principales de Michoacán, ordenada con elegancia y claridad, convenció al presidente de la Audiencia de la necesidad de estudiar, preservar y aprovechar la cultura y el conocimiento indígenas. En 1533 le ordenó a Andrés de Olmos, también antiguo estudiante de leyes y cánones de la Universidad de Valladolid, que comenzase el estudio de la cultura nahua. De acuerdo a Mendieta, Olmos era "la mejor lengua mexicana que entonces había en esta tierra, y hombre docto y discreto". El presidente de la Audiencia le encargó:

> que sacase en un libro las antigüedades de estos naturales indios, en especial de México, y Tezcuco, y Tlaxcala, para que de ello hubiese alguna memoria, y lo malo y fuera de tino se pudiese mejor refutar, y si algo bueno se hallase, se pudiese notar, como se notan y tienen en memoria muchas cosas de otros gentiles (Mendieta 35).

---

[33] El título de la carta, transcrita en el libro de Sáez: "Carta de Sebastián Ramírez de Fuenleal a la emperatriz informando del viaje a España de los oidores de México y de otros asuntos de gobierno". México, 3 de noviembre de 1532.

El proyecto etnográfico franciscano no fue tan solo una herramienta para la adecuada conversión religiosa de los indios. Se buscó también el rescate de la historia y el conocimiento indígenas. La alta cultura mesoamericana debía ser incorporada a la tradición europea, tal cual se había hecho con las *antigüedades* de Grecia, Roma y el pueblo judío. En mayo de 1533, el presidente de la Audiencia escribió de los indios de México a la corte. Afirmó que:

> si por las obras exteriores se ha de juzgar el entendimiento, exceden a los españoles, y conservándose hasta que nos entiendan o los entendamos que será muy presto, su religión y obras humanas han de ser de gran admiración, y porque los trato más que nadie y los comunico en todas materias y con diversas lenguas, así de frailes como de legos, sé esto y lo afirmo por verdad (León Portilla, "Ramírez" 34).

Fuenleal afirmó, por experiencia y como autoridad moral e intelectual, que la cultura mesoamericana le parecía superior a la española en sus logros materiales. La religión, obras humanas, filosofía, conocimientos y técnicas de los antiguos mexicanos, provocarían la admiración de Europa al ser estudiadas. Es ésta la más alta opinión de las civilizaciones americanas escrita por un europeo en la primera mitad del siglo XVI.[34]

Influido sin duda por el éxito de Pedro de Gante en la enseñanza de la gramática a los jóvenes *pipiltin*, Fuenleal propuso, junto con el obispo Zumárraga, la creación de un colegio indígena de estudios religiosos y humanistas.[35] El 8 de agosto de 1533 escribió a la corte, pidiendo autorización y recursos para la creación y manutención real de un colegio de estudios elevados para los jóvenes de la antigua *nobleza* indígena (Sáez 184).[36]

A su llegada a México, el virrey Antonio de Mendoza proporcionó los recursos necesarios para que se inaugurase el célebre Colegio de Santa Cruz de Tlatelolco, en enero de 1536. Se trató de una escuela de altos estudios para los jóvenes *pipiltin*, diseñada a imitación del

---

[34] Como afirma Sáez, el proyecto político y etnográfico de Ramírez de Fuenleal es comparable en importancia al de Bartolomé de las Casas (15).

[35] La idea provenía con probabilidad de Pedro de Gante.

[36] "Carta de Sebastián Ramírez de Fuenleal a la emperatriz sobre encomiendas, enseñanza y otros asuntos de gobierno". México, 8 agosto de 1533

antiguo Colegio vallisoletano de Santa Cruz, donde había estudiado el presidente Fuenleal. El currículum, de tres años, incluía lectura, música, retórica, lógica, filosofía, teología, latín y gramática (Mathes 21). Los profesores del colegio fueron destacados humanistas franciscanos, parte de la segunda generación de evangelizadores franciscanos llegados a la Nueva España. Ricard hace notar que entre ellos se encontraban algunos de los más destacados miembros de la orden seráfica durante todo el siglo XVI. Andrés de Olmos fue estudiante en Valladolid, Focher y Juan de Gaona en París (Ricard 335). Bernardino de Sahagún, exalumno de Salamanca, perfeccionaría un método de investigación transcultural, a partir de los estudios humanistas llevados a cabo en el Colegio de Santa Cruz de Tlatelolco.

Capítulo 5

Etnografía y república

Tienen mis deseos por término estas montañas
Miguel de Cervantes

El programa retórico de defensa de la igualdad moral e intelectual de los americanos y de la preservación —parcial y selectiva— de su cultura, es también la historia del desarrollo del método moderno de investigación etnográfica a partir de los estudios humanistas. Tras el dominio gramático y retórico del náhuatl, Andrés de Olmos inició el registro y análisis sistemáticos de la cosmogonía, la religión y la cultura nahuas. Verificó la validez y veracidad de su información mediante el estudio y dominio de la escritura pictográfica indígena y de la interrogación sistemática de diversos informantes, comparando sus respuestas para establecer la versión más confiable posible. Tras la fijación de una probable verdad histórica y literaria, Olmos procedió a su transformación retórica. Intentó establecer los aspectos de la antigua cosmogonía y religión nahuas que debían ser preservados, cristianizados o eliminados. La etnografía moderna nace como reconocimiento y defensa de la espiritualidad y la cultura del *otro*, mas también como proyecto de racional y selectiva transformación colonialista a partir del dominio retórico y poético de la palabra de ambas culturas. Fue Olmos el primero en *nahuatlizar* el proyecto utópico de Nebrija. La palabra nahua debía ser la base de la república india de Nueva España, si bien cristianizada e hispanizada.

El mesianismo empírico y racionalista franciscano se encuentra presente también en la escritura de Toribio de Benavente Motolinía, quien justificó la conquista y la peste como castigo divino, mas defendió también el valor de la historiografía, la moral, la política, la pedagogía y el conocimiento nahuas, a partir de evidencia proporcionada por la *experiencia*. Motolinía concluyó que existía plena igualdad moral e intelectual entre europeos y mexicanos. Su estudio y difusión del amplio conocimiento botánico de Mesoamérica, dio inicio a la historia natural de México-Nueva España. El estudio de la naturaleza del antiguo Anáhuac compartió el carácter mesiánico, mas pragmático y empírico, de los estudios humanistas franciscanos en México. La fértil naturaleza de las montañas la hacía una tierra similar a la que vio Isaac en Palestina, comparable al mismo Paraíso Terrenal. La adecuada explotación de su riqueza debía partir del estudio de la naturaleza y el conocimiento indígena. El éxito religioso, político y económico de la república transcultural franciscana haría de México el centro cosmopolita del mundo, síntesis de todas las culturas: Nuevo Mundo.

Refundación

El obispo Juan de Zumárraga envió también una carta a la Corona en 1532 con su particular proyecto político, religioso y económico para la república colonial indígena. Comenzaba por recordarle al emperador que las cuestiones económicas no podían ser consideradas por separado de las religiosas. Tanto los que buscaban provecho material como los que procuraban el bienestar espiritual de los indios, podían "todos ser satisfechos, contentos y satisfacer a sus deseos, así que en el saco de esta tierra cabe honra y provecho; honra de la gloria de Dios y provecho espiritual y temporal".[1] Zumárraga aseguraba que con su plan habría éxito tanto en la conversión religiosa como en la generación de riqueza económica. "Para todo es la tierra hábil y dispuesta —aseguraba—; y no somos nosotros los que menos deseamos las rentas de Su Majestad después de la salvación de las ánimas".[2]

Imaginó Zumárraga una sociedad mixta de agricultores en la que existiría una división jerárquica ente españoles e indios, mas evitando establecer relaciones de señores y siervos. El obispo pidió a la Corona que solo enviase como colonos a labradores y granjeros; con ellos sería posible fundar pueblos españoles que intercambiarían bienes con los indios y no los robarían. Los pueblos cristianos ayudarían a evangelizar a

---

[1] Biblioteca Nacional de España, "Carta de fray Juan de Zumárraga en defensa de los naturales" Mss. 20285. Ver el trabajo de Aguirre Beltrán quien define a los pueblos indios montañeses de México como regiones de refugio.
[2] Ibíd.

los indios y les enseñarían las costumbres españolas. Solo entonces la tierra de Nueva España "daría fruto, que toda la granjería de los indios es pobre".[3] El plan se basaba en buena medida en la producción masiva de seda. Se habían comenzado a sembrar moreras cerca de los conventos y los frailes esperaban una importante cosecha.[4] Existían, además, muchos árboles frutales nuevos y se criaba ya todo tipo de ganados.

Zumárraga simpatizaba con las ideas religiosas y políticas de Erasmo, Moro y Vives, así como con las tendencias reformistas de Cisneros y Hernando de Talavera, quienes ponían particular énfasis en la austeridad y la vida espiritual interior (Martín Hernández 40-74).[5] El proyecto colonial de Zumárraga intentaba eliminar del todo la propiedad feudal a favor de un control absolutista de la tierra por parte de la Corona. Imaginaba la colonización en base a la explotación de tierras de propiedad comunal de pueblos españoles e indios que aprenderían a convivir y se irían fusionando de manera gradual. El obispo estaba seguro de que al mezclarse ambos pueblos de esa manera, prevalecería al final la superior civilización española.

El proyecto político y económico de la república comunitaria indígena, dirigida por los frailes, coexistió en la realidad con el de los encomenderos y los empresarios españoles.[6] Los dirigentes de las grandes empresas económicas novohispanas fueron los altos funcionarios coloniales.[7] El primer virrey de Nueva España, don Antonio de Mendoza,

---

[3] Ibíd.

[4] En Nueva España, la sericultura tuvo su momento de mayor producción en la segunda mitad del siglo XVI. Como señala María del Rosario G. de Toxqui, la producción era en general corporativa y de gran especialización (41-45).

[5] Zumárraga introdujo la imprenta en México y publicó en 1547 una *Regla Christiana Breve* erasmista. Bataillon afrima que Zumárraga es uno de los grandes obispos erasmistas de España, como Fonseca, Cabrera, Merino y Virués (132).

[6] El más grande de los empresarios novohispanos durante la primera mitad del siglo XVI fue Hernán Cortés. El poderoso marqués del Valle de Oaxaca fue el poseedor del único territorio plenamente feudal de la Nueva España y tal vez, como señala Gibson, el hombre más rico de toda España en su tiempo (65). Los negocios de Cortés incluyeron cañaverales en Cuernavaca y Veracruz, viñedos en el altiplano central, moreras en Cuernavaca y Oaxaca. Tuvo tierras ganaderas, algodoneras, madereras y ovejeras. Cultivó productos de lujo como el cacao, el tabaco, la vainilla y las orquídeas veracruzanas (Duverger 353).

[7] Los salarios oficiales no eran muy elevados por lo que las componendas entre los funcionarios del gobierno fueron inherentes al sistema colonial desde sus mismos inicios (Ruiz Medrano 343-347).

pertenecía a la más alta nobleza castellana y era receptivo a las corrientes humanistas de la época.[8] En términos económicos, su gobierno:

> Reguló la minería, alentó la agricultura, sobre todo la siembra de caña de azúcar, de trigo y de moreras para la cría del gusano de seda, y la ganadería. Despertó el interés de los españoles en la cría de caballos de raza, introdujo los borregos merinos y la cría de mulas [...]. Favoreció la expansión española mediante la fundación de poblados [...], vigorizó la manufactura de telas, abrió caminos, alentó el comercio (Liss 111).

Los encomenderos invadieron grandes cantidades de terreno a los *altépetl*.[9] Muchos de los antiguos señores indios reclamaron para sí mismos tierras de su comunidad.[10] La antigua *nobleza* indígena fue en general favorecida por la Corona; muchos *pipiltin* se transformaron en burócratas del Estado. Si los antiguos señores cooperaban con los conquistadores, se les otorgaban privilegios y honores; si no, eran asesinados (Gibson 157-158).[11] Mantener pequeños señoríos indígenas, libres del control de los encomenderos y sometidos directamente al Estado, fue parte del modelo colonial de la Segunda Audiencia ratificado por Mendoza.

---

[8] No se sabe dónde realizó sus estudios el primer Virrey de Nueva España (Aiton 3-16).

[9] Como señala Gibson, fueron las apropiaciones de tierras y el control español de los sistemas de riego los factores que más afectaron a las comunidades nahuas (12).

[10] En 1533 don Juan y don Pablo, los gobernadores de Tlatelolco y Santiago, ambos apellidados Indio por el escribano, disputaron como propios pueblos usurpados por españoles ante el mismo Consejo de Indias. Afirmaban que sus familias habían poseído las tierras que reclamaban "desde tiempos inmemoriales" (Archivo General de Indias. México. Autos entre partes. Justicia 123).

[11] En 1534 el gobierno de la Segunda Audiencia, presidido por Fuenleal, le escribió a la corte que en el caso de don Martín, hijo de Motecuhzoma, así como de sus sobrinos don Diego y don Juan, quienes reclamaban pueblos usurpados, la corte: "les debe mandar dar de comer y lo que piden es poco y puede se les dar para que sean señores como otros muchos lo son y no contribuyan con lo que hubieren de contribuir sino a Vuestra Majestad y de lo que Vuestra Majestad les puede hacer mercedes y gratificación es mandar que los tributos que hubieren de dar los pueblos que piden sean muy moderados y las tierras que pide don Diego se le pueden dar con que sean las que le bastaren para se mantener a parecer de la Audiencia y haciéndoles Vuestra Merced a estos estas mercedes dar sea mucho contentamiento a los naturales y estos serán mucha parte para que todos tomen las cosas de nuestra fe y muchos señores se animarán a servir a Vuestra Majestad con esperanza de que a ellos se les han de hacer otras semejantes" (Archivo General de Indias. Gobierno. Cartas y Expedientes de personas seculares. México 95).

El modelo económico de la Nueva España se basó así en un modelo mixto de propiedad comunal y privada de la tierra. Las encomiendas, el marquesado de Cortés y el naciente latifundio eran enclaves semifeudales, donde el control de la Corona era limitado. Tras la reimplantación de la esclavitud indígena en 1534, la viabilidad económica de la república de indios se volvió más urgente. Si las comunidades indias no eran rentables para la Corona, aumentaba el riesgo de ser sometidas por los encomenderos y los esclavistas.[12]

La densidad de la población indígena hizo pensar a los administradores de la Nueva España en una relativamente sencilla recuperación y mejora de la antigua prosperidad agrícola. La razón de Estado tenía que ser considerada en todo proyecto colonial. La corona de Castilla, cabeza del enorme imperio de Carlos V, estaba empeñada en guerras permanentes de conquista, de defensa del cristianismo frente al poder de los turcos y del catolicismo frente a la Reforma protestante. El sueño franciscano de construir una nueva Iglesia en la Nueva España dependía de su capacidad de generarle beneficios a la Corona. Los frailes intentaron conseguir la inexcusable riqueza a través del desarrollo agrícola comunitario de las inmensas posesiones americanas. Al tratar de implementar en la realidad las ideas de Erasmo y Moro, descubrieron que éstas se adaptaban con cierta facilidad a las antiguas costumbres indígenas. La república utópica franciscana en Mesoamérica fue, en parte, un restablecimiento.

El ejemplo más conocido del proyecto político de los frailes humanistas en México son los hospitales-pueblo de Vasco de Quiroga en Michoacán.[13] El antiguo oidor de la Audiencia de México transformó el *ocámbeti*, equivalente tarasco del *calpolli*, en tierras comunales familiares. En el hospital-pueblo de Santa Fe de la Laguna, Quiroga adaptó

---

[12] En Toledo, el 2 de febrero de 1534, Carlos V autorizó de nuevo el cautiverio en guerra justa y el rescate de indios esclavos (Zavala, *Ideario* 12-13).

[13] Representativo de las tensiones entre encomenderos y frailes fue la construcción del hospital-pueblo de Santa Fe de la Laguna. Quiroga compró la tierra a un cacique local, quien mantuvo derechos de tributo. El encomendero Infante reclamó la tierra como suya, en un larguísimo pleito que incluyó la movilización militar de los habitantes tarascos para la defensa de su tierra. Según los archivos del Consejo de Indias, Quiroga y el gobernador indio Pedro Panza salieron al campo con gente de guerra a impedir la posesión de ocho pueblos que Infante reclamaba en encomienda (Archivo General de Indias Justicia. 129 Autos entre partes. México, folio 3).

las ideas de Tomás Moro a la realidad mesoamericana. Mantuvo a la familia extensa como la unidad básica del pueblo. Respetando las antiguas formas de gobierno, el pueblo tuvo dos alcaldes, un *tacatecle* o alcalde principal y un regidor (Beuchot 291). El principal padre de familia debía de ser un gran artesano, pues tenía la obligación de enseñar a su pueblo el arte que permitiría su adecuada subsistencia. Quiroga introdujo ganado, cerdos y mulas. Imprimió también su propia *Doctrina cristiana*, de influencia erasmista, enfatizando en ella el necesario comportamiento virtuoso de la república.[14]

Los pueblos que fundaron los franciscanos no diferían de manera radical de los hospitales de Quiroga.[15] Su traza cuadricular renacentista se correspondía en parte con el antiguo urbanismo mesoamericano.[16] Se llevó agua potable a la mayoría de los pueblos; se construyeron calzadas para comunicar las comunidades y en diversos lugares estratégicos se levantaron hospitales. Organizaron los franciscanos el cultivo del trigo, de las moreras, de diversos árboles frutales y legumbres europeas. En sus cartas a la Corona, peedían siempre que se enviasen más religiosos a Nueva España, para consolidar la obra.

El gobierno virreinal adoptó como base de su proyecto político a los corregimientos, establecidos como un contrapeso estatal al poder de los encomenderos y también como agentes de transformación económica y social. La Corona tuvo pleno conocimiento de que la orga-

---

[14] La *Doctrina cristiana* de Quiroga se encuentra hoy perdida. Sobre su posible contenido ver Verástique 134.

[15] De hecho, los tres obispos de la Nueva España, Zumárraga, Garcés y el mismo Quiroga, mandaron un Memorial de manera conjunta a la corte en diciembre de 1537. Escribieron en él que les parecía conveniente: "para que se amplíe y se dilate nuestra santa fe católica y que estos naturales más en ella aprovechasen, es necesario la *policía humana* en ellos para que sea camino y medio de darles a conocer la divina y que Vuestra Majestad debería mandar se diese orden como ellos la tuviesen al modo y manera de españoles y naciones cristianas viviendo juntos en pueblos en orden de sus calles y plazas concertadamente y que de esto nuestro virrey y gobernadores de estas partes tuviesen especial cuidado" Biblioteca Nacional de España. MSS/19697/14 1v. *Memorial de los obispos de Nueva España. Diciembre de 1537*. Énfasis del autor.

[16] De ellos escribe Ricard que: "se organizaban en torno a un espacio abierto que hacía al mismo tiempo oficio de plaza mayor y de mercado, o tianguis, como se dice en México. Esta plaza era, y sigue siendo, el corazón del pueblo y su centro vital. La fuente y la horca, una cerca de otra. Alrededor de la plaza, los edificios fundamentales: la iglesia con la escuela al canto, la alcaldía con la cárcel y el tribunal, y en ella la caja comunal y el albergue para los pasajeros extraños; todos estos edificios bien construidos, por lo general, de piedra" (237).

nización novohispana de los corregimientos mantenía en gran medida la antigua organización política nahua. Los corregimientos eran en realidad los antiguos *altépetl* mesoamericanos. Todo lo que los españoles organizaron fuera de sus propias poblaciones en la Nueva España del siglo XVI: la encomienda, las parroquias rurales, las municipalidades indígenas y las jurisdicciones administrativas, fueron construidas en sus inicios sobre el *altépetl* (Lockhart 37). El *calpolli* sobrevivió en forma de barrios, estancias o en subdivisiones de éstos. Sus miembros siguieron reconociendo como jefe a una persona de su grupo y se mantuvieron la mayoría de los antiguos cargos (Gibson 184-185).

Cada cultura consideró que sus respectivas formas y conceptos políticos y religiosos eran, en su mayor parte, equivalentes. En ambas civilizaciones existían estados territoriales, nobleza dirigente, obligaciones tributarias, agricultura intensiva, derechos individuales, registros legales y posición social intermedia para comerciantes y artesanos. La colonia española respetó las formas básicas de asentamiento establecidas. Mantuvieron también los mecanismos nahuas mediante los cuales los *calpultin* destinaban mano de obra para trabajos públicos. Los mercados indígenas fueron cruciales para que los españoles pudieran obtener los productos esenciales para su supervivencia, modificando la dieta, el lenguaje y la cultura de los colonos españoles (Lockhart 615-617).

El humanismo cristiano actuó como fuerza ideológica unificadora. Con frecuencia favoreció las formas indígenas de organización comunitaria (Gibson 137). Al mismo tiempo, si una práctica social o una forma de organización económica, religiosa o política española era demasiado diferente los nahuas se resistían a adoptarla (Lockhart 626). La aparente hispanización municipal de Mesoamérica en los primeros años del gobierno colonial, provocó un gran optimismo, compartido no solo por los religiosos y las autoridades seculares sino también por buena parte de los antiguos mesoamericanos (Gibson 194).

Andrés de Olmos: gramática y transculturación

La historia etnográfica humanista en México comienza con la *Historia de los mexicanos por sus pinturas*, escrita entre 1533 y 1536. Su título anuncia el desciframiento de la escritura pictográfica nahua y la síntesis de la *cosmología* mexica. Fue escrito con toda probabilidad por Andrés de Olmos, quien lo entregó a Ramírez de Fuenleal justo antes de que éste partiese de vuelta para España, en 1536 (León Portilla, "Ramírez" 41-43). Olmos describió al inicio de su historia el método de investigación que había desarrollado. Las fuentes de su trabajo habían sido: "los caracteres y escrituras de que usan", las narraciones "de los viejos, y de los que en tiempo de su infidelidad eran sacerdotes" y los testimonios de "los señores y principales, a quienes se enseñaba la ley y criaba en los templos" (García Icazbalceta, *Nueva* 3:210). La investigación necesaria para la elaboración de la *Historia de los mexicanos* siguió las etapas básicas del programa de investigación histórica humanista. Partió del desciframiento y estudio filológico de la literatura nahua y corroboró toda información recabada en base a diferentes testimonios autorizados. Culminó con la escritura de una narrativa histórica que se esfuerza por privilegiar la descripción sobre el juicio.

Olmos interrogó a los antiguos señores de Tlatelolco, Huejotzingo, Cholula, Tepeaca y Tlamanalco. Registró las historias que le narraron y estudió los códices que no habían sido destruidos con ayuda de los estudiantes del Colegio de San José de los Naturales, heredero del antiguo Colegio de San Francisco (Baudot, *Utopia* 131-135). Olmos buscó de manera consciente el mayor grado posible de objetividad narrativa, eliminando casi por completo los juicios morales o ideológicos. Su obra inicia los modernos estudios antropológicos de Occidente.[17] La *Historia de los mexicanos* prueba que Olmos fue capaz de establecer un diálogo epistemológico con los ancianos, los antiguos dirigentes políticos y los sacerdotes nahuas, quienes al parecer confiaron en la tolerancia del etnógrafo franciscano, a pesar de que a partir de 1525, los religiosos franciscanos ordenaron persecuciones violentas de los antiguos sacerdotes mesoamericanos.[18]

El estudio antropológico de la cultura nahua comenzó con la obtención de su cosmogonía, de los mitos fundamentales que ordena-

---

[17] Baine Campbell hace de este intento consciente de objetividad la base de los modernos estudios antropológicos, que ella identifica con la obra de Lafitau (289-291).

[18] El mismo Zumárraga los había condenado, por lo que tuvieron que refugiarse en la clandestinidad. Eligieron lugares apartados para vivir y la protección de la noche para oficiar. Formaron una red de informadores y de escondites y fueron protegidos por la mayoría de la población (Gruzinski 23-24).

ban su comprensión de la realidad. La *Historia de los mexicanos* describe por primera vez para Occidente a la deidad originaria de Mesoamérica, el dios-diosa, Tonacatecutli y Tonacacihuatl, "de cuyo principio no se supo jamás", salvo que vivieron en el último de los cielos, el número trece (García Icazbalceta 3:209). Prosigue con la identificación de los cuatro primeros hijos de Ometéotl de acuerdo a la mitología mexica: Tezcatlipoca Negro, Quetzalcóatl, Huitzilopochtli y Tezcatlipoca Rojo (3:210). La *Historia de los mexicanos* narra también, por primera vez, la historia de los cinco soles que habían regido el mundo desde la creación compartida del primer sol por Quetzalcóatl y Tezcatlipoca.

A la llegada de los españoles terminaba de establecerse el sincretismo entre Tezcatlipoca —deidad de los antiguos *calpultin* nómadas del norte, identificado con la Estrella Polar, considerado el eje de los cielos— y Quetzalcóatl, dios principal de la religión y la cultura mesoamericana, asociado a la estrella Venus. Al parecer ambos dioses habían llegado a ser complementarios e inseparables a la llegada española (Minneci 153-163).

El maíz nació cuando Chalchiutlicue, señora de las aguas, se convirtió en el Cuarto Sol. Se trató de una edad tan fértil que terminó en diluvio. Llovió tanto que el cielo se desplomó sobre la tierra. Los cuatro dioses hermanos decidieron entonces "hacer por el centro de la tierra cuatro caminos, para entrar por ellos y alzar el cielo" (3:214). Quetzalcóatl y Tezcatlipoca se transformaron en grandes árboles y levantaron el cielo con el sol y las estrellas, tal cual se encuentra hoy. Tras el diluvio, los dioses crearon por fin a los maceguales. El Quinto Sol, astro en movimiento, necesitaba alimentarse de corazones y sangre. Tezcatlipoca creó entonces a los chichimecas, para alimentar al sol a través de la guerra. El texto narra de manera breve la llegada de los españoles y termina con el arribo de los oidores de la Segunda Audiencia, inicio de una nueva etapa cosmológica.

Al igual que Pedro de Gante, Olmos concluyó que había diversos puntos en común entre las cosmogonías cristiana y nahua. A partir del estudio de la religión, la liturgia y las estructuras sociales mesoamericanas, Olmos inició el desarrollo de un programa retórico de conversión al cristianismo, basado en la tradición literaria y cultural nahua. La mayor parte del trabajo de Olmos se encuentra, por desgracia, perdida. Entre las obras desaparecidas está la más importante, el *Tratado de antigüedades mexicanas*, escrito entre 1533 y 1539.[19] De acuerdo a Baudot, Olmos estudió la religión, la historia y la organización social mexica antes de la llegada española. Había comenzado con la exposición de la cosmogonía, para describir después las prácticas litúrgicas prehispánicas. El *Tratado* contenía también numerosas ilustraciones pictográficas. Se trataba, al parecer, de una enciclopedia práctica para un programa de acción religiosa y política (216-217). Su gran objetivo era determinar los aspectos de la cultura nahua que podían ser mantenidos o modificados y aquellos que debían ser eliminados (189-190).

De la obra de Olmos sobrevivieron tan solo dos tratados posteriores a 1550 y la primera gramática del idioma náhuatl, el *Arte de la lengua mexicana*, terminada en 1547. Para la elaboración de esta última, el humanista franciscano siguió el modelo de las *Introductiones latinae* (1481) de Nebrija. León Portilla califica la gramática de Olmos como una obra maestra de la lingüística renacentista ("Estudio" lxix-lxx). Dada la naturaleza polisintética y aglutinante del náhuatl, carente de las declinaciones y las exclamaciones vocativas del latín, Olmos tuvo que basar su análisis en el estudio de las unidades fónicas, acercándose así al moderno concepto del fonema y en general, a la fonología. Aprendió los secretos del idioma con los antiguos sabios nahuas, para quienes el estudio morfológico de su propia lengua era común (xiv-xv). Siguiendo comunes ideas humanistas, Olmos incorporó en su gramática modelos literarios y formas cotidianas del habla, para ejemplificar el mejor uso posible del idioma. Como él mismo advertía, había decidido incorporar a su gramática "una plática por los naturales compuesta, provechosa y de buena doctrina, con otras maneras de hablar; así para que vean los nuevos como han de escribir y distinguir las partes, como para saber más en breve hablar al natural" (*Arte* 10).

Fue también Olmos el primero en registrar los famosos *huehuetlatolli*, la antigua palabra poética y ritual mediante la cual se transmitía la ética y la tradición moral nahua. El aparente carácter retórico de los *huhuetlatolli* y sus coincidencias éticas con las enseñanzas cristianas hicieron que Olmos considerase la *virtud* contenida en los textos nahuas como prueba de que Dios consideraba a los indios de México como el pueblo elegido para

---

[19] Baudot reconstruye el posible contenido de la perdida obra de Olmos (*Utopia* 164-201).

refundar su Iglesia (Baudot, *Utopia* 232). Los *huehuetlatolli* eran prueba también de que la justificación del dominio español sobre los indios como necesario proceso civilizador, carecía de sustento.

Olmos diseñó un proyecto retórico e historiográfico para componer una síntesis religiosa y cultural de Mesoamérica y España, mediante la experta racionalización y manipulación de la antigua palabra mesoamericana. El proyecto exigía talento científico, artístico y literario. Los humanistas franciscanos admiraron la sofisticada poesía náhuatl, compuesta de acuerdo a normas *retóricas y poéticas*. En el Prólogo a su *Arte de la lengua mexicana*, Olmos escribió que el náhuatl es una lengua que "tiene orden y concierto en muchas cosas, ni carece de algunos primores y buen artificio si con consideración y pía afección quieren entender en ella" (59).

En la edición bilingüe del *Tratado sobre los siete pecados* de Olmos —terminado en 1552, traducido por Georges Baudot e impreso por la Universidad de México en 1996—, es posible leer cómo el estilo retórico nahua es transformado por Olmos en sofisticada herramienta de transformación ideológica. El texto está basado en los *Sermons de Peccatis capitalibus*, de San Vicente Ferrer, dominico valenciano de finales del siglo XV, especialista en la conversión de judíos y musulmanes, experto en los idiomas árabe y hebreo (Baudot, "Preface" 237-239).[20]

Olmos recrea en su *Tratado* los recursos retóricos de la palabra poética nahua: la recurrencia de paralelismos, sinónimos, difrasismos, así como el uso repetido de metáforas comunes (240). Olmos mismo señaló el carácter literario de su obra. Escribió en su prólogo que "así como nos holgamos de oír buen romance cortado, así ellos de oír su lengua más al propio" (xi). Al inicio de su obra, Cristo mismo les habla a los indios. Dice: "no estoy enojado con nadie, sólo por vosotros soporté todo lo que ocurrió. Por ello os procuré el modelo, el ejemplo, preparé la tinta negra y la tinta roja, el jade y la turquesa, para que lo hagáis vuestro, que os inspire" (15).

Tinta negra y roja es la palabra escrita, revelada y habitada por la divinidad. El jade y la turquesa son sinónimos de la riqueza y lo precioso. El libro de doctrina de Olmos sigue los ideales retóricos y poéticos nahuas, al mismo tiempo que cristianiza la visión cosmológica indígena.

---

[20] El nombre completo de la obra es: *Sermons de Peccatis capitalibus pro tu septem petitionibus orationis Dominicae opponuntur*.

La asimilación de Dios y Jesucristo con Ometéotl y Quetzalcóatl-Tezcatlipoca, los árboles que sostienen el universo, es sin duda impresionante:

> Y así, en seguida, es escuchado, obedecido, temido y cumplido lo que sale de la ceiba y del ahuehuete, de quien gobierna aquí en la tierra. [...] Sólo la palabra del Maestro de la Cercanía y del Anillo del Agua, del que es Dueño de la Tierra, Autor de la Vida, del Salvador del Universo, Nuestro Señor Jesucristo, no es tenida por nada (21).

Olmos fue consciente de la existencia clandestina de sacerdotes de la antigua religión. Al igual que Valencia y Zumárraga, consideró necesaria su persecución. En su *Tratado*, les hacía saber a sus lectores y oyentes que cuando escucharan críticas a Dios era necesario "apresar, sacrificar al malvado, hay que decírselo al oficial que lleva vara, o al obispo, o al padre para que se le castigue, para que Dios no castigue a la ciudad con la piedra y el palo" (41).

La última obra de Andrés de Olmos que sobrevivió, el *Tratado de hechicerías y sortilegios*, fue escrita en 1553 en el convento de Huytlapan. Olmos utilizó como base de este trabajo el *Tratado de las supersticiones y hechicerías y de la posibilidad y remedio de ellas*, de Martín de Castañega, publicado en Logroño en 1529 (Baudot, "Preface" 23). Castañega, religioso al servicio de la Inquisición, fue "el primer autor en publicar un volumen sobre creencias mágicas en lengua romance". Castañega era en parte racionalista y escéptico. Luchaba contra las supersticiones imperantes, proporcionándole al clero herramientas teóricas y metodológicas para eliminar la brujería (Zamora Calvo 2008).

En el prefacio a la edición bilingüe del *Tratado de hechicerías y sortilegios* de Olmos, publicado por la Universidad Nacional de México en 1990, Baudot se pregunta acerca del posible papel de la obra "en la génesis de ciertos sincretismos, en la reinterpretación de las doctrinas cristianas por los indios" (vi). El propósito principal de Olmos, como él mismo escribió en su prólogo, era el de ayudar a luchar contra la idolatría, cuya persistencia se debía en parte a la ignorancia, pero también a la simulación (5).

"Escucha bien lo que se va a contar", inicia el *Tratado* en su traducción del náhuatl al castellano por Baudot. El bautizo salva de las garras del ángel caído y de sus sirvientes, los sacerdotes antiguos, los "hombres-búhos".[21] Olmos contaba a sus lectores y oyentes que él mismo había interrogado a un hombre del pueblo a quien se le había aparecido el diablo. Aquél le contó cómo: "Muy de noche, al encender una vela encima de la casa, allá en un sitio desierto se me apareció el Diablo; como el rey se presentó engalanado, así iban engalanados los señores en los tiempos antiguos cuando iban a bailar" (43).

Satán-Tezcatlipoca había engañado a muchas mujeres, prometiéndoles el conocimiento de lo oculto, de todo aquello que Dios tenía prohibido saber. Éstas habían aprendido "aquellas cosas que se hacen a lo lejos, en secreto, las cosas que es imposible conocer normalmente sobre la tierra y aún aquello que no se pude conocer ni alcanzar en el corazón" (17). Intentó también Olmos desarraigar la confianza en los antiguos médicos y religiosos. El predicador les decía a los indios en su propia lengua cómo "se enoja Dios si, como un tlacuache, te vas a encontrar a un médico engañoso, acaso un lector de destinos, para que te diga si vas a sanar o no, o acaso las cosas que te pasarán" (21).

El estudio de las *antigüedades* de los indios, ordenada por Fuenleal, confirmó con creces la riqueza poética, histórica, política y filosófica de la antigua palabra nahua. Andrés de Olmos inició el método para el estudio etnográfico de los americanos a partir de los estudios humanistas. Solo a través del experto dominio del lenguaje de las dos culturas era posible pensar en una dirigida y racional transformación cultural. La conversión religiosa de Mesoamérica fue al mismo tiempo un proyecto gramático, etnográfico, retórico y científico.

La utopía mística: Toribio de Benavente Motolinía

I

La república ideal novohispana se encuentra descrita e imaginada en las páginas de Toribio de Benavente, el más joven de los primeros doce franciscanos españoles llegados a México. Fraile alumbrado y

---

[21] Éstos: "Desbordan odio, cólera, mucho se enojan con un hombre del pueblo cuando lo ven obedecer la querida palabra de Dios que alumbra, que instruye, que enseña, que enriquece" (7).

erasmista,[22] sus *Memoriales* permiten seguir a grandes trazos la evolución de su pensamiento con respecto a la naturaleza y la civilización del antiguo México. Su método historiográfico está basado en el estudio de fuentes escritas y orales, así como en su propia experiencia en los pueblos de Mesoamérica y en su deseo por articular una utopía profética en términos espirituales y materiales. La teología alumbrada abogaba por la evangelización en las lenguas vulgares y se volvió parte de un proceso transnacional, informado por los escritos erasmistas (Dyer 14). Motolinía es un profeta iluminado, mas abierto a las corrientes de pensamiento del humanismo cristiano. Su gran fuente doctrinal es la Biblia y sus citas provienen de la Políglota de Alcalá.

Observante riguroso, al llegar a Nueva España y ver la pobreza de la mayoría de la población indígena, cambió su nombre por el de *motolinía*: pobre, en lengua náhuatl. Caminó por toda Mesoamérica, estudiando sus libros, cultura y naturaleza. Entre 1526 y 1536, año en el que termina su obra más conocida, la *Historia de los indios de Nueva España,* estuvo con certeza en Texcoco, Guatemala, Nicaragua, Huejotzingo, Puebla, Cholula y Tlaxcala.[23] Compartió Motolinía el ímpetu iconoclasta y destructivo de la primera evangelización dirigida por Martín de Valencia.[24] Trabajó con Pedro de Gante en la fundación de escuelas y en la educación de los jóvenes *pipiltin* en la ciudad de México; fue también constructor entusiasta de la gran utopía franciscana diseñada por Zumárraga y Quiroga. De todos los etnógrafos de la Nueva España en el siglo XVI, ninguno incorporó como Motolinía su propia experiencia vital en su trabajo y en su lenguaje. Iniciador del discurso indigenista en México, llegaría a sugerirle a la Corona en 1555 la recuperación del nombre verdadero de la Nueva España: Anáhuac (García Icazbalceta, *Colección* 1:253).

---

[22] Sobre la pertenencia de Motolinía al movimiento alumbrado español, Dyer escribe que: "La selección de fuentes, la fraseología y los temas o motivos lo ubican dentro del movimiento propio asociado con la "iluminación" por el Espíritu Santo. Originado en España hacia 1512, el iluminismo acentuó especialmente el uso de la lengua vernácula en el estudio bíblico, en la inspiración y las obras del Espíritu Santo y en la comunicación por medio de la alegoría, la tipología y las visiones" (13).

[23] Los datos biográficos de Motolinía fueron tomados de José Fernández Ramírez en el libro de García Icazbalceta *Colección*, xlv-cliii; así como de Baudot, *Utopia* 246-335.

[24] En su carta al emperador de 1555, un año antes de que Carlos V se retirara a Yuste, Motolinía defendía aún el uso de la fuerza si ésta era necesaria. En su opinión no mentía el proverbio que rezaba: "más vale bueno por fuerza que malo por grado" (García Icazbalceta, *Colección* 1:262).

Motolinía escribió sus *Memoriales* entre 1527 y 1541, corrigiéndolos y retocándolos hasta 1549. Se trata de breves ensayos históricos acerca de la historia y la cultura mesoamericanas, reinterpretadas por la imaginación política, económica y religiosa del etnógrafo franciscano. El modelo de historia etnográfica desarrollado por Motolinía aprovecha tanto las fuentes orales como las escritas, tolera múltiples niveles de formalidad y se mantiene abierto a la reelaboración (Dyer 60-62). Carece, sin embargo, de la rigurosidad en la verificación de fuentes, llevada a cabo por Olmos.[25]

En su edición de los *Memoriales*, Nancy Dyer organiza el manuscrito en un hipotético orden cronológico de escritura, establecido a partir de las marcas de agua en el papel (117). Es posible así seguir en líneas cronológicas más o menos generales, el desarrollo intelectual de Motolinía a partir de su experiencia y estudio de Nueva España. Su investigación etnográfica parte del análisis de la lengua indígena y de sus fuentes escritas, para proseguir después con la investigación empírica a través de la observación participante (11-13). Entrevistó a los indios principales en las diversas parroquias novohispanas y procuró registrar su información de manera rigurosa. Entrevistó también a poseedores y lectores de códices o *amoxtli* (Carrasco 42). Parte de la originalidad de la historia etnográfica de Motolinía es que sus investigaciones se extendieron a la naturaleza, a la cual describe e interpreta a grandes trazos.

Comenzó Motolinía su trabajo etnográfico con el estudio de los antiguos *amoxtli*. Escribió que los indios de México habían tenido cinco libros principales: el del calendario, el de las fiestas, el de los sueños y agüeros, el de los bautizos y, finalmente, el de los ritos y ceremonias matrimoniales. El único de estos libros que en su opinión merecía atención y estudio, era el calendario. Escribió que "la verdad, aunque bárbaros y sin escrituras de letras, mucha orden y manera tenían de contar los mismos tiempos y años, fiestas y días" (121). Documentó también que el calendario estaba basado en los movimientos del planeta Venus. "Después que se perdía en occidente —escribió—, los astrólogos sabían el día que primero había de volver a aparecer en el oriente. Y para aquel primer día aparejaban gran fiesta y sacrificios" (183).

---

[25] David Carrasco argumenta que Motolinía se basó en parte en la metodología etnográfica de Andrés de Olmos (43).

Fue Motolinía el primer europeo en defender la figura histórica de Quetzalcóatl, a quien representa como una especie de profeta y sabio antiguo, de nombre *Topilçin* en su forma humana. Había sido éste un "hombre honesto y templado", que había predicado la ley natural, enseñado las prácticas del ayuno y la disciplina, y que no había tenido mujer alguna (129). "Este Queçalcuathl —proseguía Motolinía— dicen que comenzó el sacrificio y a sacar sangre de las orejas y de la lengua no por servir al demonio, según se cree, mas por penitencia contra el vicio de la lengua y del oír" (130). En sus orígenes, el sacrificio había tenido un justo valor social. El vicio de la lengua, la mentira, había sido considerado por Topilçin como la principal causa de los males humanos. Topiltzin-Quetzalcóatl aparece en los *Memoriales* como una figura religiosa y civilizadora cuyas enseñanzas tenían afinidad con las de Jesucristo.[26]

Al morir, Topilçin se había transformado en Venus. Los religiosos de México hacían grandes ayunos antes de las celebraciones para festejar su regreso, en las que se servían grandes y abundantes banquetes tras el sacrificio ritual de codornices y conejos. La figura de Quetzalcóatl, dios del aire, estaba representada por todas partes en Nueva España. Su ciudad era la sagrada Cholula y un templo en su honor adornaba casi todos los centros ceremoniales del antiguo Anáhuac. La enseñanza de la ley natural y la virtud por parte de Quetzalcóatl fue uno de los argumentos con los que Motolinía defendió la igualdad moral e intelectual de mexicanos y europeos. Esta defensa se había vuelto urgente tras la reimplantación de la esclavitud americana en 1534, misma que inició un intenso debate en el imperio hispánico acerca de la legalidad de la esclavitud indígena e incluso del derecho de la corona al dominio de las tierras americanas.

En su *Información en derecho*, enviada a la corte en 1535, Vasco de Quiroga afirmó que la esclavitud era la causa fundamental de la despoblación de la tierra (55-56). Los indios eran gente "mansa y humilde, tímida y obediente", escribió (61). Se convertirían sin dificultad al cristianismo si se les hicieran buenas obras, pues eran gente "ni molesta ni dañosa, antes toda provechosa como enjambre de abejas para nosotros como en la verdad lo son en tantas maneras" (69).

---

[26] Sobre la temprana descripción de Quetzalcóatl por parte de Motolinía ver Carrasco 42-43.

Antes de la llegada de los españoles, proseguía Quiroga, los indios habían vivido en la antigua Edad de Oro, libres de corrupción y malicia. Por lo tanto, las leyes y la organización política del Nuevo Mundo, debían adaptarse a la antigua organización indígena.

> Porque no en vano, sino con mucha causa y razón, éste de acá se llama Nuevo Mundo (y es el Nuevo Mundo no porque se halló nuevo, sino porque en gentes y casi en todo como fue aquel de la edad primera y de oro, que ya por nuestra malicia y gran codicia de nuestra nación ha venido a ser de hierro y peor, y por tanto no se pueden bien conformar nuestras cosas con las suyas, ni adaptárseles nuestra manera de leyes ni de gobernación, como adelante más largo se dirá, si de nuevo no se les ordena que conforme con la de este Nuevo Mundo y de sus naturales, y esto hace que en éstos sea fácil lo que en nosotros sería imposible) (77-78).

Para el obispo de Michoacán, el dominio de la Corona sobre los indios estaba justificado pues los naturales eran idólatras y habían vivido en contra de la ley natural, bajo un régimen tiránico, sin leyes y en ignorancia de toda buena policía (72-73). Los españoles tenían no solo el poder sino la obligación de "juntarlos, encaminarlos, enderezarlos, darles leyes, que aprendan industria, que vivan como católicos, dejen de ser bárbaros, tiranos, rudos, salvajes" (91-92). La Edad de Oro debía ser cristianizada y civilizada, mas no reducida a esclavitud.

Que los indios eran mansos y domésticos, mas idólatras, barbáricos e ignorantes de la ley natural era la opinión predominante en la corte española. Esta visión de los indios fue también defendida por Francisco de Vitoria en su célebre *Relección de Indias*, publicada en 1538. De acuerdo a Vitoria, los indios americanos no podían ser juzgados según las leyes europeas, del todo desconocidas para ellos. Tampoco podían ser tratados como animales o esclavos, pues era evidente que los indios "no son idiotas, sino que tienen, a su modo, uso de razón" (51). El hecho de que "parezcan tan ensimismados y estúpidos —explicaba Vitoria— se debe, en gran parte, a su mala y bárbara educación" (53). Páginas adelante precisaba que aunque los bárbaros "no sean del todo idiotas, mucho tienen de ello, y es bien notorio que no son realmente idóneos para constituir y administrar una República en las formas humanas y civiles" (183).

Motolinía es, junto con Sahagún, el gran defensor de la igualdad espiritual, intelectual y política de los antiguos mexicanos. Escribió que había sido el propio Dios quien les había dado a los indios un gran "ingenio y habilidad", evidente en el hecho de que habían aprendido todos los oficios de Castilla con solo mirarlos. "Tienen el entendimiento vivo, recogido y asosegado, no orgulloso, ni quieto, ni derramado como otras naciones", afirmaba Motolinía (339). La capacidad intelectual de los indios se encontraba en un aristotélico punto medio. Sus jóvenes habían aprendido caligrafía, canto llano y de órgano, encuadernación, iluminación de manuscritos e incluso la gramática y la retórica en castellano y en latín. Los jóvenes letrados indios, informaba Motolinía, estaban siendo preparados no solo como los futuros dirigentes políticos de sus comunidades, sino también como sus futuros sacerdotes. Acerca de los colegiales de Santa Cruz, explicaba que:

> componen versos hexámetros y pentámetros buenos, hacen una buena colación en latín muy congulo y elegante, de media hora y de más tiempo autorizando lo que dicen y moralizándolo tanto que los que los oyen, y aún su maestro, se espantan. Y lo que más es, los más de los estudiantes están recogidos como novicios razonables religiosos, en cuanto a la pureza de sus conciencias y frecuencia de la oración, y esto con poco trabajo de su maestro porque estos estudiantes o colegiales tienen su colegio bien ordenado a do sólo ellos se enseñan. Porque después que vieron que aprovechaba y que saldrían con la gramática y con lo demás, que ya otra cosa oyen más que gramática pasaron los de San Francisco de México, que así llaman los indios al barrio o parte Tenochtitlan San Francisco. Y la otra media parte de la ciudad llaman *Tlatilulco*, y a ésta llaman Santiago. Aquí junto a Santiago les hicieron su colegio, que están más quietos, y con ellos dos frailes que los enseñan. Llámase el colegio Santa Cruz (343).

Los *amoxtli*, que en un principio habían sido considerados por fray Toribio como invención del demonio, fueron descritos en textos posteriores de los *Memoriales* como valiosos libros de historia: "muy de ver, muy bien pintados de figuras e caracteres, en los cuales tenían memoria de su antigualla, así como linajes, guerras, vencimientos y otras muchas memorias" (307).

La capacidad intelectual de los indios era grande incluso entre los campesinos o maceguales, quienes también tenían el entendimiento agudo y despierto.

> Casi todos, hasta los muchachos —escribió Motolinía—, saben los nombres de todas las aves, de todos los animales, de todos los árboles, de

todas las yerbas. Y en el tiempo que el campo está verde, que es la mayor parte del año conocen mil géneros de yerbas y raíces que comen. Todos saben labrar una piedra, hacer una casa simple, torcer un cordel y una soga (349-350).

Motolinía afirmó que todos los indios de Nueva España, incluso los indómitos chichimecas, habían conocido la ley natural gracias a las enseñanzas de Quetzalcóatl. La virtud de la humildad era ejemplar entre los indios. Eran éstos la gente que menos se preocupaba por adquirir riquezas para sí mismos o para su hijos. Sabían estar contentos con sus pequeñas moradas y podían cargar, "como el caracol", con toda su hacienda. Explicaba cómo los indios:

> No se desvelan en adquirir ni guardar riquezas, ni se matan para alcanzar estados ni dignidades. Con su pobre manta se acuestan, y en despertando están aparejados para servir a Dios, y si se quieren disciplinar, no tienen estorbo ni embarazo de vestirse y desnudarse. Son pacientes, sufridos sobre manera, mansos como ovejas. Nunca me acuerdo haberlos visto guardar injuria; humildes, a todos obedientes, ya de necesidad, ya de voluntad, no saben sino servir y trabajar (*Historia* 119).

Antes de la llegada de los españoles, proseguía Motolinía, las hijas de los indios eran criadas con mucha diligencia y honestidad. Les enseñaban a hablar, caminar y mirar con recogimiento. La mayoría de ellas salía de la escuela para casarse. Antes de ser desposadas, las jóvenes doncellas no debían hablar durante la hora de la comida; si hacían algo mal en la casa o en la escuela, donde se les enseñaba a tejer, hilar y trabajar la tierra, eran pinchadas en las orejas con espinas. Los jóvenes del *telpuchtlato* trabajaban todo el año en actividades útiles para la república. Se ocupaban del servicio exterior de los ídolos, de la construcción y mantenimiento de las casas de los señores y principales, así como de trabajar las tierras comunales en sus propios lugares, ayudando así a que todos pudiesen comer y vestir. Los vicios entre ellos eran castigados con severidad. Solo eran seleccionados para la guerra aquellos que mostraban fuerza e inclinación para ello (*Memoriales* 430).

Incluso la gente "común y plebeya" criaba con gran esmero a sus hijos. Los amonestaban constantemente, los hacían servir a los dioses y les daban trabajo y oficio de acuerdo a sus habilidades e inclinaciones. Sin embargo, tras la llegada de los españoles habían desaparecido "su justicia y castigos, orden y conciertos que tenían" (430). Consideradas las cosas con "ánimo justo", escribió Motolinía, había cosas en las que los cristianos debían de tomar ejemplo de los indios, sobre todo de la manera en la que "los señores criaban a sus hijos e hijas en buena disciplina, honestidad y castigo" (427).

Además de educar a sus jóvenes en la virtud y el trabajo, los indios habían desarrollado un alto nivel de civilización. Habían desarrollado el derecho civil, el *jus çivila gentium* o derecho de gentes romano, afirmó también Motolinia. En Texcoco, la ciudad donde se guardaban mejor las leyes y el lenguaje nahuas, los antiguos jueces le habían hecho saber cómo en el palacio del señor principal existían aposentos en los que los jueces resolvían diferentes pleitos. Texcoco había contado con una gran cantidad de jueces pues a cada pueblo de la región, con sus diferentes barrios o parroquias, acudían allí a resolver sus causas, "mayormente de matrimonio" (461).

El matrimonio entre los indios seguía la propia definición española, establecida en las Siete Partidas de Alfonso el Sabio. "Matrimonio es un ayuntamiento de macho y hembra, entre legítimas personas, de individua sociedad, que es compañía perpetua, indivisible e inseparable," citaba Motolinía (445-448). Afirmó también que entre los indios estaba prohibido casarse con la madre y el padre; también con hermanos, suegros, yernos, padrastros y madrastras (447-448). Al menos en México y Texcoco, la sodomía era castigada con la pena de muerte (441). Los contratos matrimoniales entre ellos seguían el precepto romano del *affectu conjugali*. Por lo tanto:

> era lícito modo y civil modo, esto es jurídico, que declara y demuestra ansí en las leyes y costumbres estatuidas y guardadas como en los nombres y vocablos diferentes en lo uno y en lo otro. De manera que vista la definición del matrimonio y como se aplica a otros infieles, se conocerá patentemente concluirse haber matrimonio entre otros que no tengan tanto de policía (449).

La supuesta evidencia del desconocimiento de la ley natural por parte de los indios eran el sacrificio humano, el canibalismo, la sodomía y la poligamia. Motolinía demostraba, sin embargo, cómo todos estos vicios habían sido condenados en algún momento por los sabios del antiguo Anáhuac. Resultaba entonces innegable que los indios "usaban del derecho natural y no tenían depravado ni ofuscado el seso natural" (442).

El trabajo etnográfico de Motolinía estuvo encaminado en buena medida a la demostración empírica de la igualdad de europeos y americanos. Los indios habían conocido la ley natural y la virtud moral, enseñados por Topiltzin-Quetzalcóatl, sacerdote y rey sabio, figura de civilización independiente a la tradición de Occidente. En sus libros, los indios guardaban su historia política y moral, digna de ser conservada y estudiada. La habilidad intelectual de los indios estaba demostrada por su capacidad de aprender todos los oficios y ciencias europeos, incluida la gramática latina y la teología, las ciencias superiores de la época. Para Motolinía, su investigación etnográfica demostraba que los indios de México habían conocido el derecho civil, el matrimonio legal, la penalización de la homosexualidad. Su sistema educativo había sido superior al de España y le haría bien a la república si pudiese ser imitado.

II

Motolinía articuló también una narrativa teológica y un proyecto político-económico para la nueva república cristiana. En los *Memoriales* se encuentra la gran descripción de la utopía profética franciscana. Motolinía escribió que la llegada de los franciscanos a Nueva España había sido "por el Espíritu Santo enderezada" (133). Justo antes de la conquista española el Anáhuac había caído en poder del diablo:

> Vista la tierra y contemplada con los ojos interiores —escribió—, era llena de grandes tinieblas y confusión de pecados, sin orden ninguna, y vivieron y conocieron mirar en ella horror espantosos y cercada de toda miseria y dolor en sujeción a Faraón y renovados los dolores con otras más carnales plagas que las de Egipto (135).

La visión espiritual de Motolinía, alumbrada en su conciencia por el Espíritu Santo, dador de los ojos interiores, le hacía escribir, en declarado gesto profético, que Dios había regresado con los frailes y castigado a los infieles con diez terribles plagas, comparables a las que habían azotado a los egipcios. La primera epidemia de viruela, las terribles matanzas perpetuadas por los españoles en la ciudad de México, la peste de sarampión y la hambruna provocada por la guerra, convencieron a Motolinía de que los indios se enfrentaban a la terrible cólera de Dios. En su *Historia de los indios de Nueva España* afirmó que la destrucción de la tierra había sido tal, "que quedaron muchas casas yermas del todo, y en ninguna hubo adonde no cupiese parte del dolor y llanto, lo cual duró muchos años" (62).

La lucha contra el diablo había sido terrible; los indios escondían los ídolos en las cruces de las iglesias, en cuevas y montes, "para guarecer la vida de su idolatría" (*Memoriales* 155). Los frailes habían hecho quemas públicas de los ídolos en los patios de las iglesias, incluidos pueblos remotos. Diversos intentos de rebelión habían sido promovidos, sin éxito, por los antiguos sacerdotes. Con frecuencia, escribió Motolinía, a los indios les "decía el demonio que aquel año quería matar los cristianos; otras veces les amonestaba que se levantasen contra los españoles, y que les matasen y que él los ayudaría" (231).

Dios, sin embargo, había sido misericordioso al permitir que los indios conociesen la verdad. La tierra se encontraba con "tanta serenidad y paz como si nunca en ella se hubiera invocado el demonio" (232). La mano de Dios, escribía Motolinía, desterraba demonios, remediaba la esterilidad de la tierra, destruía los engaños del diablo y daba seguridad "a los poquillos españoles entre tanta multitud" (232). Las fiestas de la Pascua y de los santos patronos de los pueblos se celebraban:

> con mucho regocijo y solemnidad, adornando para estas fiestas sus iglesias muy graciosamente con los paramentos que pueden haber. Y lo que les falta de tapicería suplen con muchos ramos y flores que echan por el suelo (235).

Motolinía escribió también que la gente del antiguo Anáhuac se había vuelto "en tan poco tiempo tan cristiana que casi no hay memoria de todo lo pasado" (236). Durante las procesiones de Jueves Santo los indios se azotaban con devoción, haciendo que algunos españoles los imitasen, llorando a lágrima viva por sus propios pecados (238). "Sabe el Señor —escribía emocionado— que son muchas las veces que humillan mi soberbia, y confundido, me hacen llorar" (260). Le conmovía la manera como daban sus ofrendas, "con tanta simplicidad y encogimiento como si allí estuviese visible el Señor de la Majestad" (240). En la Pascua de la Resurrección, celebrada en Tehuacán, acudieron los principales de cuarenta pueblos y provincias de toda la región (246). El arcángel Rafael había hecho que los principales entre los indios aceptasen el matrimonio y poco a poco habían ido apartándose de la poligamia. Ante el aparente éxito de la conversión del antiguo Anáhuac al cristianismo, Motolinía escribió con emoción profética:

> Noten los que vivieren como la fe y cristiandad ha venido desde Asia, que es en oriente, a parar en los fines de Europa, que es nuestra España, y de allí se viene a andar a esta tierra de occidente. [...] Y como floreció en el principio la iglesia en oriente que es el principio del mundo, bien así agora en el fin de los siglos ha de florecer en occidente que es fin del mundo (319).

Motolinía aceptaba las ideas de la Antigüedad, según las cuales habían existido cuatro edades: de oro, plata, metal y hierro. Una edad más había terminado con la llegada de Jesucristo. Declaró que la humanidad se encontraba en la sexta edad, la última, que concluiría con el Juicio Final, cuya llegada nadie podía predecir en el tiempo (547).

Tras un cuidadoso estudio de la *Historia eclesiástica indiana* de Jerónimo de Mendieta, escrita a finales del siglo XVI, John L. Phelan concluye que los franciscanos intentaron crear las bases de una nueva iglesia universal en la Nueva España, siguiendo las ideas milenaristas del fraile cisterciense Joaquín de Fiore.[27] Motolinía, el primer historiador de la evangelización franciscana en México, no menciona a Fiore y divide al mundo en seis y no en las tres edades joaquinitas.[28]

La imaginación política y económica de la república de Nueva España elaborada por Motolinía en sus *Memoriales* parte de una interpretación de la bondad y fertilidad de la naturaleza mexicana como se-

---

[27] De acuerdo a Phelan, un grupo de seguidores franciscanos de Fiore inauguraron en el siglo XII el movimiento de los joaquinitas. Afirmaban que la humanidad solo había pasado por dos edades: la de Adán y la de Jesucristo. La tercera y última edad, la del Espíritu Santo, sería testigo del surgimiento de una nueva Jerusalén, la ciudad que presidiría el reino del Espíritu durante los mil años que antecederían el final de los tiempos (14-16).

[28] Phelan afirma que la creencia en el otro mundo no existía en la república ideal de los humanistas (71). Sin embargo, el único tabú religioso en la *Utopía* de Moro es dejar de creer en la Providencia (Ver capítulo 3).

ñal divina. Las montañas del antiguo Anáhuac le recordaban el conocido salmo de Job, donde Dios se manifiesta a través de la sabiduría de la naturaleza, base de la vida y la civilización.[29] Escribió que era admirable darse cuenta de cómo Dios hacía circular las aguas de los ríos entre las montañosas arboledas de Nueva España. Estos ríos eran capaces de perforar las montañas y circular a través de sus entrañas. Al pisar sobre ellas, los hombres caminaban como por un puente más fuerte y seguro que los hechos de bóveda. Propuso la siguiente alegoría: el agua de los ríos era la fe y gracia del Espíritu Santo; los indios, las montañas (327).

La visión trascendente de la naturaleza es parte del carisma franciscano. El santo de Asís hablaba con las criaturas de la naturaleza, cada una de ellas parte de la sabiduría y bondad de Dios. Eran los animales sus hermanos, capaces de entendimiento y aún de emociones religiosas.[30] Al mismo tiempo, para los poetas renacentistas españoles de mediados del siglo XVI, encontrar a Dios en la naturaleza era casi un lugar común. En el famoso *Cántico espiritual* de Juan de la Cruz, Dios se revela, tras larga búsqueda, en la plenitud de la naturaleza:

> ¡Mi amado, las montañas,
> los valles solitarios nemorosos,
> las ínsulas extrañas,
> los ríos sonorosos,
> el silbo de los aires amorosos [61-65].

Motolinía vio también la presencia de Dios en la naturaleza de Anáhuac. El aprovechamiento virtuoso y racional de la naturaleza se

---

[29] Haces brotar vertientes en las quebradas, / que corren por en medio de los montes / calman la sed de todos los animales, / allí extinguen su sed los burros salvajes. / Aves del cielo moran cerca de ellas, / entremedio del follaje lazan sus trinos. / De lo alto de tus moradas riegas los montes, / sacias la tierra del fruto de tus obras; / haces brotar el pasto para el ganado / y las plantas que el hombre ha de cultivar, / para que de la tierra saque el pan / y el vino que alegra el corazón del hombre (Salmo 104:10-15).

[30] En las *Florecillas* se encuentra el siguiente sermón de Francisco a las aves: "Dios os viste a vosotras y a vuestros hijos; mucho os ama el Criador, pues os hace tantos beneficios; por eso debéis guardaros, hermanas mías, del pecado de la ingratitud y cuidar de alabar siempre a Dios" (32). En el siglo XII, San Bernardo escribió que había descubierto que "se encuentra mucho más en el bosque que en los libros; los árboles y las piedras te enseñarán lo que ningún maestro te permite escuchar" (Glacken 213).

correspondía con los designios divinos. Era necesario el estudio exhaustivo de los recursos naturales de México para poder hacer realidad la ideal república cristiana en México. Motolinía es el gran iniciador de la investigación de la naturaleza mexicana y del conocimiento que los indios tenían de ésta, con fines prácticos y utilitarios.

Escribió que los montes estaban llenos de "oro y plata y todos los otros metales y piedras de muchas maneras, en especial turquesas, y otras que se dicen *chalchihitl*; las finas de estas son esmeraldas" (315). La tierra de las montañas era "preciosísima y si la hubieran plantado de plantas que en ella se harían, las produjeran muy bien, asimismo olivares, viñas, que estos montes hacen muchos valles, laderas quebradas en que harían extremadas viñas e olivares" (316). Había también muchas zarzamoras, mejores que las de Castilla, parras salvajes que sin ninguna ayuda humana cargaban grandes racimos de fruta (316).

La naturaleza le otorgaba su inmensa riqueza al nuevo reino cristiano. Motolinía escribió que en la Vega de Atlixco, en el Valle de Puebla, tenía su nacimiento un gran ojo de agua que hacía fértil a toda la región. Se había hecho ahí una heredad para el Emperador de ciento diez mil moreras. Se produciría en ella tanta seda, vaticinaba, que "será una de las ricas cosas del mundo" (371). La tierra era tan generosa que la seda se criaba dos veces al año. Era tan buena "como la que sembró Isaac en Palestina, que cogió ciento por uno" (373). Se daban ya en Atlixco melones, pepinos y diversas hortalizas. A mediodía, soplaba por el valle un acariciador viento templado; Motolinía lo había nombrado como el *auram post meridien*, el nombre del viento que soplaba en el Paraíso Terrenal (372). Afirmaba que habían existido en Atlixco grandes cantidades de tierra sin sembrar, pues en ellas luchaban antiguamente los ejércitos. Estas tierras por fin se aprovechaban. Servían de pasto para el ganado y se habían "criado y multiplicado en ella[s] muchas plantas y árboles de España, así árboles de tierra fría como de tierra caliente, y viñas" (387).

Las plantas nativas eran igualmente provechosas y los indios las explotaban de muy diversas maneras. El *metl* o maguey producía hilo, cordeles, sogas, cinchas y jáquimas; todo lo que se obtenía del cáñamo se podía obtener también del maguey. Los artesanos que labraban joyas de oro y pluma se servían de las pencas, los pintores utilizaban las hojas, de ellas hacían los indios su papel. En la cepa del maguey cocinaban el vino de la tierra, el pulque, "echándole raíces que los indios llaman *ocpatli*, (medicina o adobo del vino)" (506). Bebido en abundancia, el pulque causaba una gran borrachera y un pésimo aliento, mas "bebiendo templadamente es saludable y de mucha fuerza" (506). El *metl* daba también buena leña y sus hojas eran excelente remedio para las llagas. Una penca echada al fuego y exprimida daba medicina para las picaduras de serpiente (507). Existía un tipo particular de maguey, "otro *metl*", del que obtenían los indios un vino superior al español, el *mexcalli*, que le parecía casi tan bueno como el diaçitrón (507).

En las montañas crecían árboles de pimienta. No era ésta tan fina como la de Malabar, pero con seguridad podría ser mejorada, pues los árboles eran salvajes y su pimienta, por lo tanto, "más doncel" y del todo natural. Abundaba también el liquidámbar, que los indios llamaban *xuchi coçotlh*. Era éste suave en color, medicinal y muy apreciado entre los indios. Lo mezclaban con su propia corteza, "para cuajarlo, que no lo quieren líquido" y hacían con él panes, perfumes y medicinas (316). "Este bálsamo es precioso y curan y sanan con él muchas enfermedades", informaba Motolinía con entusiasmo (317). Los indios conocían una enorme cantidad de yerbas medicinales, de muchas de las cuales había él mismo experimentado sus virtudes. Hacía notar que el conocimiento que tenían los indios de las plantas de sus montañas, permitía que las nombraran de acuerdo a sus propiedades.

> A la yerba que sana el dolor de la cabeza —escribió—, llámanla *medicina de la cabeza*; a la que sana del pecho, llámanla *del pecho*; a la que hace dormir, llámanla *medicina del sueño*, añadiendo siempre yerba, hasta la yerba que es buena para matar los piojos (520).

De los árboles de Nueva España obtenían los indios diversos tintes y pinturas. Narraba sus experiencias colorando con ellos la seda y aumentando el valor de ésta:

> Acá se ha teñido alguna y sube en fineza y metida en colorada no desdice por la fineza de las colores. Los mejores colores de esta tierra son colorado y azul y amarillo; el amarillo que es de peña digo que es el bueno. Muchas colores hacen los indios de flores, y cuando los pintores quieren mudar el pincel de una color en otra, con la boca limpian el pincel por ser las colores de flores (318).

El árbol del *aguacayan* curaba el mal de bubas; el *abacatl* daba unas frutas de gran tamaño y que en el sabor le recordaban a los piñones. Producían éstas aceite en abundancia y eran tan saludables que eran consideradas como el alimento por excelencia de los enfermos. La hoja era de agradable olor, magnífica para confortar las piernas (320-21). Existían, además, una gran cantidad de árboles de "virtud aún muy incógnita". Concluía que las grandes sierras del antiguo Anáhuac eran "las más hermosas y frescas montañas del mundo" (319).

La utópica república en construcción tenía su máxima expresión en la ciudad de "*México-Tenuchtitlan*", una de las mejores urbes del mundo. Había sido ésta "muy bien trazada y mejor edificada de muy buenas y grandes y fuertes casas, y muy gentiles calles. Es muy proveída, abastecida de todo lo necesario, así de lo que está en la tierra como de las cosas de España" (295). Las carretas circulaban sin cesar entre México y el puerto de Veracruz. Todos los días entraba a la ciudad "gran multitud de indios cargados de bastimentos y tributos, así por tierra como por agua, así en *acales* o barcas que en lengua de las islas llaman *canoas*" (295). En la ciudad de México se gastaba más que en dos o tres ciudades juntas de España. Se criaban en ella muchos y muy hermosos caballos, pues lo permitía el maíz. Rodeaban a la gran ciudad doce monasterios y más de cuarenta grandes pueblos, cada uno con varias iglesias (296).

Tanto la riqueza de los indios como la opulencia de la ciudad se basaban en el trabajo comunitario (296). La ciudad estaba dividida en cuatro grandes barrios. Cada uno tenía su propio mercado, en el que todos los días se congregaban grandes muchedumbres para el comercio (300). En Santiago se encontraba "el colegio de los indios y frailes menores con ellos enseñándoles cristiandad y ciencia; llámase Santa Cruz con toda su tierra" (300). Motolinía terminaba su descripción de la ciudad pidiendo que no se le acusase de haberse excedido en los elogios, pues apenas y había escrito una pequeña parte de lo mucho que había por decir y ensalzar. Escribió que "en toda nuestra Europa hay pocas ciudades que tengan tal asiento y tal comarca, tantos pueblos alrededor de sí y tan bien situados. Y aún dudo si hay alguna tan buena y tan opulenta cosa como *Tenuchtitlan* y tan llena de gente" (300).

Concluía su descripción de la Nueva España afirmando que la riqueza natural de la tierra hacía que en ella fuera posible "fructificar todo lo que hay en Asia, Europa y Africa". Era en ese sentido en el que se la podía considerar como "otro Nuevo Mundo": el lugar donde podían juntarse y florecer todas las riquezas naturales, humanas y espirituales del orbe (322). México llegaría a ser el centro cosmopolita del mundo cristiano. El nacionalismo criollo y mexicano comienza con los mismos españoles que hicieron suya la construcción de la utopía novohispana a partir del estudio sistemático de la palabra y la cultura indígenas.

Capítulo 6

Bernardino de Sahagún: el momento del lenguaje

La creada voz rebélase y no quiere
ser malla, ni amor
César Vallejo

Bernardino de Sahagún perfeccionó el método etnográfico moderno a partir de la gramatología humanista.[1] Intentó obtener la filosofía moral, la filosofía natural y la historia natural del *otro*, a través de la experta apropiación de todas sus palabras. Comenzó por el registro y transcripción de la que consideró como la literatura clásica nahua. La modernidad antropológica de Sahagún es evidente en su relativismo cultural de sistemática base empírica. Afirmó el valor intrínseco de la cultura nahua, en su opinión comparable a la romana y europea, e incluso defendió la superioridad de los nahuas en diversos aspectos políticos, pedagógicos y científicos. Sugirió que todas las culturas comparten valores universales, como las virtudes morales, la sabiduría retórica y la veneración por la guerra. Su proyecto etnográfico y antropológico es, de manera simultánea, rescate y preservación de la sabiduría nahua, demostración del valor universal de la cultura indígena, e imperialista proyecto retórico de selectiva transformación religiosa y cultural. La obra de Sahagún es también pionera de la historia natural en México. La metódica *de-espiritualización* y *de-culturación* del conocimiento mesoamericano llevada a cabo por Sahagún, inicia en México el naciente racionalismo científico e instrumental que caracteriza la modernidad.

---

[1] Jesús Bustamante García fue el primero en estudiar la pertenencia de Sahagún al humanismo renacentista (243-375).

La modernidad etnográfica de Sahagún dependió de su estrecha colaboración transcultural con los humanistas nahuas educados en el Colegio de Santa Cruz. La recepción y transformación por parte de los letrados nahuas del proyecto etnográfico y retórico franciscano excede los límites del presente trabajo. Baste mencionar que los estudiantes nahuas de Santa Cruz articularon también proyectos retóricos de asimilación y resistencia a la cultura invasora[2]. El ejemplo más significativo es el *Nican Mopohua*, de Antonio Valeriano, incomparable texto mítico y poético del Renacimiento occidental, formulado desde México por un letrado humanista nahua. A partir del experto dominio de la gramática, la retórica, la poética y la religión de dos civilizaciones, Valeriano sincretiza, en estilo elevado náhuatl, a la Virgen cristiana con la mitad femenina de Ometéotl, deidad dual y originaria del universo (Marroquín Zaleta 58-63). El proyecto religioso, retórico y científico mediante el cual el etnógrafo franciscano pretendió hacer realidad la ideal y profética república cristiana hispano-nahua fue también poderosa herramienta de resistencia e integración cultural indígena. Los letrados indígenas llevaron a cabo su propia apropiación retórica y religiosa de la palabra del *otro* europeo.

La historia-calepino

La obra de Bernardino de Sahagún marca el límite del conocimiento que Europa logró adquirir sobre la realidad cultural de México y de América en el siglo xvi. El humanista y etnógrafo franciscano ocupó más de cuarenta años de su vida en el estudio y reformulación de la civilización nahua. Estudió teología en la Universidad de Salamanca, donde conoció con seguridad ideas de Erasmo y Nebrija. Enseñaban entonces en la venerable universidad española los humanistas Juan Martínez Silíceo, Pedro Margalho y Fernán Pérez de Oliva, quienes le daban un nuevo énfasis nominalista, de corte parisino, a la lógica y la filosofía natural (Bustamante 256).[3] *Modernum* se deriva del adverbio

---

[2] ver Hill Boone 2000.
[3] Bustamante afirma también que este nominalismo estaba influido por San Agustín, quien afirmó en su *Doctrina Christiana* que toda doctrina es enseñanza de cosas o de signos, pero las cosas solo se conocen por medio de los signos (355-57).

latino *modo*, que significa "muy recientemente" (Thornhill 4). Guillermo de Ockham, el principal teólogo de la corriente nominalista — también llamada *via moderna*, en oposición a la *via antiqua* tomista—, afirmó a inicios del siglo XIV que las naturalezas universales, fundamentales en el pensamiento de Aristóteles y Aquino, eran innecesarias construcciones de la mente (19).

Se ordenó Sahagún como franciscano por 1527, cuando contaría con unos veintiocho años. Dos años después, durante el periodo de mayor influencia del humanismo cristiano en Castilla, partió rumbo a Nueva España, bajo las órdenes de fray Antonio de Ciudad Rodrigo, como parte de la segunda generación de evangelizadores franciscanos (León Portilla, *Sahagún*, 5-6). En México se relacionó de inmediato con los métodos etnográficos desarrollados por Olmos y Motolinía. Pronto se volvió competente en el idioma náhuatl, auxiliado por las gramáticas y los vocabularios compilados por los franciscanos. Estuvo presente en la fundación de Santa Cruz de Tlatelolco en 1536, donde trabajó como maestro de gramática de los jóvenes nahuas, quienes debían convertirse en los sacerdotes y dirigentes políticos de la república india novohispana. Utilizó las *Introducciones latinas* de Nebrija, además del conocido *Diccionario en castellano y mexicano* de Alonso de Molina, basado en la gramática de Andrés de Olmos. La biblioteca del Colegio de Santa Cruz de Tlatelolco poseyó también diversas obras de común circulación entre los humanistas españoles, como las *Obras* de fray Luis de León y la *Opera Omnia* de Pico de la Mirándola (Mathes 45-70). También se encontraban en sus estantes el *De oratore* de Cicerón, la *Institutio oratoria* de Quintiliano, así como diversas obras de Aristóteles, Platón, Marcial, Juvenal, Virgilio, Tito Livio, Erasmo y Juan Luis Vives (Abbot 43-44). Los mejores estudiantes del colegio se volvieron maestros en la retórica y la gramática del latín, el castellano y el náhuatl. Junto con ellos, Sahagún desarrolló un método moderno para el estudio de otra cultura a partir del establecimiento de una rigurosa competencia *trans-lingüística*.

En 1547, bajo la protección de Motolinía, entonces provincial franciscano en Nueva España, Sahagún viajó al pueblo de Tepepulco, parte del antiguo reino de los acolhuas, gobernado en el pasado por Nezahualcóyotl desde Texcoco. Acompañaron a Sahagún cuatro gramáticos trilingües de Santa Cruz de Tlatelolco: Antonio Valeriano, Martín de Jacobita, Alonso Vegerano y Pedro de San Buenaventura. Junto con ellos, Sahagún había preparado una extensa *minuta*: una serie de cuestionarios para obtener información específica sobre la antigua cultura. Los principales de Tepepulco escucharon la petición del franciscano y les permitieron conversar con diez o doce ancianos, conocedores de la sabiduría del *calmecac*. "Con estos principales y [con los] gramáticos, también principales, platiqué muchos días, cerca de dos años, siguiendo la orden de la minuta que yo tenía hecha", explicó Sahagún (73). En la base del método de investigación del franciscano se encuentra el diálogo, sometido a un orden racional y sistemático, mas también flexible y abierto a la espontaneidad de los informantes. Los ancianos de Tepepulco elaboraron sus propios textos. Pintaron y escribieron *amoxtli*, que los humanistas trilingües de Santa Cruz *declararon* en náhuatl y transcribieron al alfabeto latino.[4]

El trabajo de Sahagún tuvo al parecer un carácter relativamente informal en sus inicios, gozando de la libertad característica de la primera etapa de la construcción de la utopía franciscana en México.[5] Esta libertad sería paulatinamente restringida. En 1555 se llevó a cabo el primer concilio provincial en la Nueva España, convocado por el sucesor de Zumárraga, el arzobispo Alonso de Montúfar, formado en un estricto neotomismo.[6] El Concilio determinó que no era obligatorio retroceder ante los remedios fuertes y violentos para lograr la conversión de los indios. Era indispensable aplicar todo el rigor del derecho a los infieles que se resistían a la verdadera fe (Pérez Puente 28-30). Se trataba de un regreso a la política de conversión forzada y violenta de los inicios de la conquista, como respuesta a la cada vez mayor preocupación por la supervivencia de muchos ele-

---

[4] Sobre el método de Sahagún ver el clásico estudio de López Austin, "Estudio" (353-400); también Bustamante, *Bernardino* 219-399.

[5] Ricard señala el Concilio Primero Mexicano de 1555 como el momento en el que se restringe la libertad apostólica y teológica de la primera mitad del siglo XVI (124-137). Marroquín Zaleta caracteriza la primera etapa de la conversión de los indios como de "Creatividad evangelizadora (1522-1550)"; la siguió una "Etapa normatizadora (1555-1585)". En esta segunda etapa se buscó unificar las prácticas religiosas en la república de indios de Nueva España, acomodándolas a las directrices del reciente Concilio de Trento y siguiendo una agresiva política anti-idolátrica (17-21).

[6] De acuerdo a Magnus Lundberg, Montúfar estudió en el monasterio dominico de Santa Cruz la Real, una de las principales casas de estudios de la orden. Profesó ahí en 1512. Estudió después en el Colegio de Santo Tomás de Aquino, primera universidad de Andalucía y baluarte del "Tomismo puro" (50-53).

mentos de la antigua religión en el catolicismo indígena. Lograr entender estos elementos, para proceder a su adecuada cristianización o eliminación fue la gran justificación teórica, teológica y política para el trabajo de Sahagún, a quien le fue ordenado en 1557 completar y perfeccionar las investigaciones sobre la cultura nahua que había iniciado en Tepepulco.

El etnógrafo franciscano relata en el prólogo al Libro Segundo de su *Historia general de las cosas de la Nueva España*, terminada en 1577, cómo el superior de la orden, Francisco de Toral, le ordenó que "escribiese en lengua mexicana lo que me pareciese ser útil para la doctrina, cultura y manutencia de la cristiandad de estos naturales de esta Nueva España" (73). El trabajo de Sahagún buscaba ser un método retórico para la adecuada cristianización de las prácticas sociales indígenas, y la elaboración de leyes e instituciones políticas y educativas adecuadas a la república india de México.

En el prólogo de su *Historia general*, escrito en 1575, en un ambiente ya del todo contrarreformista, Sahagún explicó el valor y utilidad de su trabajo. Sus primeras palabras parecen una paráfrasis del consejo dado por Erasmo a Carlos V en la *Educación del príncipe cristiano*, donde le recomendaba el estudio cuidadoso de la geografía, la historia, la naturaleza, las instituciones, las costumbres y las leyes de todas sus provincias y distritos. Erasmo escribió que todo esto era necesario pues: "Nadie puede sanar el cuerpo hasta que esté versado a fondo en él" (65). Por su parte, Sahagún escribió que: "El médico no puede acertadamente aplicar las medicinas al enfermo [sin] que primero conozca de qué humor, o de qué causa proceda la enfermedad" (17). La metáfora médica de Sahagún (reveladora de su conocimiento de las ideas galénicas) hace de la cultura del *otro*, enfermedad: paganismo; las medicinas debían ser las prácticas retóricas, políticas y económicas más adecuadas a la cultura de los llamados naturales.

Tras las órdenes de su superior, Sahagún, Valeriano, Jacobita, Vegerano y Buenaventura prepararon una nueva minuta y con ella entrevistaron a ocho o diez ancianos, esta vez nativos del mismo Santiago de Tlatelolco, así como a especialistas indígenas de diversos oficios. Al terminar con el registro de sus datos, Sahagún y sus gramáticos regresaron al Colegio de Tlatelolco, donde los humanistas nahuas declararon y transcribieron los nuevos *amoxtli*. Se comparó después la información de Tepepulco con la de Tlatelolco, integrándolas finalmente en un solo texto. Alrededor de 1565 se trasladó Sahagún al convento de San Francisco el Grande, donde coordinó la escritura de una versión en limpio de doce libros, en náhuatl. En una columna paralela, Sahagún escribió una paráfrasis o traducción libre al español. La investigación inicial de Tepepulco se conserva en los llamados *Primeros memoriales*, la de Tlatelolco en los *Códices matritenses*. La versión final, en náhuatl y español, de los doce libros se encuentra en el *Códice Florentino*, descrito por López Austin como "un bello y extenso manuscrito bilingüe", profusamente ilustrado con imágenes realizadas por artistas indios, "que tiene en la columna náhuatl el texto que Sahagún debió de haber considerado definitivo y en castellano la redacción — que no es traducción literal— de la *Historia general*" (360). El objetivo final era escribir una tercera columna, en palabras de Angel Garibay: "una larga exégesis lingüística de los vocablos y las formas en que eran usados" (10). De esta última columna solo alcanzó el etnógrafo franciscano a comentar unas cuantas palabras, que se encuentran entre las páginas de los *Códices Matritenses* (López Austin, "Estudio" 361). Intentó escribir Sahagún la gran historia universal nahua que permitiese diseñar y construir, a través de la retórica, la ideal república cristiana de México-Nueva España.[7]

El método que rigió la elaboración de la *Historia general* de Sahagún estuvo condicionado por el objetivo final de escribir la casi del todo incompleta tercera columna, a imitación del trabajo desarrollado por el lexicógrafo italiano Ambroggio Calepino, quien había publicado en 1502 su *Cornucopiae*: un diccionario del idioma latín basado en el estudio de sus autores clásicos. Calepino intentó registrar las palabras latinas en el momento de su mayor esplendor cultural, en un claro intento humanista por devolverle al lenguaje de la Antigüedad todo su vigor, precisión y belleza expresiva.[8] La *Cornucopiae*, antecesor de los modernos diccionarios enciclopédicos, fue mejor conocida como

---

[7] León Portilla hace notar que en 1783, el cronista real Juan Bautista Muñoz descubrió en el monasterio franciscano de Tolosa una copia de la obra de Sahagún titulada *Historia Universal de las cosas de Nueva España*. Ver *Bernardino* 12.

[8] Calepino añadió diferentes idiomas a su diccionario, publicado por primera vez en Reggio nell'Emilia en 1502. En su edición de Basilea en 1590 contaba ya con once idiomas. Sobre Calepino y su trabajo ver Labarre, *Bibliographie*.

el *calepino*. Incluía información histórica y mítica en sus diferentes entradas, pues trataba de proporcionar un panorama general de la cultura latina a través de un completo registro de su vocabulario y sus formas de expresión más comunes.[9] Las ideas de Calepino y Sahagún no carecen de actualidad. Como afirma Kurt Baldinger, reformulando antiguas ideas humanistas:

> la formación de los conceptos en una lengua nos informa acerca del modo según el cual se divide el mundo en la comunidad lingüística correspondiente; y si hacemos una interpretación cuidadosa también puede informarnos sobre el estado de los conocimientos de dicha comunidad (Máynez 72).

Intentó Sahagún registrar la comprensión e imaginación nahua del mundo mediante la captura y glosa de todas sus palabras. Su primer paso, siguiendo a Calepino, fue la obtención de las palabras nahuas en sus formas de mayor esplendor y complejidad poética y literaria. Sahagún describió brevemente los principios que guiaron su trabajo en el prólogo de su *Historia general*. Explicó que Calepino había obtenido "los vocablos y las significaciones de ellos, y sus equivocaciones y metáforas, de la lección de los poetas y oradores y de los otros autores de la lengua latina" (21).[10] En su caso, al carecer los nahuas de escritura fonética, había tenido que encontrar la manera de obtener y escribir la lección de los antiguos poetas y oradores nahuas. Una retórica y una poética eran necesarias para poder considerar al náhuatl como lengua culta (Bustamante 345).

Para Sahagún, como para todos los humanistas del Renacimiento, la poesía y la oratoria eran los géneros literarios donde el lenguaje se mostraba en sus manifestaciones más elevadas. No es casual que el primer paso de todo su trabajo haya sido la obtención y registro de los *huehuetlatolli*, las palabras rituales que preservaban la sabiduría ética y política de los antiguos nahuas a través de las generaciones. Todo el trabajo de investigación de Sahagún estuvo condicionado por la estructura y contenidos de la literatura nahua, aunque en diferentes partes de

---

[9] Sobre la evolución filológica del original *Calepino* ver Jesús Bustamante (339-342).
[10] Acerca de la génesis de la obra de Sahagún ver el proemio de Garibay (6-14); López Austin, "Estudio" 353-400.

su obra desarrolló preguntas para entrevistar a personas conocedoras de palabras y aspectos de la realidad no contenidos en los antiguos *amoxtli*.

En el prólogo de su *Historia general*, Sahagún escribió la conocida definición de su obra: "una red barredera para sacar a luz todos los vocablos de esta lengua con sus propias y metafóricas significaciones, y todas sus maneras de hablar, y las más de sus antiguallas buenas y malas" (18). Las antiguallas fueron religión, historia, mitos, literatura, política y ciencia nahuas. La *Historia general* sigue la jerarquía tomista del conocimiento: del espíritu a la razón y de la razón a la naturaleza.[11] Como explica el mismo Sahagún, la obra consta de "doce libros de las cosas divinas, o por mejor decir idolátricas, y humanas y naturales de esta Nueva España" (17). La obra continuaba y perfeccionaba el proyecto original de Fuenleal, Olmos y Motolinía, encaminado a rescatar y cristianizar los elementos de la antigua cultura que pudieran ser de utilidad para la nueva república cristiana. Siguió Sahagún un estilo filológico y jurídico de registro y autorización del conocimiento nahua.

En los cuatro primeros libros, Sahagún catalogó los dioses nahuas y las fiestas en su honor, además de explicar de manera breve el calendario y la astrología mesoamericanos. Los siguientes cinco libros tratan de la literatura, los mitos y las supersticiones. Se encuentran en ellos los ideales nahuas de ética, moral y gobierno, así como algunas de las historias míticas que informaban la antigua concepción mexicana del universo. En los libros nueve, diez y once, Sahagún lista las actividades económicas, cataloga los oficios y transcribe el conocimiento nahua de piedras, plantas y animales. El último libro, el doce, es la transcripción de una historia mexica de la Conquista.

Lamentaba Sahagún en el prólogo de su *Historia general* el no haber logrado terminar el anhelado Calepino. Aseguraba, sin embargo, que había logrado construir:

> los fundamentos para [que] quien quisiere con facilidad lo pueda hacer, porque por mi industria se han escrito doce libros de lenguaje propio y natural de esta lengua mexicana, donde allende de ser muy gustosa y pro-

---

[11] En el esquema cosmológico aristotélico-tomista, el ser humano se encontraba en proporción a los cielos como a los animales, las plantas y los minerales. El hombre era el punto medio en la escala jerárquica de los seres (Foucault 19-21).

vechosa escritura, hallarse han también en ella todas maneras de hablar, y todos los vocablos que esta lengua usa tan bien autorizados y ciertos como lo que escribió Virgilio y Cicerón y los demás autores de la lengua latina (21).

Definir las palabras nahuas recopiladas como escritura gustosa y provechosa remite de inmediato al *delectare et prodesse* horaciano, síntesis de los objetivos de toda buena literatura: deleitar aprovechando. Sahagún consideraba su trabajo no solo como una obra religiosa y educativa sino también literaria. Daba así un gran valor moral y estético a la literatura nahua. Aseguraba que las fuentes en las que había basado su trabajo eran comparables a los textos de Virgilio y Cicerón, comparando el valor de la literatura nahua con el de la latina.

La *Historia general* es en parte una extensa apología del antiguo Anáhuac. Afirmó también Sahagún en su prólogo que: "Aprovechará mucho toda esta obra para conocer el quilate de esta gente mexicana, el cual aún no se ha conocido" (18). Los indios de Nueva España eran subestimados porque se encontraban aún bajo el impacto de la conquista. Habían sufrido los estragos de una profecía similar a la de Jeremías, quien había anunciado la destrucción de Judea tras la llegada de "gente muy antigua y diestra en el pelear, gente cuyo lenguaje no entenderéis, ni jamás oísteis su manera de hablar; toda gente fuerte y animosa, codiciosísima de matar" (18). Era debido a la magnitud de su derrota y destrucción que los mexicanos:

> están tenidos por bárbaros y por gente de bajísimo quilate como según verdad, en las cosas de policía echan el pie delante a muchas otras naciones que tienen gran presunción de políticos, sacando fuera algunas tiranías que su manera de regir contenía (18-19).

El comentario de Sahagún acerca de las naciones de inferior nivel de civilización y con presunción de serlo en grado extremo parece una velada crítica a los propios españoles, equiparados líneas antes con la gente codiciosa de matar que había destruido Judea. Sahagún afirmaba con sutileza que la república india podría ser superior a España si se consiguiese eliminar la tiranía implícita en su sistema político.

Comparó también Sahagún a los toltecas con los antiguos troyanos. La antigua ciudad de Tula "muy rica y decente, muy sabia y muy esforzada" había sido tan esplendorosa como la ciudad de Príamo (19). Los descendientes de los antiguos toltecas eran los habitantes de Cholula, quienes habían erigido su gigantesca y magnífica pirámide en honor a Quetzalcóatl, tal cual los romanos, descendientes de Troya, edificaron el Capitolio en honor de Júpiter. La comparación de México con Occidente terminaba en el presente histórico de Sahagún, quien afirmó que "los mexicanos edificaron la ciudad de México, que es otra Venecia, y ellos en saber y en policía son otros venecianos" (19). La ciudad más poderosa de Europa le pareció comparable a la ciudad de México en belleza, saber y civilización. Conservaba Sahagún en 1575 un gran optimismo por la creación de la nueva república y la nueva Iglesia, cuyos "frutos ubérrimos" solo habían sido cosechados por el demonio hasta ese momento (19). En su opinión, Dios había dispuesto que con la Nueva España la Iglesia recuperase todo lo perdido en Palestina, Asia y Europa (20).

El trabajo de Sahagún liquidaba de manera irrefutable toda posible disputa acerca de la capacidad intelectual o moral de los indios. Escribió de ellos cómo:

> vemos por experiencia ahora que son hábiles para todas las artes mecánicas, y las ejercitan; son también hábiles para aprender todas las artes liberales, y la santa Teología, como por experiencia se ha visto en aquellos que han sido enseñados en estas ciencias (20).

Los estudiantes nahuas de Tlatelolco sabían de gramática y teología, las ciencias más elevadas en la España de la época. Dos veces en un pequeño párrafo enfatizaba Sahagún el valor de la *experiencia*, de la evidencia empírica, prueba irrefutable de que los antiguos mexicanos eran "nuestros hermanos, procedentes del tronco de Adán como nosotros, son nuestros prójimos, a quien somos obligados a amar como a nosotros mismos" (20).

LAS COSAS DIVINAS

Al igual que Andrés de Olmos, Sahagún escribió su *Historia general* con una reducida cantidad de juicios. No evitó, por supuesto, el más universal de los prejuicios españoles durante la conquista y colonización de México: el supuesto satanismo de la religión mesoamericana. Sahagún temió por el poder mesiánico de Quetzalcóatl y a diferencia de

Motolinía, no dejó de condenarlo. Topiltzin había sido un nigromántico, en apariencia virtuoso pero en realidad seguidor del ángel del mal. "No volverá", enfatizaba Sahagún. El otro gran dios mexica, Tezcatlipoca, dios de la noche y el destino, eje que permitía el movimiento circular del universo, era en verdad "el malvado de Lucifer, padre de toda maldad y mentira" (60). Rogaba a su lector o escucha que si llegaba a enterarse de alguna cosa relativa a la idolatría, diese noticia de inmediato "a los que tienen cargo del regimiento espiritual o temporal" (64).

Sahagún condenó los nombres y figuras de los dioses, pero admiró las palabras con las que se les invocaba. En su *Psalmodia Cristiana* (1583) reelaboró diversos himnos indígenas, utilizando las metáforas comunes del náhuatl para explicar conceptos cristianos, llegando a utilizar antiguos cantos de Nezahualcóyotl (Schwaller *Pre-hispanic* 67-86). Para el humanista franciscano, el éxito de la conversión dependía de la capacidad persuasiva de los predicadores. Insistió en el Libro Sexto que, para este fin, los sermones nahuas contenían "excelente lenguaje" (355).

Los primeros textos que obtuvo en sus investigaciones, los *huehuetlatolli*, se encuentran en el Libro Sexto de la *Historia general*. De acuerdo a la clasificación retórica de Aristóteles, los *huehuetlatolli* compilados por Sahagún pertenecerían a la oratoria ceremonial o epideictica.[12] No caben del todo en esta clasificación, sin embargo, pues su finalidad no era la misma que la de la oratoria de Occidente, la persuasión, sino el restablecimiento o perpetuación de la armonía entre los individuos, la sociedad y la naturaleza. El diálogo ceremonial de los antiguos mexicanos se concibe como un intercambio recíproco, "un don y contra-don de palabras", regalos de sabiduría que buscan prevenir o alejar la desgracia y restablecer el adecuado orden de las cosas (Dehouve 210).

Tuvo Sahagún en alta estima literaria y moral a los *huehuetlatolli*. En el título del Libro Sexto, escribió que éste trataba de "los primores de su lengua y cosas muy delicadas tocante[s] a las virtudes morales" (295). Ética y belleza son la pareja ideal del humanismo cristiano, llave de la sabiduría para Lorenzo Valla (Lafaye, *Por amor* 52). Las palabras

---

[12] George A. Kennedy define la oratoria epideictica como la que no convoca a realizar acción alguna, sino alabar o culpar a alguien o a algo, a menudo en ocasiones ceremoniales (7).

rituales de los antiguos mexicanos confirmaban con creces las antiguas suposiciones del obispo Fuenleal. En la literatura nahua se encontraban formuladas de manera explícita la ideas éticas y religiosas que justificaban el estoicismo, la extremada cortesía y el cultivo de la palabra poética entre los nahuas. Basado en los *huehuetlatolli*, Sahagún afirmó el valor que ambas culturas otorgaban a la sabiduría, la retórica, la virtud y la guerra. Afirmó de esta manera la universalidad de ciertos valores y costumbres humanos en la particularidad histórica. Escribió que todas las naciones del mundo habían ensalzado a "los sabios y poderosos para persuadir", a los "hombres eminentes en las virtudes morales" y a los "diestros y valientes en los ejercicios bélicos". No habían sido la excepción los antiguos mexicanos, quienes habían tenido en mucho a los "sabios retóricos", los "virtuosos" y los "esforzados" en la guerra (297).

Desde su misma traducción comenzó Sahagún a utilizar las palabras de la antigua religión nahua como herramientas retóricas para la prédica cristiana. Sahagún formuló de manera explícita la conveniencia de reutilizar discursos nahuas para la conversión y educación de la república. Dos ejemplos se encuentran en la transcripción de las palabras rituales que un *pilli* declaraba a sus hijos e hijas. Los señores le hacían saber a sus hijos varones que su primer y principal deber era el escrupuloso cumplimiento de las obligaciones religiosas. El joven debía saber cómo hablar a los dioses; era su deber llorar, afligirse y suspirar frente a ellos (342). Tenía que velar por la mañana y por la noche en su servicio; arreglar los templos y ofrecer incienso todas las mañanas. Debía cuidar también "del areíto, y del atabal, y de las sonajas, y de cantar" (343-4). Era recomendable hacerse experto en algún oficio honroso, "como es el de hacer obras de pluma y otros oficios mecánicos" (344). Debía también cuidar personalmente de la agricultura, cosa fácil, pues la tierra criaba sola las cosas. El consejo final del padre a su hijo era que supiera mantenerse en paz con sus vecinos. "Respetad a todos —decía—, tened acatamiento a todos, no os atreváis a nadie, por ninguna cosa afrentéis a ninguno, no deis entender a nadie todo lo que sabéis" (345). La humildad, la cortesía y la reserva eran, al parecer, algunos de los ejes de la ética nahua.

El conocido estoicismo comunitario de los antiguos mexicanos se encuentra sintetizado en la transcripción que hace Sahagún de las palabras que un *pilli* ofrecía a su hija:

Nota bien lo que te digo, hija mía, que este mundo es malo y penoso, donde no hay placeres sino descontentos. Hay un refrán que dice que no hay placer que no esté junto con mucha tristeza, que no hay descanso que no esté junto con mucha aflicción, acá en este mundo; éste es dicho de los antiguos, que nos dejaron para que nadie se aflija con demasiados lloros y con demasiada tristeza (346).

La aceptación del dolor como parte de la condición humana, necesaria sabiduría para no afligirse demasiado por la vida e intentar vivirla en la mayor armonía individual y social posibles, le parecieron a Sahagún poderosos puntos de coincidencia entre los valores éticos y morales de ambas culturas. Escribió que: "Más aprovecharían estas dos pláticas dichas en el púlpito, por el lenguaje y estilo que están (mutatis mutandis) a los mozos, y mozas, que otros muchos sermones" (349).[13]

El ejemplo más dramático del esfuerzo sincrético de Sahagún y los gramáticos nahuas de Tlatelolco es el texto de los *Coloquios y doctrina cristiana*, donde se narra el final de la era antigua y el comienzo de un nuevo ciclo cósmico, por primera vez cristiano.[14] Uno de los textos más extraordinarios del siglo XVI occidental, los *Coloquios* recrean el encuentro organizado por Hernán Cortés en 1524 entre las autoridades políticas y religiosas del antiguo México y la recién fundada Nueva España.

De acuerdo a Sahagún, los *Coloquios* fueron elaborados en base a ciertos "papeles y memorias" escritos por los primeros doce. En 1564 los gramáticos de Santa Cruz, bajo la dirección de su maestro, ordenaron y tradujeron los documentos, reescribiendo después una nueva versión en estilo elevado náhuatl, en "lengua mexicana bien congrua y limada", según palabras de Sahagún (75). Escribió también el humanista franciscano una versión en español del texto. De los *Coloquios* sobreviven solo trece capítulos en castellano y catorce en náhuatl. Al parecer fue destruida la úl-

---

[13] Este aprovechamiento de la palabra nahua con fines de cristianización fue bautizada por Jorge Klor de Alva como una "contra-narrativa de la continuidad" ("Disputa" 507-540).

[14] El título completo del texto es: *Coloquios y doctrina cristiana con que los doce frailes de San Francisco, enviados por el papa Adriano VI y por el emperador Carlos V, convirtieron a los indios de la Nueva España. Los diálogos de 1524, dispuestos por fray Bernardino de Sahagún y sus colaboradores Antonio Valeriano de Azcapotzalco, Alonso Vegerano de Cuauhtitlán, Martín Jacobita y Andrés Leonaro de Tlatelolco, y otros cuatro ancianos muy entendidos en todas sus antigüedades.*

tima parte del diálogo, donde los sacerdotes de ambas religiones confrontaban su fe y los dirigentes nahuas se convertían al cristianismo. En el prólogo del texto defendía Sahagún la refundación de la Iglesia a partir de la conversión de los mexicanos. En su opinión, era:

> notorio que después de la primitiva Iglesia acá no ha hecho en el mundo nuestro Señor Dios cosa tan señalada como es la conversión de los gentiles que ha hecho en estos nuestros tiempos en estas Indias del Mar Océano desde el año de mil quinientos veinte (72).

Significativamente, para Sahagún la nueva Iglesia había tenido sus comienzos en la conquista de México, no en la llegada de Colón a las Antillas.

Al inicio del encuentro entre los frailes y los antiguos dirigentes mexicas, los recién llegados se presentan como embajadores del Papa y el Emperador, enviados para la predicación de la fe. La destrucción de México había sido causada por el desconocimiento del verdadero Dios, quien ofendido por tantos pecados e idolatría, había decidido enviar "delante a sus siervos y vasallos españoles, para que os castigasen y afligiesen por vuestros innumerables pecados en que estáis" (81). El Papa había enviado a los franciscanos, para que los mexicanos supiesen cómo calmar la cólera de Dios, presentado en un primer momento como el Señor de los Ejércitos del Antiguo Testamento.

El Dios cristiano aparece en un segundo momento del texto, al ser comparado con los antiguos dioses del Anáhuac. El verdadero Dios, escribió Sahagún, "aborrece todo lo malo y lo veda y prohíbe porque él es perfectamente bueno, es abismo de todos los bienes, es sumamente amoroso, piadoso, misericordioso" (83). Los frailes terminan su prédica con la terrible noticia de que los mexicanos debían "despreciar y aborrecer, desechar y abominar y escupir todos estos que agora tenéis por Dioses y adoráis" (85). Sahagún intentó justificar el dominio religioso sobre Mesoamérica con un texto al mismo tiempo lógico, poético y mítico, una narrativa que, siguiendo las reglas retóricas de ambas civilizaciones, fuese la historia fundacional de una nueva era cósmica y una nueva nación, a partir del momento en el que Dios imponía su verdad a Lucifer-Tezcatlipoca.[15]

---

[15] John Schwaller llega a la misma conclusión a través de su análisis de las palabras con las que el texto náhuatl de los *Coloquios* describe el inicio de la reunión de 1524

Los *Coloquios* de Sahagún incluyen una versión de la respuesta que uno de los dos *quequetzalcoatl*, los supremos sacerdotes de Quetzalcóatl en México, dio a los franciscanos tras el terrible anuncio del final por decreto de su universo.[16] En el texto en náhuatl, el sacerdote del antiguo dios del viento y el lenguaje aceptó el dominio político de los españoles y reconoció que los franciscanos eran auténticos sacerdotes de Ometéotl [879]. Anunció después que las palabras con las que proseguiría su respuesta quizá no fueran del todo gratas a sus interlocutores, tal vez incluso resultarían peligrosas. Explicó que era imposible separar la antigua religión de la norma de vida, transmitida por los ancestros desde tiempos muy antiguos. Terminaba su respuesta con una advertencia:

> Señores nuestros, no hagáis algo a vuestra cola, vuestra ala, que le acarree desgracia, que la haga perecer. Así también de los ancianos, de las ancianas, era su educación, su formación. Que los dioses no se enojen con nosotros, no sea que en su furia, en su enojo incurramos. Y no sea que, por esto, ante nosotros, se levante la cola, el ala, no sea que, por ello, nos alborotemos, no sea que desatinemos si así les dijéramos: ya no hay que invocar, ya no hay que hacerles súplicas. Tranquila, pacíficamente, considerad señores nuestros, lo que es necesario. No podemos estar tranquilos y ciertamente no lo seguimos; eso no lo tenemos por verdad, aun cuando os ofendamos. [1019-1060].[17]

La palabra del *quequetzalcóatl* afirma que quitarle al pueblo su religión y sus costumbres podría acarrearle la desgracia, incluso hacerlo perecer. Habría rebeliones y alborotos si obligaban a los antiguos sacerdotes a decirle al pueblo que ya no era necesario invocar ni suplicar

---

entre los dirigentes y sacerdotes españoles y mexicanos. Concluye que se trata de las mismas y muy poco usadas palabras con las que se narraba la reunión de los dioses en Teotihuacan para la creación del mundo: *centlalia* (ser causa de encontrarse en un lugar) y *nonotza* (reunir o convocar para tratar un asunto de importancia). Schwaller concluye que Sahagún caracterizó la cristianización de los dirigentes nahuas "nada menos que como la creación del mundo: la salida de la oscuridad hacia la luz" (*Centlalia* 314).

[16] Sobre los *quequetzalcoatl* ver León Portilla, *Coloquios* 141.

[17] Se utiliza la traducción de la versión náhuatl de los *Coloquios* realizada por León Portilla. Para facilitar el análisis del texto, fundamentalmente narrativo y semántico, se reacomoda el texto en prosa, tal cual se encuentra en el original en náhuatl, en vez de la división en versos realizada por León Portilla.

a los dioses. Concluye con el rechazo a la violenta prohibición de su religión y su cultura.

Como es sabido, los sacerdotes del antiguo Anáhuac se negaron a aceptar la prohibición de su religión y la defendieron desde la clandestinidad junto con la antigua ética o "regla de vida". El mismo Sahagún reconoció, veinte años después de la reelaboración de los *Coloquios*, en el prólogo de su *Arte adivinatoria* de 1585, que durante la fundación de la nueva Iglesia había faltado la prudencia de la serpiente. Los antiguos sacerdotes habían realizado una conspiración entre ellos y decidido recibir a Jesucristo como uno más de sus dioses. La nueva Iglesia había sido así "fundada sobre falso" (León Portilla, *Sahagún*, 188).

Los antiguos sacerdotes nahuas trabajaron activamente en la articulación de una coherente síntesis cosmogónica mesoamericana y cristiana, en la que mezclaron formas de aceptación de la nueva religión y la nueva cultura, con formas disimuladas de resistencia.[18] El sincretismo religioso de las comunidades indias de México no fue solo un proceso espontáneo, sino también resultado de un complejo proyecto retórico transcultural. El *Nican Mopohua*, el más antiguo texto conocido donde se narran las apariciones de la Virgen de Guadalupe, fue al parecer escrito por Antonio Valeriano, uno de los gramáticos nahuas del Colegio de Tlatelolco.[19] Está escrito en estilo elevado náhuatl, con grafía latina; sus estrategias retóricas provienen tanto de la antigua poesía y cosmovisión nahuas, como de las prácticas discursivas del humanismo. La Virgen declara ser la madre del Dador de la Vida, *Ipalnemohuani*. Juan Diego, confundido, piensa que quizá se encuentra "en

---

[18] El mismo Sahagún documenta en su *Historia general* algunas de éstas. Los jóvenes educados por los frailes, que tan útiles habían sido en un principio para la denuncia de la idolatría, no se atrevían ya en tiempos de Sahagún a hacer nuevas revelaciones a los frailes. La comunidad averiguaba quiénes habían hecho la delación y los castigaba de manera disimulada, "cargándoles la mano en los servicios corporales o personales" 582.

[19] El *Nican Mopohua* apareció publicado por vez primera en 1649 por Lasso de la Vega, capellán del santuario o ermita de Guadalupe. Carlos de Sigüenza y Góngora, junto con Sor Juana Inés de la Cruz el más influyente y erudito letrado novohispano del siglo XVII, juró que la letra de un manuscrito más antiguo del *Nican Mopohua* coincidía con la caligrafía de Valeriano. Lo mismo declararían años después Luis Becerra Tanco y Lorenzo Boturini. En la Biblioteca Pública de Nueva York existe, además, una copia del *Nican Mopohua* realizada alrededor de 1556. Ver León Portilla, *Tonantzin*, 21-69.

la Tierra florida, *Xochitlapan*, [o] en la Tierra de nuestro sustento, *Tonacatlapan*" (León Portilla, *Tonantzin* 19).

Antonio Valeriano, a quien Sahagún calificó como "el principal y más sabio" de sus colaboradores, fue también un humanista, experto en la gramática, la teología y la retórica de dos civilizaciones (74). Juan de Torquemada le atribuye a Valeriano la traducción de un libro de Catón en su *Monarquía indiana* (León Portilla, *Tonantzin* 35). El humanista Francisco Cervantes de Salazar elogió con vehemencia a Valeriano en su descripción de la ciudad de México en 1555. Escribió que tenían los indios de México un maestro: "Antonio Valeriano, en nada inferior a nuestros gramáticos, muy instruido en la fe cristiana, y aficionadísimo a la elocuencia" (55). De acuerdo a León Portilla, el aventajado discípulo de Sahagún también "se adentró en el conocimiento de la historia indígena y aun se inclinó por la filosofía" (*Tonantzin* 35).

En la *Historia general*, Sahagún documenta cuáles eran los tres montes más importantes para el culto de la antigua religión. En la raíz del gran volcán, en Tinquizmanalco, se reverenciaba a Tezcatlipoca. En la montaña conocida hoy como La Malinche, en Tlaxcala, se reverenciaba a Toci, nombre mexica de la diosa del agua. Finalmente, en el cerro de Tepeyac se veneraba a la madre de los dioses, a Cihuacóatl, la mujer de la serpiente, también llamada Tonantzin, nuestra madre venerada, la tierra. Sahagún consideraba sospechosa la devoción a la Virgen de Guadalupe, pues los indios no celebraban su fiesta en ninguna otra iglesia que no fuera la de Tepeaquilla. No se oponía a la celebración, mas le parecía necesario explicarle al pueblo la diferencia con el ritual antiguo. Para lograrlo, escribió, "deberían de haber predicadores bien entendidos en la lengua y costumbres antiguas que ellos tenían y también en la Escritura divina", frase ésta que sintetiza el proyecto de conversión religiosa del humanista franciscano (705).

Cumbre literaria de los estudios humanistas nahuas, latinos y españoles en México, el *Nican Mopohua* de Valeriano fusionó las cosmovisiones de Mesoamérica y Occidente a través del dominio retórico de las palabras sagradas de ambas civilizaciones. La madre de Jesucristo fue identificada como la parte femenina de Ometéotl. Al Dios cristiano le hacía falta su parte femenina (Marroquín Zaleta 62-63). En la historia de Guadalupe-Tonantzin indios, españoles, criollos y mestizos se pudieron reconocer como parte de un mismo pueblo. La historia de Valeriano es el auténtico texto fundacional de la nueva era mesoamericana y cristiana.[20]

Las cosas humanas

Bartolomé de las Casas explicó la igualdad y aún posible superioridad de los indios con argumentos provenientes de la medicina.[21] Coincidía con Hipócrates en que las geografías templadas favorecían una complexión bella, un entendimiento agudo, una disposición noble y un temperamento animoso (Glacken 82-87). Ptolomeo había afirmado también que la templanza en el clima hacía a las gentes de bella y moderada complexión, blandas, mansas y amantes del estudio de las letras y lo espiritual (56-63).

La argumentación de Las Casas para demostrar la plena humanidad de los indios poseyó también un componente empírico. Provenía éste tanto de su propia experiencia como de la investigación etnográfica realizada por otros frailes, en particular la de Motolinía, quien le entregó a Las Casas una copia de su trabajo (Baudot, *Utopía* 280-281). En base a estas evidencias, Las Casas afirmó en su *Apologética historia sumaria* que los indios eran sobrios y templados en el comer, moderados para el sexo (según sabía por confesión), rara vez llegaban a la ira, eran amigos de tañer, bailar y cantar, y tenían una excepcional disposición para las artes. Su imaginación era fuerte y bien dispuesta, su memoria magnífica. Eran muy hábiles para copiar técnicas, sensibles en extremo, inadecuados para sufrir trabajos físicos muy arduos (1:192-198). En La Española no se sabía lo que era el robo, el adulterio o la violación. No se comía carne humana ni se practicaba la sodomía, a diferencia de los celebrados sabios griegos, quienes solían tener a un mozo por mancebo (2:307-316).

---

[20] A conclusiones similares llega Richard Nebel 253–254.

[21] La defensa de los indios americanos por parte de los frailes humanistas españoles tuvo una base teológica y otra empírica. Teológicamente, Tomás de Aquino había escrito que: "Todos los hombres son iguales por naturaleza" (*Summa* 2-2, q. 104, art. 5;1. q. 109). Había escrito también, sin embargo, que "algunos tienen la razón oscurecida por una pasión, por una mala costumbre o por una torcida disposición natural" (*Summa* 1-2, q. 94, art. 4). Era entonces imprescindible demostrar la igualdad racional de americanos y europeos.

Las Casas precedió a Montaigne al afirmar el valor relativo de las culturas y el vicio común de considerar como inferiores a los desconocidos. Los que llamaban bárbaros a los indios de América, escribió el dominico, tenían razón en el sentido de que estos últimos desconocían la fe verdadera y las letras; se equivocaban, sin embargo, si querían significar que los indios eran bárbaros porque no eran gente razonable y ordenada o porque sus costumbres eran degeneradas o crueles. Los indios se habían vuelto pusilánimes y serviles tras la llegada de los europeos, por el exceso de los agravios (2:652-654).

A pesar del valor histórico y político de la defensa lascasiana de los indios, ésta partió de consideraciones astrológicas medievales, de la misma teoría médica con la que Aristóteles había justificado la superioridad del pueblo griego sobre los bárbaros y de evidencia empírica basada únicamente en experiencias personales. Correspondió a Bernardino de Sahagún justificar el relativismo cultural de los frailes humanistas de Indias, en base a evidencia empírica recolectada con un método riguroso. Los *hechos*, recolectados a partir de evidencia sistemática y verificable, demostraron que los antiguos mexicanos habían conocido la ley natural, la ley positiva, la virtud moral y aún la filosofía natural.

Los ideales civilizatorios nahuas se encuentran en la descripción del antiguo pueblo tolteca en las páginas de la *Historia general*. Sahagún concluyó que la manera de regir de los antiguos naturales era, de hecho, "muy conforme a la Filosofía Natural y Moral" (578). La ciencia y la ética mesoamericanas se correspondían, en lo esencial, con las de Occidente.

La descripción del pueblo tolteca se encuentra en el Libro Décimo, que contiene la síntesis de las respuestas dadas por los informantes acerca de las diferentes culturas que habitaban la gran Cuenca de México. Para los antiguos mesoamericanos, la sociedad ideal se encontraba en el pasado tolteca. Sus artistas habían sido "sutiles y primos en cuanto ellos ponían la mano" (595); sus habitantes habían conocido "casi todos los oficios mecánicos y en todos ellos eran únicos y primos oficiales" (597). Los sabios de la antigua Tula habían sido los inventores de las artes (595); cuatro de ellos habían llegado a conocer con precisión y detalle todas "las calidades y virtudes de las hierbas" (596). Fueron ellos, escribió Sahagún, "los primeros inventores de la Medicina, y aun los primeros médicos herbolarios" (595). Los sacerdotes toltecas habían sido también los primeros en enseñar que en la parte más elevada del universo moraban Ometecutli y su mujer, Omecíhautl. El calendario y el arte de interpretar los sueños habían sido también obra de los antiguos sacerdotes de Tula. Los toltecas eran modelo de los ideales éticos nahuas, basados en una cortesía refinada y en el rechazo a la mentira en la palabra. Sahagún escribió que los toltecas eran muy "allegados a la virtud, porque no decían mentiras; [...] y su habla en lugar de juramento era, es verdad, es así, así es, está averiguado, y sí por sí, y no por no" (597).

El principal dios tolteca había sido Quetzalcóatl, "cuyo sacerdote tenía el mismo nombre" y a quien solo sacrificaban serpientes y mariposas (598). La mítica Edad de la Esmeralda terminó en Tula con la llegada del belicoso pueblo del norte y su poderoso dios, Tezcatlipoca, quien un día consiguió embriagar con engaños a un cansado Quetzalcóatl. Avergonzado de su propia debilidad, la Serpiente Quetzal abandonó la ciudad. Durante su paso rumbo al mar puso nombre a todas las cosas que cruzaron por su camino. Se le vio desaparecer entre las aguas y la bruma, montado en una balsa construida con serpientes (204).[22] Nada dice Sahagún de su posible retorno.

Invirtiendo la interpretación de la teoría hipocrática defendida por Las Casas, Sahagún afirmó que la depravación en las costumbres se debía al clima bondadoso y la influencia de los astros. Los antiguos señores de México habían reconocido que la naturaleza templada y fértil de la tierra, así como "las constelaciones que en ella reinan", hacían que las personas fueran dadas a la ociosidad, los vicios y la sensualidad (578). Consideraron que para poder tener una república virtuosa bajo semejantes condiciones naturales era "necesario el rigor y la austeridad", mismos que se habían perdido tras la conquista de México (578).

---

[22] Sahagún recoge también el posible origen olmeca del mito de Quetzalcóatl. En el Libro Décimo, al escribir de los *olmecas uixtotin*, afirma que fueron ellos los inventores del vino. Según el mito, los señores solo bebían cuatro tazas, para evitar una embriaguez vergonzosa. Sin embargo, "hubo un *cuexteco*, que era caudillo y señor de los *cuexteca* que bebió cinco tazas de vino, con las cuales perdió su juicio y estando sin él echó por allí sus *maxtles*, descubriendo sus vergüenzas, de lo cual los dichos inventores del vino, corriéndo[se] y afrentándose mucho, se juntaron todos para castigarle; empero, como lo supo el *cuexteco*, de pura vergüenza se fue huyendo de ellos con todos sus vasallos y los demás que entendían su lenguaje, y fuéronse hacia *Panotlan*, de donde ellos habían venido, que al presente se dice *Pantlan* y los españoles la dicen *Pánuco*" 612.

Era una gran vergüenza, escribió el franciscano, que los "indios naturales, cuerdos y sabios antiguos", hubiesen entendido cómo dar remedio a la situación, mientras que los españoles, "nos vamos al agua abajo de nuestras malas inclinaciones" (579).

En su *Relación digna de ser notada*, ensayo político de base etnográfica sobre México-Nueva España, Sahagún criticó abiertamente la destrucción española de la cultura y la organización política indígenas. Los primeros frailes habían cometido el error de querer "reducirlos a la manera de vivir de España, así en las cosas divinas como en las humanas", provocando sin proponérselo un gran daño al a la república (578). Concedía Sahagún que había sido necesario destruir del todo la idolatría, mas nunca la ley. Al cesar el rigor de la antigua ley, habían proliferado el alcoholismo y la sensualidad. Era debido a estos dos vicios que los indios eran "tenidos por indignos e inhábiles para el sacerdocio" (579). Como Las Casas, sugirió Sahagún que la verdadera causante de lo que se había considerado como depravación inherente de los indios, había sido la torpeza de la conquista española.

El secreto de la superior organización política de los antiguos mexicanos no solo estaba en el rigor en el cumplimiento de la ley, sino también en la sabiduría de su sistema educativo, en el que los hijos se educaban "con la potencia de la república" (580). En una conocida frase, llegó a escribir que:

> [si la antigua] manera de regir no estuviera inficionada con ritos y supersticiones idolátricas, paréceme que era muy buena, y si limpiada de todo lo idolátrico que tenía y haciéndola del todo cristiana, se introdujese en esta república indiana y española, cierto sería gran bien y sería causa de librar así a la una república como a la otra de grandes males, y de grandes trabajos a los que las rigen (580).

Sahagún escribió su *Relación digna de ser notada* en 1576, más de cuarenta años después de las órdenes de Fuenleal para la investigación de la *policía* y la historia indígenas. Sus conclusiones confirmaban las palabras del antiguo presidente de la Audiencia: los indios excedían en el entendimiento a los españoles y sus obras humanas eran de gran admiración. Al parecer colocó discretamente su *Relación* a la mitad del Libro Décimo de su *Historia General*, quizá temeroso del cada vez más cerrado ambiente religioso y político tras la Reforma trentina.

Las cosas naturales

A lo largo de su *Historia general*, obtuvo también Sahagún las ideas nahuas más comunes con respecto a la naturaleza, así como un breve compendio del saber botánico-medicinal de los indios. Entre los placeres de los *pipiltin* de México, narrados en el Libro Octavo, se encontraba el tomar pájaros vivos con redes y plantar vergeles o florestas repletos de árboles de flores (459-460).[23] La gran fiesta de la naturaleza era el *Atamalqualiztli*, descrita en el Libro Segundo. Cada ocho años, todos los dioses acudían a danzar a México. Las viejas lloraban durante el baile, al ser la última vez que veían al pueblo disfrazado de todas las formas de la naturaleza, tras un ayuno colectivo de ocho días. Sahagún describió cómo:

> unos tomaban personajes de aves, otros de animales y así unos se transfiguran como tzintzones, otros como mariposas, otros como abejones, otros como moscas, otros como escarabajos; otros traían a cuestas un hombre durmiendo, que decían era el sueño; otros traían unos sartales de tamales (157).

En el Libro Tercero, dedicado a la obtención de las "fábulas y ficciones de los gentiles", se encuentra la descripción del comúnmente llamado Paraíso de Tláloc, donde vivían los dioses y a donde llegaban los seres humanos que morían en los dominios del dios de las aguas, ahogados o señalados por el rayo. El paraíso del dios del agua era una versión idealizada del Valle de México, una tierra de fertilidad excepcional, abundante en maíz, chile y jitomate, además de flores de hermosos colores y fragancias. Por su parte, el paraíso del dios del sol remite a la geografía de la montaña, tierra de bosques frondosos. Los guerreros que morían en el combate se recreaban en ella por un tiempo, disfrutando de la caza y el canto de las aves antes de transformarse ellos mismos "en aves de pluma rica y color" (208).

Los mexicas vivían con nostalgia de su propia antigüedad mítica, transmitiendo con veneración la historia de Tula, cuyos habitantes habían disfrutado de una gran abundancia y belleza natural, que había

---

[23] La información se encuentra en el Libro Octavo, que trata en su mayor parte de los antiguos dirigentes mexicas. Ver López Austin "Estudio" 378-379.

permitido y fomentado el florecimiento de las artes y la paz. Entre los toltecas, el maíz:

> era abundantísimo, y las calabazas muy gordas, de una braza en redondo, y las mazorcas de maíz eran tan largas que se llevaban abrazadas; y las cañas de bledos eran muy largas y gordas y que subían por ellos como por árboles; y que sembraban y cogían algodón de todos colores [...]; y más dicen que en el dicho pueblo de Tulla se criaban muchos y diversos géneros de aves de pluma rica y colores diversos [...] y otras aves que cantaban dulce y suavemente (196).

La concepción de la naturaleza como una entidad viva, sagrada, material y espiritual, y cuyas partes se encontraban todas en relación dinámica, no impidió que los nahuas la estudiaran de manera cuidadosa. El capítulo 12 del décimo libro describe al experto en plantas, el hortelano, de la siguiente manera:

> tiene de oficio sembrar semillas, plantas y árboles, hacer eras, y cavar y mollir bien la tierra. El buen hortelano suele ser discreto, cuidadoso, prudente, de buen juicio, y tener cuenta por el libro con el tiempo, con el mes y con el año (558).

Los hortelanos de México eran capaces de recrear ecosistemas de tierras lejanas y al parecer tenían codificados los ciclos naturales de diversas plantas mediante su cuidadosa medición calendárica. Eran sin duda personas respetadas entre los antiguos mexicanos, cuyos dirigentes consideraban el cuidado de las plantas como una de sus actividades preferidas. En toda la *Historia General* de Sahagún solo se menciona a dos lectores de libros, los *tlamatinime* o sabios de la palabra y los hortelanos (Gómez Pompa 91).

Sahagún fue parte, desde México, de la revolución epistemológica en la historia natural que culminaría con el desarrollo de la moderna ciencia natural. En la segunda mitad del siglo XVI, los naturalistas de Europa se entregaron a la tarea de describir con precisión creciente la naturaleza del mundo a partir de la observación, desarrollando sistemas de clasificación que culminarían en la taxonomía de Lineo (Ogilvie 6-8). El corazón del naturalismo renacentista fue el estudio de las plantas, la *res herbaria* (24). Su estudio estuvo íntimamente conectado con la medicina, parte de la gran historia natural (28-29). La modernidad naturalista de

Sahagún fue parte del vasto tráfico de conocimiento medicinal entre los franciscanos y dominicos establecidos en Italia y España a finales del siglo xv y durante la primera mitad del siglo xvi. La afición de las grandes órdenes mendicantes por la medicina es evidente en México, donde establecieron una extensa red de hospitales y promovieron la práctica y la investigación médica transculturales (Somolinos, "Medicina" 122).

Al igual que en el caso de la literatura, el estudio de la historia natural indígena debía comenzar con su registro y transcripción objetiva. Para la obtención de la historia natural y la medicina indígenas, Sahagún diseñó preguntas de investigación destinadas a separar el conocimiento naturalista de su contexto religioso y cultural. Intentó eliminar todo componente mágico o religioso de la ciencia médica indígena, transformando la historia etnográfica humanista en pragmática y utilitaria historia natural. Esta transformación discursiva y metodológica sentó las bases para la incorporación del conocimiento naturalista mesoamericano a la historia natural de Occidente.

El registro de la historia natural nahua se encuentra en los Libros Diez y Once de la *Historia general*. Sahagún prestó atención especial a la medicina indígena, dedicándole un detallado estudio individual que insertó después en el Libro Diez (López Austin, "Estudio" 387). El tratado medicinal de Sahagún es en parte heredero del *Libellus de Medicinalibus Indorum Herbis*, el célebre herbario medicinal nahua de 1552, compuesto a petición de Francisco de Mendoza, hijo mayor del virrey.[24] Fue escrito en náhuatl por Martín de la Cruz, un médico indígena de Tlatelolco, y traducido al latín por Juan Badiano, alumno del Colegio de Santa Cruz.[25] Los dibujantes del colegio lo ilustraron profusamente en un estilo que unificaba el redescubierto naturalismo de Occidente y el antiguo simbolismo pictórico nahua. (Fernández, "Miniaturas" 103). El *Libellus* proporciona información de doscientas cincuenta y un plantas, ciento ochenta y cinco de ellas ilustradas. La *Historia general* de Sahagún clasificó ciento veintitrés de las doscientas veinticinco plantas que se encuentran entre los escritos de sus informantes (Del Pozo 200-201). Los frailes a cargo del Colegio de Tlate-

---

[24] La obra fue descubierta en la Biblioteca del Vaticano en 1929 por Charles Upson Clark (Isis. Vol. 13. 1929-1930. p. 76). Ver Gómez Pompa 87-100.

[25] Como señala Del Pozo, Badiano occidentaliza en su traducción diversos aspectos de la medicina nahua (197-198).

lolco enviaron a la corte en Valladolid el *Libellus* como prueba empírica de la capacidad intelectual de los indios americanos. Devoto de las letras, Juan Badiano escribió en el prólogo del *Libellus*: "Ojalá que este libro nos conciliara gracia a los indios ante la Real Majestad" (13).

La ciencia médica mesoamericana fue valorada y reconocida por los etnógrafos franciscanos. Como señala Efrén del Pozo, los hallazgos empíricos de los nahuas sobre las propiedades farmacológicas de las plantas fueron sorprendentes y aún se encuentran a la espera de estudios detallados (202-205). Cruz y Badiano documentaron algunos procedimientos quirúrgicos comunes entre los nahuas, como cortar y extraer "la punta de la carnosidad que nace en los ojos" para aliviar el glaucoma o la extracción de tumores en el vientre (49). Uno de los procedimientos médicos más detallados en el *Libellus* es el del destape de las vías urinarias entre los hombres. En primer lugar había que moler y macerar juntos tres diferentes tipos de hierbas: *mamaxtla, cohuanepilli* y *tlatlauhqui amoxtli*; se les agregaba después la flor muy blanca del *yolloxochitl*, una cola de tlacuache y semillas de *chian* o amaranto. Todo se mezclaba en agua amarga y se le daba al enfermo. Si la medicina no era suficiente para solucionar el problema, era necesario entonces recurrir al uso de un cateter, construido con:

> la médula de la palma muy tenue, cubierta con un poco de algodón, untada con miel y raíz de la hierba *huhihitzmallotic* molida, que se introduce con muchísimo cuidado en el meato del miembro viril, pues de este modo se abre la obturación de la orina (49).

En el *Libellus*, el avanzado conocimiento médico nahua, se encuentra aún penetrado de religión y magia.[26] Para cruzar un río, por citar un ejemplo, Martín de la Cruz recomendaba "llevar en la mano un berilo, una cabeza y entrañas de ostra, una sardónica y los ojos de un gran pez encerrados en la boca" (79).

La expurgación de casi todo componente cultural del saber empírico nahua distingue la obra naturalista de Sahagún. La parte más importante de su investigación acerca de la medicina indígena fue realizada con la ayuda de algunos médicos de Tlatelolco, los únicos entre sus

---

[26] Un breve estudio sobre los procedimientos quirúrgicos descritos en el *Libellus* está en Del Pozo, "Valor médico" 194-205.

informantes cuyos nombres registró en el *Códice Florentino*.[27] Sahagún y los médicos tlatelolcas dividieron las enfermedades en males de la cabeza, del cuello y la garganta, del pecho y la espalda y del estómago y la vejiga. Colocaron también diversas enfermedades en un apartado comodín. Un buen ejemplo de la forma en la que Sahagún aborda el conocimiento médico nahua, dándole preferencia a los aspectos empíricos y al registro de las plantas medicinales y sus virtudes, puede leerse en su transcripción del procedimiento para curar fracturas:

> Las quebraduras del hueso del espinazo y de las costillas, o de los pies, o [de] otro cualquier hueso del cuerpo, se curarán tirándose, y poniéndose en su lugar, después de lo cual se ha de poner encima de la tal quebradura la raíz molida que se llama *zazálic*, y ponerse a la redonda algunas tablillas y atarse bien, porque no se torne a desconcertar; y si a la redonda de la tal quebradura estuviere hinchada la carne, se ha de punzar y poner la raíz nombrada *tememetlatl*, y con el agua de esta raíz postrera lavarse el cuerpo, o beberla en vino y tomar algunos baños; y cuando se sintiere alguna comezón, untarse con la hierba llamada *xipetziuh*, mezclada con la raíz llamada *iztac zazálic*. Si con esto no sanare, se ha de raer y legrar el hueso de encima de la quebradura, cortar un palo de teas que tenga mucha resina, y encajarlo con el tuétano del hueso para que quede firme, y atarse muy bien y cerrar la carne con el *patli* arriba dicho (591).

Como se ve, el proceso de recolocar los huesos en su lugar incluía una yerba para ayudar a sanar al hueso, otra para una posible infección y una tercera, mezclada con una raíz, para aliviar la comezón. Una planta más cooperaba a la regeneración de la piel después de haber raído el hueso hasta el tuétano y ajustarlo en su lugar con ayuda de una tablilla resinosa que permitía la canalización medular.[28]

En el célebre Libro Once, Sahagún intentó capturar la mayor parte del vocabulario y del conocimiento nahua relativo a la botánica, la zoología y la mineralogía. El título del libro onceno en el *Códice Florentino* es revelador del entusiasmo de Sahagún, quien lo definió como "bosque, jardín, vergel de la lengua mexicana" (López Austin, "Estudio" 385). La clasificación de las plantas y animales de México por

---

[27] Ver Libro X, capítulo xxviii del *Códice Florentino*, versión en náhuatl.
[28] Suaste Gómez hace notar los avanzados procedimientos quirúrgicos nahuas que incluían injertos medulares (25-26).

parte del etnógrafo español se basó en criterios de parentesco biológico y de utilidad material. En el caso del reino vegetal, Sahagún pidió a sus informantes una breve descripción morfológica de cada planta, incluyendo sus flores y frutos, así como su locación. Puso particular atención a los usos prácticos de las plantas novohispanas, en especial los medicinales. Baste un ejemplo:

> Hay un árbol medicinal que se llama *quetzalmízquitli;* es árbol pequeño, tiene muchas ramas, tiene las hojas como las del cedro, son muy verdes y largas como un palmo; lleva unas flores amarillas y cáense; no hace semilla tampoco, como el sauce. Las hojas de este árbol son provechosas molidas con la raíz de la hierba que se llama *coztómatl*, molidas todas juntas; bébense con agua y son provechosas para el que tornó a recaer de alguna enfermedad por haber caído, o por haber tomado alguna cosa pesada, por haber ejercitado el acto carnal, ora sea hombre, ora sea mujer; hase de beber tres o cuatro veces; y si habiéndola bebido entrase en el baño no sentirá el calor del baño; y después al salir beberla ha otra vez el enfermo. La raíz de este árbol no es provechosa. La calidad de estas dos hierbas con quien se junta ya se dijo arriba. Este árbol se hace en las tierras calientes" (683).

Sahagún describe morfológicamente las especies que clasifica, incluyendo con frecuencia el género de planta y las características más distintivas de sus tallos o troncos, hojas, flores y semillas. Proporciona también con frecuencia referencias comparativas con otras especies europeas y referencias generales para su ubicación geográfica. La medicina nahua atrajo poderosamente la atención de Sahagún. Las recetas médicas ocupan la mayor parte de sus descripciones botánicas. Procuró sistematizar su aprovechamiento en la república con fines pragmáticos y utilitarios. A diferencia de Motolinía y Francisco Hernández, no existe una sola mención en la *Historia general* de posibles usos comerciales de la medicina nahua.

En el Prólogo del Libro Once, enfatiza Sahagún el conocimiento de las cosas naturales como herramienta retórica para la predicación religiosa. Sintetiza también su práctica naturalista, el intento por describir:

> las propiedades y maneras exteriores y interiores que se pudieron alcanzar de los animales, aves y peces, árboles y yerbas, flores y frutos más conocidos y usados que hay en toda esta tierra, donde hay gran copia de voca-

blos y mucho lenguaje muy propio y muy común, y materia muy gustosa (1988, 2:597)

El *Libellus* de Martín de la Cruz y los Libros Diez y Once del *Códice Florentino* inician la historia natural en México. La *Historia general* de Sahagún fue un proyecto científico de rescate del conocimiento del *otro*, así como sofisticada herramienta imperialista de transformación cultural. La desacralización retórica de la naturaleza que acompañaría a la evolución de la epistemología científica, tiene evidentes inicios en la *purificación* cultural de la filosofía natural y la historia natural del *otro*, llevada a cabo por Sahagún en México-Nueva España. El prólogo al Libro Once de la *Historia General*, dedicado al "conocimiento de las cosas naturales", hace explícito este propósito. Escribió Sahagún que se trataba de una "obra muy oportuna" para desacralizar la naturaleza, para lograr que los antiguos mexicanos entendieran "el valor de las criaturas, para que no les atribuyan divinidad; porque cualquier criatura que veían ser eminente en bien o en mal, la llamaban Téutl" (597).

Capítulo 7

Lenguaje y verdad

> *The question is, said Humpty Dumpty,*
> *which is to be master; that's all*
> Lewis Carroll

El trabajo de Francisco Hernández lleva a la antigua filosofía natural a los umbrales de la ciencia moderna: perfecciona la escritura científica naturalista, dándole rigor experimental y descriptivo; *desacraliza* y *deculturiza* también el conocimiento naturalista mesoamericano, incorporándolo a la ciencia médica y botánica de Occidente. Esta incorporación —logro científico de importancia comparable al desarrollo de la anatomía por Vesalio y a los descubrimientos de Harvey sobre la circulación sanguínea— dependió de la evolución conjunta de la historia natural y la historia etnográfica. Hernández comenzó a escribir su *Historia de las plantas de Nueva España*, la historia natural de México, en 1570. Su método de investigación se basó tanto en el humanismo médico y naturalista europeo como en la historia etnográfica desarrollada por Fuenleal, Olmos y Sahagún en México. Antecesor de Francis Bacon, Hernández consideró su historia natural como el primer paso para la adecuada descripción, clasificación y utilización de una recién descubierta naturaleza global. Escribió también una breve historia etnográfica de los indios de México como parte de su historia natural; en ella resaltó la evidente superioridad de la racionalidad instrumental europea y afirmó que los indios de México eran, al parecer, biológicamente inferiores a los europeos.

La incapacidad de Hernández por reconocer en términos igualitarios el valor de la cultura nahua, a pesar de haber descubierto deficiencias en la teoría médica dominante en Europa gracias a las palabras de los médicos indios y, sobre todo, de haberse visto forzado a utilizar el idioma náhuatl para describir, clasificar y explicar la utilidad de un conocimiento botánico y farmacológico más vasto que el del Viejo Mundo de la época, señalan el final del predominio epistemológico humanista en México. La Contrarreforma española marcó el final del proyecto utópico humanista. Las principales obras de historia etnográfica y natural, que demostraban empíricamente la igualdad espiritual e intelectual entre americanos y europeos, permanecieron ocultas o desaparecieron. Solo recientemente se ha redescubierto que la historia natural y la historia etnográfica iberoamericanas fueron parte de los inicios de la ciencia moderna en el mundo atlántico. Hernández desarrolla un nuevo lenguaje científico, estrictamente descriptivo y materialista. Transforma también los parámetros morales e intelectuales para juzgar el valor de una civilización: el dominio de la eficaz razón instrumental de Occidente, desarrollada en parte gracias a un diálogo epistemológico transcultural con los *indios*, se transforma en parámetro del grado de civilización al que la humanidad debe aspirar.

Francisco Hernández: entre Galeno y Quetzalcóatl

El 11 de enero de 1570, Felipe II le otorgó a Francisco Hernández, médico de la corte, el nombramiento de Protomédico General de las Indias. La principal misión de Hernández era obtener información confiable acerca de las plantas medicinales de Nueva España. Fue ésta la primera expedición europea plenamente científica en América, propiciada por el interés de la corona española en el posible aprovechamiento mercantil de las plantas medicinales mexicanas, mediante la producción de medicinas en los laboratorios de El Escorial (Campillo 142). El interés de los españoles en las plantas medicinales americanas apareció en fechas tempranas de la colonización de Indias. Tanto el *Sumario de la Natural Historia de las Indias* (1526), como la *Historia general y natural de las Indias* (1535), de Gonzalo Fernández de Oviedo, contienen numerosas referencias a las propiedades de la flora americana. Es conocido el señalamiento de Cortés en su *Segunda carta de relación* acerca de lo innecesario de enviar médicos españoles a México. (Viesca Treviño, "Médico" 219-220). Tanto el *Memorial para los descubrimientos y exploraciones* (1557) como el cuestionario cosmográfico de doscientas preguntas elaborado por el cosmógrafo Alonso de Santa Cruz antes de 1567, dedican considerable espacio a la investigación de las plantas medicinales indígenas (Álvarez 187-207). Las conocidas instrucciones de Hernández especificaban:

> Os habéis de informar dondequiera que llegáredes de todos los médicos, cirujanos, herbolarios y otras personas curiosas en esta facultad y que os pareciere podrán entender y saber algo, y tomar relación generalmente de ellos de todas las yerbas, árboles y plantas medicinales que hubiere en la provincia donde os halláredes (Campillo 70).

Hernández debía realizar, además, "experiencia y prueba" de la mayor parte posible de la información recabada (71). Parece evidente que Hernández recibió instrucciones acerca de la necesaria metodología a seguir para poder cumplir con su misión; el Protomédico siguió prácticas empíricas desarrolladas por la Corona española a lo largo de casi un siglo de experiencia colonial. "Tomar relación" y corroborar empíricamente la información obtenida fueron las bases metodológicas de la nueva investigación geográfica, etnográfica y naturalista promovida por el Consejo de Indias. Parece probable, dada su relativa cercanía con Juan de Ovando, que Hernández conociera los nuevos cuestionarios cosmográficos del Consejo de Indias que culminarían con las órdenes para la elaboración de las célebres *Relaciones de Indias* en 1577. Hernández mantuvo frecuente comunicación escrita con Ovando durante su estancia en México. Toda su correspondencia con Felipe II iba también dirigida al Presidente del Consejo de Indias (Álvarez 109-117).

La organización de los medios científicos y técnicos que demandaba la administración y explotación económica de las inmensas posesiones americanas de la Corona española promovieron administraciones de carácter cada vez más racionalista. El conocimiento científico se organizó en diferentes instituciones, dependientes todas de manera directa de la institución regia. Además de la augusta Casa de Contratación de Sevilla, se establecieron también el Protomedicato de la Corte, el Cosmografato, la Academia de Matemáticas de Madrid —dedicada a la ingeniería civil y militar—, el laboratorio químico y la botica de El Escorial, el jardín botánico y las colecciones zoológicas de Aranjuez, así como los estudios sistemáticos de cartografía y de la geografía física y humana de la metrópoli y de los territorios americanos (López Piñero, *Códice* 12-17).

Antes de su llegada a la corte, Hernández vivió en Sevilla, donde además de trabajar en su práctica médica, herborizó y estudió la flora autóctona (Somolinos, "Vida" 117-119). Trabajó también en el Monasterio de Guadalupe, el hospital español que visitaban los grandes nobles y los reyes. Existía en Guadalupe una escuela de medicina abierta a todas las novedades europeas de la investigación médica y botánica. Poseía la mejor biblioteca de medicina de la Península y el Papa había autorizado la realización de autopsias en sus salas con fines de investigación. El monasterio tenía también una botica, en la que se experimentaba con las virtudes de diversas plantas cultivadas en su huerto. Los visitantes que llegaban al monasterio procedentes de las Indias le donaban rutinariamente plantas y semillas de valor médico supuesto o real (Somolinos 121-124; Campillo 59-67).

La ciencia española en la segunda mitad del siglo XVI se encontraba marcada por la influencia humanista. Sus dos áreas mejor definidas eran la materia médica y la historia natural. En el caso de la historia natural, señala Pardo Tomás: "Se trataba principalmente de *historiar* la naturaleza, es decir, describir, catalogar y clasificar animales, plantas y piedras con un objetivo ambicioso y globalizador" ("Introducción", *Oviedo* 18-19). Entre 1550 y 1650 los humanistas dejaron de esperar el descubrimiento de grandes verdades a partir del estudio de los libros antiguos (Ogilvie 27-36). La historiografía de la época se preocupó cada vez más por el registro de la experiencia y la observación directa. Los hombres de ciencia españoles prosiguieron el proyecto gramático-científico iniciado por Nebrija. Tras la purificación del lenguaje de todos los textos clásicos, el siguiente paso era la comparación y actualización de su contenido mediante observaciones tomadas directamente de la naturaleza (Chabrán 23).

En el campo de la medicina, el doctor Andrés Laguna publicó su traducción al español de la *Materia Medica* de Dioscórides, en 1554. Su traducción se basó en la edición latina de Ruelle, impresa en Alcalá en 1518 bajo la supervisión del mismo Nebrija. Laguna comparó la traducción latina de su antiguo maestro con diversos códices griegos, haciendo notar diversos errores; verificó de manera empírica muchas de las prescripciones médicas, a las que añadió sus propias observaciones y experiencias como botánico y farmacólogo (Bataillon 679-680; Puigvert 1-4). Fue también Laguna uno de los últimos escritores humanistas en España. De acuerdo a Bataillon, el *Viaje de Turquía* es la obra maestra de literatura que España debe a sus erasmistas (691).

Como escriben López Piñero y Pardo Tomás: "La forma en la que se produjo la ruptura epistemológica en las ciencias biológicas y médicas fue la más alejada del modelo de *revolución científica* propio de la mecánica" (*Influencia* 22). En el campo de la botánica, la llamada revolución científica tuvo su origen, justamente, en el esfuerzo por conseguir una descripción precisa de todos los organismos vivos, así como de las enfermedades humanas y sus formas de curación. Este esfuerzo produjo la formulación de tipos y patrones:

> expresiones de la regularidad con la que series de fenómenos se presentan conjuntamente. Este acercamiento condujo al concepto moderno de especie biológica y, más tarde, a las nomenclaturas y los sistemas de clasificación de los seres vivos fundamentados en él (24).

Francisco Hernández, uno de los fundadores de la botánica moderna, fue un médico graduado de la Universidad de Alcalá de Henares que perteneció a los más selectos círculos del humanismo científico español. En el Monasterio de Guadalupe realizó disecciones siguiendo las enseñanzas de Vesalio, a quien conoció personalmente, y profundizó en su conocimiento de la botánica (Somolinos, "Vida" 122-23, 132-33). La reputación de Hernández como científico y humanista provenía sobre todo de su traducción en curso al español de la *Historia natural* de Plinio, iniciada entre 1560 y 1567 e impresa en 1624 (Somolinos, "Prólogo" xiii-xiv). En la dedicatoria a Felipe II, Hernández cuenta cómo en su juventud había decidido elaborar "la historia de todas las cosas que Dios, Nuestro Señor, crió en la fábrica de este mundo" (Hernández, *Historia natural de Cayo Plinio* 5). Semejante empresa le había resultado imposible antes de leer a Plinio, de quien finalmente había aprendido la necesaria competencia retórica e historiográfica, o en palabras de Hernández (6): "la elocuencia y aparejo que requería semejante invención". La traducción de Hernández fue la primera en Europa que intentó actualizar los conocimientos geográficos y botánicos de la obra de Plinio. Hernández corrigió con prolijidad muchas de las entradas del naturalista romano.

Al igual que Bacon y Gessner (Findlen, "Natural" 458), soñó Hernández con la escritura de la completa historia natural del mundo. Se lograría así, escribió, "[la] perfección a lo moderno de España y de todos los demás de sus reinos, lo cual, si el resto de los príncipes hiciese en los suyos, gozaría nuestra edad de lo que no gozaron los que nos precedieron" (Hernández, *Historia natural de Cayo Plinio* 143). Afirmó también Hernández que había traducido a Plinio al español pues era éste un lenguaje muy propicio para las artes y las ciencias. Hernández fue partícipe del poderoso movimiento humanista para la renovación del idioma español. De manera similar, Jerónimo de Vargas, otro traductor de la *Historia Natural* de Plinio, escribió en el prólogo de su traducción de la *Biblia Hebrea* (1553) que en la mayoría de las provincias de Europa, el español era el lenguaje más "copioso y apreciado" (Somolinos, "Prólogo" xvi).

La información acerca de la gran abundancia de plantas medicinales en México llegó a España a través de las investigaciones franciscanas, los testimonios de viajeros y comerciantes, y los pregones de los vendedores callejeros anunciando las milagrosas propiedades de las plantas americanas. La *Historia medicinal de las cosas que se traen de nuestras Indias* (1565) del médico Nicolás Monardes, fue el primer trabajo científico que incorporó, desde Sevilla, el conocimiento médico y botánico de Mesoamérica a la historia natural y la terapéutica occidentales (López Piñero, "Primeros" 111-26). La corte misma había sido testigo de un notable ejemplo de la ciencia médica mesoamericana, narrado por el propio Francisco Hernández en su *Historia de las plantas de Nueva España*, terminada en 1576. Estando en la corte, el franciscano Bernardo de Fresneda, obispo de Córdoba y confesor del rey, había sufrido "una grave supresión de la orina", de la que había sido curado "como por milagro", gracias a la introducción de un medicamento americano en la uretra mediante un catéter. El médico, recompensado con largueza, confesó que el remedio procedía de un "cierto médico indio que guardaba su secreto" (1:217).

La medicina que había utilizado el médico de la corte era el "*cocoztámatl*, o tamal amarillo". Lo describió con precisión Hernández en su obra. Esta planta:

> que otros llaman *cocóztoc, cocozton* y *cocoztli*, es un arbusto voluble que echa raíz gruesa y amarilla, de donde le vienen los nombres; tallo liso, delgado y redondo; hojas sinuosas y divididas en tres puntas, y flores blancas, medianas, muy parecidas a las de *izquixóchitl*, de donde nacen frutos acinosos muy semejantes a cerezas, pero de color blanco. La raíz es amarilla e inodora, de sabor salivoso, de temperamento templado o tendiendo un poco al frío y a la humedad. Provoca admirablemente la orina, arroja las arenillas y los excrementos pituitosos, limpia y saca todo lo que obstruye

las vías urinarias y reduce sus excrecencias hecha polvo y tomada en dosis de media onza con alguna bebida aperitiva, y aplicando a la uretra el mismo polvo adherido con clara de huevo o con aceite de almendras dulces al junco llamado *xomalli*, envuelto previamente con un hilo de algodón" (217).[1]

Hernández dividió la descripción de cada planta en las siguientes categorías: 1) nombre; 2) descripción morfológica y ubicación geográfica; 3) la *naturaleza* y las propiedades de la planta o de sus partes más importantes de acuerdo a criterios galénicos; 4) las propiedades terapéuticas o utilitarias de la planta; 5) comentarios personales (con frecuencia omitidos).[2]

Hernández realizó la clasificación, descripción morfológica y terapéutica de cerca de tres mil plantas. El único libro de botánica médica comparable a la *Historia medicinal* de Hernández en ese momento histórico, la *Materia Medica* de Dioscórides, no contaba con más de quinientas especies de plantas clasificadas.[3] Todas las entradas de la *Historia de las plantas de Nueva España* comienzan con el nombre indígena de la planta y su traducción al latín. *Cocoztic* significa en náhuatl: de color verde claro, que Hernández generaliza en amarillo; *tamalli* es el pequeño pastel de maíz envuelto en su hoja, todavía de consumo universal en México.[4] El nombre indígena identificaba al *cocoztámatl* por la forma y color de su raíz, la parte de la planta considerada como la más valiosa por sus propiedades medicinales. La taxonomía utilitaria de la botánica náhuatl sorprendió grandemente a Hernández. Al escribir de otra planta, el "*axixtlácotl* o vara diurética", comentó el hecho de que los nombres en náhuatl de las plantas, co-

---

[1] De acuerdo al manuscrito de Cruz-Badiano se molían tres diferentes tipos de hierbas: la flor del corazón o *yolloxochitl* y la cola del tlacuache, todo mezclado en agua amarga con semillas de *chian*. El catéter era: "la médula de la palma muy tenue, cubierta con un poco de algodón, untada con miel y raíz de la hierba *huhihitzmallotic* molida, que se introduce con muchísimo cuidado en el meato del miembro viril, pues de este modo se abre la obturación de la orina" (49).

[2] Sigo a Viesca Treviño y Martínez Cortés en la clasificación de las diferentes secciones de las entradas botánicas de Hernández (186). Me desvío de su modelo al agrupar el nombre y la traducción de la planta en una sección propia. Agrupé además la descripción de la *naturaleza* de la planta o de ciertas de sus partes, como parte de la clasificación humoral galénica.

[3] Sobre la *Materia Medica* de Dioscórides ver Riddle.

[4] La definición de *cocoztli* proviene del *Diccionario náhuatl* de Remi Siméon.

múnmente identificaban su "propiedad principal y más excelente" (6). La taxonomía náhuatl clasifica, en efecto, las especies botánicas por género, al que añade prefijos o sufijos determinativos, referidos comúnmente a propiedades de uso. La naturaleza aglutinante del náhuatl consigue incorporar toda la información en una sola palabra. Esta nomenclatura es análoga a la de Lineo, que posee también un nombre genérico y un calificativo (Ortiz de Montellanos 116-17). Hernández entendió, admiró y se vio compelido a aprovechar el sistema taxonómico mesoamericano.

Hernández pertenecía al reducido grupo de naturalistas de la Europa renacentista que comenzaban a incorporar elementos analíticos en sus descripciones botánicas (López Piñero/Pardo Tomás, *Influencia* 21-34). Como se ve en el ejemplo del *cocoztámatl*, tras una descripción morfológica general de la planta, Hernández describió después de manera individual sus cinco componentes esenciales: raíz, tallo o tronco, hojas, flores y semillas. Describió el sabor, temperatura y consistencia de la planta o de sus partes destacadas de acuerdo a la teoría galénica, mencionando posibles semejanzas con algún referente occidental conocido (en este caso las cerezas).

Para Galeno, las enfermedades se explicaban como un desequilibrio entre los cuatro *humores* fundamentales del cuerpo: la sangre, la flema, la bilis amarilla y la negra. La temperatura corporal era un indicador del adecuado o del imperfecto balance entre los cuatro humores. Las medicinas, al igual que el cuerpo, tenían poderes intrínsecos (*dynamis*).[5] Eran en general calientes o frías, húmedas o secas. Los sabores amargos, dulces, salados y acres eran considerados de naturaleza caliente, los astringentes, de naturaleza fría. Las medicinas se catalogaban de acuerdo a sus grados de calor, humedad, sequedad o frío. En su primer grado, las propiedades farmacológicas de las plantas apenas y podían ser percibidas por los sentidos; estas propiedades eran evidentes en su segundo grado, en el tercero llegaban a ser dañinas y en el cuarto, destructivas (Fresquet 71-73; Viesca Treviño/Martínez Cortés 183-84).

---

[5] Laín Entralgo hace notar en su *Historia de la medicina* que *dynamis* fue traducida durante el Renacimiento como *potentia, virtus, qualitas, facultas* or *vis* (252). El *Merriam Webster Online Dictionary* traduce *dynamis* como "the state of that which is not yet fully realized: power, potentiality," consultado el 2 de octubre 2013, http://www.merriam-webster.com/dictionary/dynamis.

En el antiguo Anáhuac, los médicos concebían el cuerpo como un organismo compuesto por dos tipos de materia, una pesada y la otra ligera. Esta última era imperceptible y consistía de tres partes. El corazón, *yóllotl*, contenía la esencia espiritual más profunda e importante; el *tonalli*, compuesto por la luz del sol recibida al nacer y capaz de abandonar el cuerpo temporalmente, guardaba el destino y el nombre secreto de cada persona. La tercera parte espiritual del cuerpo se encontraba en el hígado y era responsable del gobierno de las pasiones. En la materia ligera del cuerpo humano residía también la poesía, la inspiración artística, la comunicación con los dioses, la locura y el crimen. Mesoamérica concebía la salud como armonía entre la parte ligera y la parte pesada del cuerpo.[6] La terapéutica mesoamericana también entendía las medicinas de acuerdo a dicotomías de calor y frío, sequedad y humedad. El *tonalli*, por ejemplo, era responsable de la temperatura corporal, proporcionaba el calor adecuado para la vida. El cansancio y el dolor lo enfriaban, el exceso de trabajo lo calentaba de más.[7]

Hernández describió las virtudes médicas de las plantas que clasificaba, enfatizando aquellas que había verificado u obtenido mediante la experiencia. Terminaba siempre sus descripciones botánicas con una breve referencia geográfica a los lugares donde cada planta podía ser encontrada. La *Historia de las plantas de Nueva España* abunda también en comentarios anecdóticos o subjetivos. De hecho, uno de los aspectos menos estudiados de la historia natural mexicana de Hernández son estos comentarios personales que demuestran la cercanía de su autor con el arte de la retórica. En los inicios de la modernidad, el discurso científico dependió en buena medida de las ideas retóricas e historiográficas renacentistas para la conceptualización, organización y descripción del gigantesco caudal de conocimientos provenientes de América.[8] Los aspectos persuasivos y literarios, prácticamente ubicuos en la *Historia Natural* de Plinio, fueron reducidos por Hernández a favor de la objetividad y la utilidad de una nueva escritura natu-

---

[6] Para un estudio de la medicina nahua ver López Austin, *Cuerpo humano*.

[7] López Austin analiza la importancia del *tonalli* en la tradición medicinal mesoamericana en *Cuerpo humano* 223-251; "Equilibrio" 28-50; "Cosmovisión" 107.

[8] Laín Entralgo analiza la relación entre las ideas retóricas humanistas y el desarrollo de los textos médicos en los inicios de la modernidad, 254-256.

ralista, de precisión racionalista y sistemática en sus descripciones. Hernández intentó mantener cierta amenidad y cadencia narrativa en un trabajo, por otra parte, plenamente científico. Como señala James Bono, el lenguaje fue la herramienta principal y el lugar privilegiado de los cambios y descubrimientos epistemológicos que dieron inicio a la ciencia moderna (8-9).

Para la composición de la historia natural de México, Hernández fusionó la historia etnográfica franciscana y la historia natural humanista europea. Hernández utilizó el método de investigación etnobotánica desarrollado por Sahagún, añadiendo preguntas específicas con respecto a las diversas partes y características farmacológicas de cada planta, de acuerdo a la teoría galénica de la época.[9] Su método de investigación dependió en primer lugar de la red burocrática del gobierno novohispano, que lo puso en contacto con los médicos y expertos en plantas en todos los lugares que visitó (González González 134).[10] Los contactos oficiales de Hernández comenzaron en la corte virreinal y pronto se extendieron a la Universidad de México, donde hizo amistad con los humanistas Francisco Cervantes de Salazar y Juan de la Fuente, titular de la cátedra de medicina (134). Hizo también contacto en la ciudad con las autoridades y médicos del Hospital Real de Naturales, donde establecería su lugar de trabajo más permanente (Somolinos, "Vida" 229; Risse 65-70).

Interactuó también Hernández con la tradición etnográfica transcultural del Colegio de Santa Cruz de Tlatelolco, incluyendo la lectura de textos de Motolinía y Sahagún.[11] Como señala Cañizares Esguerra, en Santa Cruz de Tlatelolco, Hernández tuvo acceso inmediato a siglos de investigación botánica y médica nahuas (Cañizares-Esguerra 8-9). Fue seguramente con ayuda de los humanistas de Tlatelolco que consiguió Hernández al personal cualificado para su proyecto: *tlacuilos* que ilustraron la mayoría de las plantas obtenidas, traductores, que permitieron a Hernández comunicarse con los médicos indios, y asis-

---

[9] Sobre la metodología científica de Hernández para la elaboración de su *Historia de las plantas* ver Marroquín Arredondo, "Ethnography".

[10] Ver "The Instructions of Philip II to Dr. Franciso Hernández", *The Mexican Treasury* 46.

[11] Jorge Cañizares Esguerra, *Nature* 8-9; Ignacio Bernal "La obra de Sahagún". 265-325.

tentes para la recolección de plantas desecadas en papel y la siembra de especímenes escogidos (Campillo 78-84).

El método de Hernández para la recolección de información siguió el enfoque etnográfico basado en la obtención de relaciones mediante entrevistas a informantes calificados. Tras obtener información botánica y medicinal de los médicos españoles en México, Hernández entrevistó a los médicos de los hospitales de la ciudad, en particular del Hospital Real de Naturales, y posiblemente a los médicos supervivientes de Tlatelolco que habían colaborado con Sahagún. Médicos indios le comenzaron a proporcionar los nombres y la descripción general de diversas plantas y sus propiedades farmacológicas, además de mostrarle diversos especímenes en su hábitat.[12] Hernández amplió gradualmente el marco geográfico de sus investigaciones, emprendiendo expediciones etnobotánicas a las costas del Pacífico, Oaxaca, Michoacán y Pánuco (Somolinos, "Vida" 197). Corregidores, frailes y alcaldes pusieron a Hernández en contacto con indios principales y con médicos, muchos de ellos colaboradores en los diversos hospitales de indios del virreinato. Junto con médicos españoles e indios herborizó también Hernández en los restos de los antiguos jardines botánicos nahuas de Texcoco y Oaxtepec (Somolinos, "Vida" 202, 203; Viesca Treviño/Martínez Cortés 184), más variados que cualquier jardín botánico europeo de la época (Avilés 143-147).

Siguió Hernández un método de verificación análogo al desarrollado por Olmos y Sahagún. Tras obtener una relación o descripción inicial de una planta, Hernández verificaba de manera rigurosa su información. Observó cada planta al menos diez veces, en diferentes estaciones del año y le preguntó "al menos a veinte médicos indios" acerca de cada una de ellas, aumentando y corrigiendo así su relación original.[13] La mayoría, si no es que todos los médicos de los hospitales fundados por organizaciones religiosas en el antiguo Anáhuac eran indios cristianizados, lo que significaba que habían sabido adaptar su práctica médica a las convenciones europeas. A través del método etnográfico y la prácti-

---

[12] Los informantes indios de Hernández incluyeron la figura del médico (*tícitl*), el experto en las propiedades de las plantas (*tepatiani*), o el vendedor de plantas (*panamacani*), que conocía los lugares y las técnicas mesoamericanas de recolección y preservación de plantas. Ver Viesca Treviño, "El médico mexica", 223.

[13] Francisco Hernández "Letter to the king of March, 31, 1573", *The Mexican Treasury* 52.

ca médica transculturales, desarrollados por las órdenes mendicantes y otras instituciones religiosas en México, Hernández fue capaz de establecer un intercambio de información y de prácticas médicas con gran número de médicos indígenas.

Acompañó Hernández a los *ticiti* a examinar las plantas en sus lugares de origen, para ver, oler y tocarlas. Pintores indios, o *tlacuilos*, entrenados por Hernández dibujaron unos primeros borradores o *esquizos* de cada planta. Después de estar seguro del nombre, descripción y propiedades de una planta, Hernández permitía que sus dibujantes realizaran una copia lo más perfecta posible. Estos pintores habían sido adiestrados en las artes plásticas europeas, así como en el antiguo arte pictográfico de Mesoamérica.[14] Hernández procuró eliminar la simbología mesoamericana en las ilustraciones de las plantas y seguir un riguroso enfoque naturalista.[15] Recolectó también muestras de hojas, flores, tallos y semillas de las plantas caracterizadas y creó un herbario en el Hospital Real de Naturales en la ciudad de México (Viesca Treviño/Martínez Cortés 184).

Tras verificar la información obtenida en el campo, Hernández llevó a cabo experimentos en los hospitales indios de México —en particular en San José de los Naturales y en Santa Cruz de Oaxtepec— (Somolinos, "Vida" 179; Rafael Chabrán/ Simon Varley, "Entr'acte", *Searching for the Secrets of Nature* 102-105) para conocer con certeza las propiedades terapéuticas de las plantas recolectadas.[16] Estos experimentos fueron sistemáticos, si bien carecieron de controles y mediciones del efecto placebo. Hernández trabajó de manera cercana con

---

[14] Como es sabido, la mayoría de las ilustraciones de las plantas de la historia natural de Hernández se perdieron trágicamente durante el incendio de la Bilioteca de El Escorial en 1671. Es posible imaginar en parte el estilo *mestizo* de los *tlacuilos* de Hernández al observar los grabados que ilustran los capítulos tomados de Hernández de la *Historia naturae* (1635) de Nieremberg. Ver López Piñero/Pardo Tomás, *Medicinas*, 11-16.

[15] En su carta a Felipe II de noviembre o diciembre de 1571, Hernández afirma que ha realizado más de ochocientas ilustraciones de plantas mexicanas, "all true to life and representing all the parts and proportions with greater and fresher exactness than ever before," (Varley et al, eds, *Searching for the Secrets of Nature* 48).

[16] Viesca Treviño/Martínez Cortés hacen notar que Hernández le escribió a Felipe II de sus intenciones de "tomar muy a pecho" el experimentar con las propiedades de las plantas medicinales (186). Citan en el mismo artículo a Alonso López de Hinojosos, cirujano en el Hospital real de Naturales, quien atestiguo que Hernández experimentaba con las propiedades de las plantas indígenas (186-187).

los médicos indios, aprendiendo sus prácticas para el tratamiento de diversas enfermedades y experimentado en diversos pacientes indios y en sí mismo, las propiedades de las plantas mexicanas.[17] Sintetizó sus observaciones empíricas en la última parte de las descripciones de las plantas de México.

El entusiasmo de Hernández por la flora del antiguo Anáhuac fue enorme. En su carta a Felipe II de noviembre o diciembre de 1571, escribió que la Nueva España estaba llena "de cosas nuevas y de gran provecho, de ninguno hasta ahora escritos ni averiguados" (Campillo 87). Le aseguró al emperador que en el futuro "podrán estas Indias proveer de medicinas a todo el mundo, sin tener necesidad de traerlas de otra parte" (87-88). La misma vastedad del conocimiento médico y botánico mesoamericano obligó a Hernández a utilizar la taxonomía indígena. Su *Historia natural* está organizada de acuerdo a criterios lingüísticos mesoamericanos, pues la taxonomía botánica de la época en Occidente no estaba preparada para la incorporación de un corpus de conocimiento tan enorme.

En el caso del náhuatl, en muchas ocasiones el vocabulario para las plantas y los animales "responde a una idea de grupos, de conjuntos de familias, de tal manera que se puede hablar de una taxonomía espontánea" (Hernández de León Portilla 40).[18] Francisco Hernández basó su trabajo en ella. La explicó en parte al hablar de las nomenclaturas en náhuatl para las frutas, donde escribió que:

> Acostumbran los mexicanos, entre quienes florece en toda su propiedad y elegancia la lengua de esta Nueva España, llamar con cierta denominación universal, *tzápotl*, a todos los frutos de sabor dulce, así como *xócotl* a todos los de sabor ácido. Un género de aquéllos se llama *atzápotl* o sea *tzápotl acuático* porque nace su árbol junto a las aguas o lugares acuosos (1:90).

---

[17] Para lidiar con sus problemas de riñón Hernández experimentó con diverss plantas mexicanas, como *quapatli* (no identificado), *tlapati* (*ricinus communis*), *ocpatli* (probablemente *acacia angustifolia*) y *mexixquilitl* (*nasturtium*). Francisco Hernández, *Obras completas*, Vol. III. 43 119.

[18] De acuerdo a Scott Atran, los sistemas taxonómicos de la botánica moderna comparten categorías conceptuales fundamentales con sistemas de clasificación botánica premodernos. Afirma que "ordinary notions of species (generic-specieme), family (covert fragment) and class (life form) not only continue to provide epistemic access to our usual environment, but also cognitive access to the biological universe at large, while also serving as a natural heuristic for regulating our scientific dealing with the cosmos" (13).

El gradual conocimiento del náhuatl por parte de Hernández se transformó en admiración. Llegó a escribir en sus *Antigüedades de la Nueva España* que se trataba de una lengua que poseía "composición feliz y fecunda de las dicciones y en esto no cede a la lengua griega" (155). Le parecía del todo sorprendente que:

> entre gentes tan incultas y bárbaras, apenas se encuentre una palabra impuesta inconsideradamente al significado y sin ethimo, sino que casi todas fueron adaptadas a las cosas con tanto tino y prudencia, que oído sólo el nombre, suelen llegar a las naturalezas que eran de saberse o investigarse de las cosas significadas (155).

El hecho de que la raíz etimológica de las palabras nombrara una característica relativa a su uso o valor, se acercaba a las ideas neoplatónicas acerca del lenguaje ideal. De acuerdo a Luis de León, contemporáneo de Hernández, cuando el nombre que se le ponía a alguna cosa provenía de una palabra preexistente, el significado de la palabra originaria debía de referirse a alguna de las características de la cosa que nombraba. De esta manera:

> el nombre, saliendo de allí, luego que sonare ponga en el sentido del que le oyere la imagen de aquella particular propiedad, esto es, para que el nombre contenga en su significación algo de lo mismo que la cosa nombrada contiene en su esencia (160).

A diferencia de Fuenleal o de Sahagún, sin embargo, el descubrimiento de una lengua que revelaba en sus mismas palabras el alto grado de conocimiento de la realidad que nombraba, no le pareció a Hernández prueba suficiente de civilización. Quizá en ningún otro escritor español del siglo XVI sea más notable la contradicción entre el elogio y la condena a Mesoamérica.

Al mismo tiempo que trabajaba en su enciclopédica *Historia natural*, Hernández escribió también una historia de la cultura mexica. Sus *Antigüedades de la Nueva España*, elaboradas en el Hospital de San José de los Naturales entre 1574 y 1577, están basadas en el trabajo de Sahagún y Motolinía (Bernal 273-75). En el proemio de la obra, dedicada también a Felipe II, justificó Hernández su incursión en la historia etnográfica:

Aun cuando me hayas comisionado tan sólo para la historia de las cosas naturales de este orbe, Sacratísimo Rey, y aunque el cargo de escribir sobre antigüedades pueda considerarse como que no me pertenece, sin embargo, juzgo que no distan tanto de ella las costumbres y ritos de las gentes, porque aun cuando en gran parte no deban atribuirse al cielo y a los astros, puesto que la voluntad humana es libre y no está obligada por nadie sino que espontáneamente ejecuta cualesquiera acciones, todavía los más doctos de los filósofos opinan que hay concordia entre el alma y el cuerpo y mutua correspondencia entre el cuerpo y los astros; de modo que muy a menudo, haciendo a un lado lo honesto y lo justo, sigamos las afecciones del cielo y del cuerpo, y rara vez se encuentran quienes en contra de esos impulsos y de esa fuerza resistan firmes y tranquilos (57).

Tocado del afán universalista de la época, incorporó Hernández el estudio de la historia y la cultura a la historia natural. Justificó su decisión afirmando que si bien era cierto que los seres humanos poseían libre albedrío, también se encontraban condicionados por sus inclinaciones corporales y por las que les imponían las constelaciones. De acuerdo al Protomédico, al estudiar la historia y la *cultura* indígenas, era posible determinar en parte las cualidades naturales de los indios, así como la posible influencia de los astros en la Nueva España. Sin la historia de la cultura, sugería el Protomédico, era imposible considerar a la historia natural como "concluida en todos sus números" (57).

El balance de Hernández acerca de la antigua cultura mesoamericana no fue favorable, a pesar de que sus opiniones oscilaron de manera radical entre el elogio y la condena. De la educación en el *calmecac*, por ejemplo, escribió que proporcionaba ésta un género de vida "modesto, sano y severo" (68-69). Le admiraba que fueran capaces los indios de pulir las piedras con herramientas de palo, "[y] con tanta destreza y artificio que exceden con mucho a nuestros escultores" (80). Reconoció también la habilidad retórica de los mexicanos, "gente en verdad fecunda por naturaleza y, sin maestros, perita en el hablar" (89). Tras leer los *huehuetlatolli* compilados por Sahagún, Hernández reconoció que los antiguos mexicanos habían cultivado sin duda la virtud, lo que demostraba su plena humanidad. "He considerado —escribió— que no debía pasar por completo estas cosas, con las que muestro cuán virtuosos eran aún cuando idólatras y antropófagos y cuánto cuidado tenían en educar a los hombres y cuánta fuerza en el discurso" (95).

El médico humanista redescubrió una vez más la Edad de Oro griega en el pasado mesoamericano. Al escribir del cacao, tras la habitual descripción morfológica del árbol moneda de Mesoamérica, Hernández esbozó una descripción lírica de la sabrosa Edad del Cacao, al parecer inspirada en parte en Pedro Mártir (Norton 125):

> Vienen a la mente al hablar del cacao las grandes etapas de la historia humana. En el Viejo Mundo y en los tiempos primitivos, las cosas necesarias para la vida y que debían por consiguiente, cuando faltaban, solicitarse de otros, no se pagaban con dinero [...]. En este Nuevo Mundo no habían penetrado jamás los signos de la avaricia ni había nacido la ambición, hasta que llegaron a él nuestros compatriotas traídos por las naves y los vientos. No eran para sus habitantes de tanto precio el oro y la plata, que abundaban grandemente; plumas de aves hermosísimas, telas de algodón y piedras preciosas que esta tierra produce copiosa y espontáneamente, constituían sus más preciadas riquezas. [...] Andaban casi desnudos y llevaban una vida dichosa sin preocuparse del mañana, de acumular grandes tesoros o de aumentar su patrimonio; vivían al día, siguiendo sus inclinaciones y deseos, en condición modesta pero tranquila y feliz, y gozando con gran alegría de los máximos bienes de la naturaleza. La semilla *cacáhoatl* les servía de moneda, y compraban con ella, cuando era necesario, las cosas principales, costumbre que dura hasta la fecha en no pocos lugares (303-4).

A pesar de semejantes elogios, fueron aún más severas las críticas de Hernández a los indios. Los mitos nahuas le parecieron prueba evidente de inferioridad intelectual. En la descripción del inframundo nahua narró que, entre otros disparates, creían los indios que después de haber llegado por fin a los umbrales de los infiernos, iniciaban un nuevo viaje a través de nueve tártaros. Interrumpe Hernández de manera abrupta su propia narración para escribir: "Añadían otras muchas cosas no menos pueriles, las que me han parecido indignas de recordarse, y por consiguiente las he pasado en silencio" (90). El médico y botánico español se consideraba a sí mismo como juez competente del valor de la mitología nahua. Los atisbos de la cosmogonía y la filosofía mesoamericanas, que describió sin comprender, le parecieron señal inequívoca de primitivismo y puerilidad.

Para documentar la evidente inferioridad indígena con respecto a Occidente, Hernández utilizó criterios preferentemente materiales para demostrar los vacíos en la cultura nativa que habían llenado los colonizadores. Antes de la llegada de los españoles, afirmó, los indios no habían conocido las pesas y medidas, las monedas metálicas, el hierro, las velas, las lámparas, los barcos, "nuestro vino" y toda escritura que no fuera pictográfica. No habían conocido tampoco los vestidos cómodos, los zapatos, los calzoncillos, los gorros, las túnicas, las armas de acero, las máquinas bélicas, las puertas y las ventanas. En general, escribió Hernández, habían carecido "del conocimiento de casi toda disciplina", así como de "leyes justas y de estatutos útiles para gobernar bien y regir la república y de gran parte de las artes necesarias, y lo que era más miserable, del conocimiento y culto del verdadero Dios" (116).

También declaró el Protomédico de Indias, máxima autoridad científica del continente, que no era culpa de la naturaleza el que los indios hubieran carecido de tantas cosas. La Nueva España era una tierra de enorme fertilidad. Escribió que "la riqueza del trigo indio y del nuestro, de legumbres y de otros cereales es inagotable" (107). Las carencias de la cultura indígena se debían a la particular naturaleza de los indios. Era por culpa de "la desidia de ellos, que después de tantos siglos de la creación del mundo, han permanecido en tanta rusticidad" (116). Los astros hacían de la Nueva España una tierra en extremo fértil, mas los indios tenían una tendencia natural a la pereza. Llegó a afirmar Hernández que la inteligencia de los indios era inferior a la española. "Si hemos de hablar con libertad", escribió, una de las cosas que los colonos más podrían extrañar al mudarse a México eran "las inteligencias superiores de los españoles" (107).

Las carencias, muchas de ellas falsas, de lo que Hernández definió de manera unívoca como los necesarios elementos de una civilización elevada, fueron presentadas como evidencia empírica de inferioridad congénita. Los indios eran en su mayoría: "débiles, tímidos, mendaces, viven día a día, son perezosos, dados al vino y a la ebriedad, y sólo en parte piadosos" (107). A través de la observación personal de una civilización conquistada y en parte destruida, el científico de Occidente la declaró inferior. Tras describir los diversos usos del maguey y de consignar la receta del pulque, Hernández escribió que la gente mexicana era de tal manera aficionada a la embriaguez, que parecía "como si estuviera cansada de su naturaleza racional y envidiara la condición de los brutos y cuadrúpedos" (349). Llegó el Protomédico de Indias a sugerir una posible inferioridad congénita de algunos grupos humanos.

Confesó en su *Historia de las plantas de Nueva España* que no había sido capaz de verificar si las abejas de Indias "tienen rey y guardan en su labor y en su vida un orden civil" (2:49). Consideraba muy posible que así fuese, aunque nada acerca de esto habían averiguado los indios, "gente ruda e ignorante". Existía, con todo, la posibilidad de que la naturaleza hubiera determinado:

> que existiesen también abejas bárbaras y silvestres, así como entre los hombres mismos, aunque dotados todos de idéntica luz de entendimiento, existen gentes incultas y ajenas por completo a toda civilización y organización social propiamente dicha (2:49).

El antiguo argumento de Sepúlveda acerca de la inferioridad natural de ciertas especies de animales y de ciertas culturas humanas, reapareció en Hernández. La diferencia es que el estudio del *otro* realizado por el Protomédico de Indias tenía pretensiones de moderna ciencia empírica, lo que garantizaba su veracidad. A pesar de haber obtenido la mayor parte de su información a través de diversas entrevistas a los antiguos *ticiti*, el médico español los juzgó con evidente desdén. Escribió de ellos en sus *Antigüedades* que:

> Estos ni estudian la naturaleza de las enfermedades y sus diferencias, no conocida la razón de la enfermedad, de la causa o del accidente, acostumbran recetar medicamentos, ni siguen ningún método en las enfermedades que han de curar. Son meros empíricos y sólo usan para cualquiera enfermedad aquellas yerbas, minerales o partes de animales, que como pasados de mano en mano han recibido por algún derecho hereditario de sus mayores (118).[19]

De acuerdo a Hernández, carecían los médicos indígenas de toda base teórica o método clínico. Ni siquiera entendían el valor de su propio conocimiento pues "aun cuando abundan en maravillosas diferencias de yerbas salubérrimas, no saben usarlas propiamente, ni aprovecharse de su verdadera utilidad" (119). Al reorganizar y reinterpretar el conocimiento médico indígena, Hernández lo consideró como un

---

[19] Harold J. Cook hace notar cómo los médicos o *físicos* con formación universitaria estaban en contra de toda práctica meramente empírica y carente de bases teóricas. Los médicos restringían en lo posible la práctica médica de cirujanos y boticarios ("Medicine" 420).

conocimiento nuevo, adquirido de forma individual. Lo transformó, además, en posesión y mercancía de la corte.

Para juzgar la inferioridad de la ciencia médica mesoamericana, Hernández se basó en las teorías galénicas y en la creencia de que los métodos occidentales de escritura y clasificación del conocimiento eran superiores. A pesar de que el conocimiento botánico, taxonómico y médico de los sabios mesoamericanos era más vasto que el de Occidente en ese momento histórico, Hernández minimizó su valor y lo transformó en personal y glorioso descubrimiento. Con ayuda del método etnobotánico desarrollado a partir del modelo de Sahagún, Hernández logró que el conocimiento médico de los antiguos mexicanos perdiese casi todo componente cultural y religioso. Las descripciones botánicas de Hernández son casi por completo materialistas y empíricas. La antigua ciencia médica nahua fue condenada en bloque como primitiva y prescindible.

Con todo, gracias al conocimiento médico indígena, Hernández estuvo cerca de demostrar lo inexacto de las concepciones médicas del galenismo. Diversos médicos indígenas le insistieron a Hernández en que era posible curar calor con calor y frío con frío; lograron que el Protomédico de Indias dudase de la completa validez de la teoría médica de Occidente. Al escribir sobre la corteza del árbol llamado *quauxíotl*, Hernández declaró que su jugo, a pesar de ser frío, seco y astringente, era tomado para curar la tos y la ronquera, padecimientos de naturaleza fría. Conjeturó que tal vez la planta curaba mitigando el calor. Al final de su descripción escribió:

> Y ¿qué tiene de extraño que los médicos indios hayan descubierto por experiencia que sucede así, cuando yo mismo he comprobado que plantas muy astringentes mezcladas con vino de metl provocan admirablemente la orina, y otros hechos semejantes que de pronto parecen falsos, pero que considerados más atentamente y examinados se ve que no suceden sin razón? Mas de todas estas cosas hablaremos, con el favor de Cristo, en sus propios lugares (1:183).

Al escribir sobre el *zacayauhtli*, Hernández declaró abiertamente su duda sobre la universalidad del galenismo. Era este arbusto:

> caliente en tercer grado, amargo, oloroso y algo glutinoso. Dicen que es eficaz contra las diarreas y fiebres de los niños, quizás evacuando de alguna manera la causa o quitando los fríos, aunque bien sé que es opinión muy

arraigada en los médicos indios que el calor se combate con el calor, lo cual tal vez no es del todo errado ni carece por completo de verdad. (1:323-324).

Si hubiera sido capaz de proseguir con sus investigaciones empíricas, comparando las prácticas médicas de ambas culturas y escribiendo el tratado médico que al parecer tenía en mente, la obra de Hernández hubiera influido de manera más significativa en la reforma de las ideas médicas de su tiempo, acelerando el descrédito del galenismo. Como hace notar Somolinos, Hernández impugnó con frecuencia las teorías galénicas ("Vida" 125). Sin embargo, su trabajo científico en la Nueva España terminó de manera abrupta en 1576, cuando Felipe II le ordenó enviar todos sus libros a Madrid.

El rey de España encargó al médico napolitano Nardo Antonio Recchi la comisión de "ver, concertar y poner en orden lo que trajo escrito de Nueva España el Dr. Francisco Hernández", poniendo especial énfasis en la descripción de las enfermedades y sus remedios (Campillo 142). Recchi resumió la obra de Hernández en cuatro libros, que fueron publicados en 1628 por la célebre *Academia dei Lincei* en Italia, con el título de *Rerum medicarum Novae Hispaniae Thesaurus*. Los dieciséis volúmenes que Hernández mandó a la corte fueron depositados en la biblioteca de El Escorial y desaparecieron trágicamente durante el incendio de 1671. Una copia del trabajo de Hernández, sin ilustraciones, fue encontrada en la Biblioteca del Colegio Imperial de los jesuitas en Madrid por Juan Bautista Muñoz y publicada a finales del siglo XVIII.

El trabajo de Hernández ha adquirido en los últimos veinte años el reconocimiento que su autor soñó obtener en vida.[20] Estudios recientes han demostrado que su *Historia de las plantas de Nueva España* fue clave —junto con la *Historia medicinal* (1565) de Monardes— para

---

[20] Algunos de los títulos más importantes en la creciente bibliografía hernandiana son, "Vida y obra de Francisco Hernández" de Germán Somolinos D'Ardois; *El Códice Pomar*, de José María López Piñero, (ca. 1590); *Nuevos materiales y noticias sobre la Historia de las plantas de Nueva España de Francisco Hernández* de José María López Piñero/José Pardo Tomás; *La influencia de Francisco Hernández* de José María López Piñero/José Pardo Tomás; *Francisco Hernández: El Descubrimiento Científico del Nuevo Mundo*, de José Enrique Campillo Álvarez; *Searching for the Secrets of Nature. The Life and Works of Dr. Francisco Hernández*, editado por Simon Varley et al.; "Viajes de ida o de vuelta: la circulación de la obra de Francisco Hernández en México (1576-1672)" de José Pardo Tomás.

la incorporación del conocimiento botánico y médico mesoamericano en la historia natural y la terapéutica occidentales (Somolinos D'Ardois, "Fusión" 127-132; Viesca Treviño/Martínez Cortés, "Plantas" 175-202; López Piñero/Fresquet Febrer, "Mestizaje" 9-23; Comas, *Influencia* 91-123). El trabajo de Hernández, en la versión abreviada de Recchi, influyó, entre otros, en el trabajo naturalista de Fabio Colonna y de John Ray (López Piñero/Pardo Tomás, *Nuevos* 136-142; 145-147; López Piñero/Pardo Tomás, *Influencia* 24; 127-134). La sofisticada taxonomía nahua, base del trabajo naturalista de Hernández, contribuyó así al desarrollo de los sistemas de taxonomía botánica en los inicios de la modernidad (López Piñero/Pardo Tomás, *Influencia* 130-133; *Nuevos* 145-147). La terapéutica mesoamericana fue influyente en Europa en los inicios de la medicina moderna, debido en parte al trabajo de Hernández.[21]

Las prácticas discursivas del humanismo científico en los inicios de la modernidad se encuentran ancladas en la gramática, la retórica y la historia, que mantuvieron unido el lenguaje como discurso científico, razonamiento filosófico y expresión literaria. La historia natural y etnográfica de Hernández fue parte del desarrollo naturalista de un nuevo lenguaje científico que abandonaría gradualmente sus componentes retóricos y literarios en favor de una sistemática precisión descriptiva. La historia de las plantas mexicanas continuó la efectiva y metódica deculturación del conocimiento y desacralización de la naturaleza iniciados por Sahagún. La obra de Hernández muestra los inicios de la moderna división entre la literatura y la ciencia, consumada en parte mediante la supresión de toda mitología en el mundo natural, convirtiéndolo en una colección de objetos en relación dinámica.[22]

La transición de los estudios humanistas a la emergente cultura científica estuvo relacionada con las diferentes teorías acerca del len-

---

[21] El impacto del conocimiento mesoamericano en la medicina europea en los inicios de la modernidad ha sido analizado por Viesca Treviño/Martínez Cortés, "Plantas" 175-197; López Piñero estudia la influencia del trabajo de Nicolás Monardes en Europa en "Los primeros estudios científicos" 11-147; Ver también López Piñero/Pardo Tomás, *La influencia de Francisco Hernández* 189-213; Marcy Norton analiza algunas de las prácticas europeas para al apropiamiento del conocimiento naturalista mesoamericano en *Sacred Gifts* 107-129.

[22] Theodor Adorno hace notar la relación entre la objetificación del mundo y el surgimiento del discurso científico en "Essay as Form" 6-7.

guaje, la retórica y la historia durante los siglos XVI y XVII (Grafton, *Defenders* 3-5; Bono 7-10). Esta transición incluyó también ideas mesoamericanas sobre el lenguaje y el conocimiento. La incorporación del conocimiento natural mesoamericano a la filosofía natural de Europa es tal vez el ejemplo más dramático de los inicios de un nuevo lenguaje científico, diseñado para la separación sistemática de la naturaleza y la cultura. La historia de la asimilación transatlántica del conocimiento botánico y médico de Mesoamérica y Europa, uno de los grandes avances científicos en los inicios de las grandes transformaciones epistemológicas de las ciencias naturales, es una historia incompleta sin el estudio de su componente etnográfico humanista.[23]

Moderno desengaño barroco

El predominio ibérico durante el siglo XVI no terminó por la incompetencia técnica o el fanatismo ideológico de los funcionarios españoles, sino por la quiebra económica del Estado (Braudel 640). Solo un año después del retiro de Carlos V al monasterio de Yuste en 1556, Felipe II declaró la primera bancarrota de España. Los banqueros genoveses bloquearon de manera sistemática los esfuerzos de la corte española por desarrollar un capitalismo y un sistema financiero nacionales. Entre 1575 y 1579 la corte de Felipe II intentó someterlos, declarando ilegales las deudas españolas con ellos. Los genoveses respondieron cortando las letras de cambio y los préstamos en oro para la corte española, que tuvo que ceder debido a la constante necesidad de liquidez para sus diversas empresas bélicas (394). En México-Nueva España, el modelo económico de la república india franciscana fracasó también. La gran industria serícola que habían intentado crear Zumárraga y Motolinía fue derrotada por la seda china —de inferior calidad pero más barata—, pero sobre todo por la inimaginable catástrofe demográfica que mató a más del ochenta por ciento de la población indígena en menos de ochenta años.[24]

---

[23] Los dos trabajos más importantes sobre el tema son la "Vida y obra" 97-459, de Somolinos D'Ardois; también Viesca Treviño/Martínez Cortés 184-197.

[24] Acerca del fracaso de la industria de la seda en Nueva España ver Toxqui 43-44.

La crisis económica del mundo hispánico estuvo acompañada por un apuntalamiento de la ortodoxia religiosa e intelectual. La predominancia del humanismo cristiano decreció en España a partir de 1533 (Bataillon 503).[25] Un proceso similar ocurrió en toda Europa. Tomás Moro fue encarcelado en Inglaterra en 1534, el mismo año en el que la esclavitud fue reinstituida en las colonias españolas de América. Los *Coloquios* de Erasmo fueron prohibidos en España en 1537. Con la censura llegaba a su fin "la edad dichosa del libro", escribió Bataillon (207). En 1546, Francisco I de Francia permitió que teólogos escolásticos de la Sorbona se encargasen de la aprobación de las obras de los humanistas. Ese mismo año, Étienne Dolet, el célebre humanista y editor de Rabelais, fue ahorcado y quemado en la hoguera, acusado de herejía (France, "Vida" xlii-xliii). En España, para 1547 la limpieza de sangre se había vuelto requisito indispensable para obtener un puesto en la Inquisición; ésta condenó abiertamente al erasmismo ese mismo año y endureció la prohibición del iluminismo, deteniendo y torturando a los alumbrados (Bataillon 205-207).

La tensión entre los ideales educativos y políticos humanistas y las fuerzas más conservadoras, defensoras del antiguo orden señorial, se encuentra en todas las manifestaciones culturales del Barroco español. El control ideológico de la historia, el arte y la literatura por parte de la corona española, fue en parte un consciente proyecto retórico para inmovilizar o domesticar las ideas que el Renacimiento había puesto en marcha y que se habían vuelto comunes no solo entre los letrados, sino entre grandes segmentos de la población (Maravall *Cultura* 76-80). La censura religiosa y literaria propició el disimulo en la crítica de la realidad ideológica y material de España. El anónimo *Lazarillo de Tormes*, publicado en 1554 e incluido en el Índice de libros prohibidos en 1559, critica de manera particular el alejamiento de las palabras de la realidad que supuestamente representan. El *Lazarillo* rompe de manera radical con los ideales literarios de la época, sustituyendo los ideales heroico-caballerescos o cortesano-pastoriles del Renacimiento por la narrativa de la vida de un mendigo, cuyo éxito y valía deben medirse por su capa-

---

[25] Gattinara murió en 1530 y Alfonso de Valdés dos años después. A su regreso a España en 1533 tras casi cuatro años de ausencia, escribe Bataillon, Carlos V no encontró ya en la corte "a ninguno de los ministros y secretarios que habían ligado a la idea imperial el sueño de una reforma religiosa inspirada en Erasmo" (503).

cidad de mantenerse con vida. Quizá la primera novela moderna de Occidente, el *Lazarillo* se basa en el equívoco verbal, en una cuidadosa ambigüedad que enuncia y denuncia, sin jamás afirmar. El dominio de la mentira cotidiana es la clave para sobrevivir en la España de la época.[26]

Este forzado disimulo se encuentra también presente en la *Historia general* de Bernardino de Sahagún. Su Libro Doce y último es una paráfrasis de una relación tlatelolca de la conquista de México. Se trata del texto central de la *visión de los vencidos*, como la bautizara Miguel León Portilla.[27] En el prólogo de su último libro, Sahagún explica que cuando España llegó a las Indias, "muchas verdades se descubrieron que antes estaban ocultas" (719). Las tierras debajo de la zona tórrida eran habitables; el Mar Océano terminaba en las costas de las Indias Occidentales; del otro lado de ellas existía otro mar océano, que llegaba hasta las Filipinas. Se había descubierto incluso un tercer mar "hacia el norte antártico", cuyo fin no se había fijado aún. No habían sido solo verdades materiales las que se habían revelado; Sahagún escribió que Dios había mantenido ocultas las tierras americanas para que sus habitantes fuesen "introducidos en la iglesia católica e informados de la religión cristiana, y para que alcancen el reino de los cielos" (720). La milagrosa victoria de Cortés sobre los mexicanos revelaba a las claras la voluntad de Dios.

Tras el prólogo del Libro Doce, incluyó también Sahagún una "Advertencia" a su lector. Escribió en ella que aunque muchos hubiesen narrado ya la historia de la conquista de México, la había él querido escribir en lengua mexicana:

> no tanto por sacar algunas verdades de la relación de los mismos indios que se hallaron en la conquista, cuanto por poner el lenguaje de las cosas de la guerra y de las armas que en ella usan los naturales, para que de allí se puedan sacar vocablos y maneras de decir, propias para hablar en la lengua mexicana acerca de esta materia (722).

---

[26] La esposa del pregonero era al parecer amante del Arcipreste de San Salvador. Sin afirmarlo jamás, Lázaro le hace saber a la autoridad que se encuentra al tanto de la situación. Concluía asegurándole a la autoridad que en aquel momento se consideraba "en la cumbre de toda buena fortuna" (104).

[27] Me refiero a la selección de textos indígenas o traducidos de fuentes indígenas recopilada por León Portilla y publicada por primera vez en 1959 bajo el título de *Visión de los vencidos*.

El propósito del libro, afirmaba Sahagún, no era obtener verdad alguna, sino tan solo el vocabulario necesario para completar su Calepino. Antes de terminar su Advertencia, retomaba Sahagún el tema de las grandes verdades reveladas tras el descubrimiento de las Indias. Escribió que:

> los que fueron conquistados supieron y dieron relación de muchas cosas que pasaron entre ellos durante la guerra, las cuales ignoraron los que los conquistaron, por las cuales razones me parece que no ha sido trabajo superfluo el haber escrito esta historia, la cual se escribió en tiempo que eran vivos los que se hallaron en la misma conquista, y ellos dieron esta relación, y personas principales y de buen juicio, y que se tiene por cierto que dijeron toda verdad (722).

Afirmaba Sahagún de manera explícita que la versión indígena de la conquista revelaba una nueva parte de la verdad, completando las versiones españolas. Defendió incluso la autoridad de sus fuentes, "personas principales y de buen juicio", cuyo testimonio debía ser considerado como veraz.

De manera discreta se atrevió a cuestionar Sahagún la versión oficial de la conquista de México, transcribiendo la indignación nahua ante las masacres a traición de Cortés en Cholula y de Pedro de Alvarado en el Templo Mayor de México (733-738).[28] Al completar la verdad española acerca de la Conquista con la verdad indígena, Sahagún mostraba una fe, humanista y moderna, en la gradual perfección del conocimiento histórico.

En el ocaso del Renacimiento, comenzó a debilitarse la fe humanista en la posibilidad de describir, comprender y unificar la realidad del mundo a través de la retórica. La gran aspiración de Sahagún, como la de Cortés, Pedro de Gante, Sebastián Ramírez de Fuenleal y Motolinía, había sido la incorporación de las aparentes diferencias del antiguo Anahuac a la unidad cristiana del mundo. La modélica república cristiana

---

[28] La *Historia General* de Sahagún dice: "Los cholultecas ni llevaron armas ofensivas ni defensivas, sino fuéronse desarmados pensando que no se haría lo que se hizo: de esta manera murieron mala muerte" (733). Sobre el ataque de Alvarado dice el texto que "corría la sangre por el patio como el agua cuando llueve y todo el patio estaba sembrado de cabezas y brazos, y tripas, y cuerpos de hombres muertos: por todos los rincones buscaban los españoles a los que estaban vivos para matarlos" (738).

que intentaron construir los franciscanos en Nueva España fue radicalmente cuestionada por el mismo Sahagún al final de su obra. Escribió en su *Relación digna de ser notada* que la idolatría persistía debajo de ropajes falsamente cristianos; los indios habían engañado a los frailes, haciéndoles creer que la antigua religión había sido olvidada, mas "esto fue falsísimo, como después acá lo hemos visto muy claro, que ni aun ahora cesa de haber muchas heces de idolatría y de borrachería y de muchas malas costumbres" (581). En 1576 había reaparecido el tifo, iniciando la tercera de las grandes epidemias novohispanas del siglo XVI. La renovada mortandad de los indios hizo temer a Sahagún por la supervivencia de la población nativa. Llegó a conjeturar que la tierra podría quedar del todo despoblada, tras lo que "se henchiría de bestias fieras y de árboles silvestres, de manera que no se podría habitar" (710).

El gran proyecto intelectual de Sahagún y los humanistas franciscanos en México, el diseño racional de la utopía cristiana nahua, parecía condenado al fracaso ante la apocalíptica mortandad de la población. El Colegio de Santa Cruz de Tlatelolco se encontraba también en franca decadencia en 1576. De acuerdo a Sahagún, los estudiantes se habían vuelto difíciles de regir y los frailes estaban "cansados de poner con ellos el trabajo de que tienen necesidad para llevarlos adelante" (584). Nadie, ni entre los seglares ni entre los eclesiásticos, favorecía al Colegio con un solo tomín, la moneda de más baja denominación. Sahagún intentó explicar teológicamente el fracaso. Quizá Dios solo había utilizado las Indias como un puente geográfico para abrirle camino a la nueva Iglesia en su camino a China, verdadero destino. El trabajo lingüístico y etnográfico de los frailes tal vez había sido tan solo la necesaria preparación "para poder conversar con aquellas gentes de las partes de China [...], donde hay gente habilísima, de gran policía y de gran saber" (708).

En 1577, la verdad que defendía Sahagún fue censurada y prohibida por el naciente Estado moderno y la Iglesia contrarreformista. Desde el inicio de sus investigaciones, algunos franciscanos habían obligado a Sahagún a someter sus escritos al examen de tres o cuatro hermanos (León Portilla, "Significado" 13-4). Años después, las autoridades de la provinica le retiraron sus escribanos, para que no pudiese completar su trabajo, dado que al parecer padeció Sahagún mal de Parkinson en la vejez. En 1570, el provincial Alonso de Escalona confiscó todos los libros de Sahagún y los distribuyó por la provincia. La Corona expidió una cédula para que se recogiesen todos los papeles "de [las] cosas tocantes a las nuestras Indias" en 1572 (Jiménez 299-300). Logró Sahagún completar su trabajo gracias al apoyo de Juan de Ovando y Rodrigo de Sequera, comisario general de los franciscanos en Nueva España desde 1575, quienes permitieron que el etnógrafo recuperase su obra por un breve tiempo y le otorgaron su apoyo para acabarla. Sin embargo, el 22 de abril de 1577, una cédula real de Felipe II declaró expresamente que:

> aunque se entiende que el celo del dicho Fray Bernardino había sido bueno, y con deseo que su trabajo sea de fruto, ha parecido que no conviene que este libro se imprima ni ande de ninguna manera en esas partes, por algunas causas de consideración (García Icazbalceta *Nueva* 1:267).

Las guerras chichimecas en Nueva España y la reciente rebelión de Tupac Amaru I en Perú hacían cada vez menos deseable un extenso y autorizado libro apologético del pasado indígena. Como la antigua palabra nahua, la palabra de Sahagún y los humanistas franciscanos se alejó de la realidad. La ideal república cristiana indígena y la Iglesia renovada a partir de México se desvanecían frente a los ojos del viejo etnógrafo franciscano. Su trabajo, instrumento para hacer realidad los que había creído designios de Dios, perdía su razón original de ser. La versión más completa y verdadera respecto al pasado y presente de la república india de la Nueva España, fue silenciada por el naciente Estado, que había sido al mismo tiempo impulsor y creador de la investigación sistemática y científica sobre la realidad de Indias.

La obra de Sahagún es el gran monumento de la utopía humanista franciscana en la Nueva España. Como el *Quijote*, es también una obra de transición entre la utopía renacentista y el moderno desengaño barroco. En la *Historia general de las cosas de Nueva España* puede leerse cómo los intelectuales españoles y nahuas aprendieron a observar y describir, con creciente exactitud y método, la naturaleza y la cultura de México. En sus páginas, la realidad vibra y hace sentir su inmensidad. Mesoamericanos y europeos se observan, se escuchan, se leen, se intentan comprender y manipular. Su mutua comprensión marca, con exacto rigor, el límite histórico que ésta fue capaz de alcanzar.

Como señala Angel Garibay, *Istoreo* quiere decir en griego "ver y hablar de lo que se ve, explicar directamente y recontar lo explorado, allegar datos y proporcionarlos a quien no los adquirió" ("Introducción" 535).

Era éste el sentido que defendía Vives al escribir de la historia como una narración verdadera. Sahagún perfeccionó un método, basado en la historiografía humanista, para la investigación y clasificación lógica de la realidad en componentes cada vez más simples. Desarrolló las técnicas empíricas de la antropología moderna utilizando un lenguaje cercano a veces al silogismo y otras al verso poético. Unió ambos extremos del lenguaje a través del experto estudio e instrumentalización de la gramática y la retórica latina, española y nahua. Sentó, en suma, las bases metodológicas de la ciencia social de Occidente.

Las investigaciones acerca de las antigüedades de los indios de México ordenadas por Fuenleal en 1533 concluyeron con la afirmación de Sahagún de que la civilización indígena había sido comparable a la española e incluso superior en muchos aspectos. Semejante afirmación cuestionaba el fundamento ideológico moderno para el dominio colonial: la necesidad de civilizar, de enseñar el uso de la razón a los primitivos. Un pasado indígena de alta *policía* fue un descubrimiento inaceptable para la corte. A partir de la segunda mitad del siglo XVI la corona española procuró la hispanización de la población indígena y el uso del castellano como el idioma oficial de la república india de Nueva España. El proyecto de república de los humanistas franciscanos, basado en la reinterpretación de la espiritualidad y la cultura indígenas, a través de un racional y sistemático proyecto retórico transcultural, fue censurado en México tras las resoluciones del Concilio de Trento. Se le otorgó cada vez más poder a la iglesia secular y entre el clero regular se le dio preferencia a los jesuitas, llegados a Nueva España en 1572.

El ocultamiento de las obras de ciencia fue en general una política de Estado. Todo conocimiento que pudiese poner en peligro la supremacía del imperio hispánico frente a las potencias emergentes de Europa del Norte fue destinado a permanecer solo en forma manuscrita (Cañizares-Esguerra 21-23). La obtención, registro y difusión del conocimiento fueron supeditados de manera cada vez más metódica y eficaz a los intereses y decisiones de la corona. En el caso de la etnografía, la corte ocultó o destruyó las obras históricas y científicas más importantes de la investigación española de América.

Además de la confiscación de las obras monumentales de Sahagún y Hernández, desapareció la *Descripción de Nueva España* de Sebastián Ramírez de Fuenleal, el programa económico-político de Vasco de Quiroga y la mayor parte del trabajo de Andrés de Olmos. La obra de Motolinía permaneció oculta por siglos y despareció por completo su *Guerra de indios*. La *Relación de Michoacán*, realizada entre 1540 y 1560, y atribuida por Baudot al franciscano Martín de la Coruña, fue mutilada en la parte relativa a la religión. Desapareció el *Domino y derecho de los Reyes de España sobre el Nuevo Orbe Oceánico* de Domingo de Soto, así como el trabajo del etnógrafo franciscano Las Navas, intérprete del calendario mesoamericano. Se confiscó también la *Historia de las Indias de Nueva España e Islas de la Tierra Firme* del dominico Diego Durán, terminada en 1581 y al parecer fue destruida la última parte de los *Coloquios* de Sahagún. A la *Historia de Perú* de Zárate se le eliminó en su edición de 1577 la parte relativa a la religión y en 1582 se decretó que la *Geografía y Descripción Universal de las Indias* que planeaba la corte fuese para uso exclusivo y secreto del Consejo de Indias (Baudot 405-440). El ocultamiento o destrucción de todas estas obras fue en parte resultado de una consciente determinación de borrar ciertos aspectos de la historia (492).

John H. Elliott hacía notar que la geografía, la flora, la fauna y en general la naturaleza americana tomaron mucho tiempo en incorporarse a los trabajos de cosmógrafos y filósofos sociales europeos. Pareciera, escribió, como si con tanto que ver, absorber y entender, el esfuerzo hubiese sido insoportable, provocando que los hombres de letras de Occidente se refugiaran en la penumbra de su tradicional mundo mental (*Old* 14). El hecho de que Europa asimilase con gran lentitud la realidad americana no se debió a la incapacidad epistemológica hispánica para comprender lo nunca visto. El retraso se debió al aislamiento político e intelectual de España con respecto al resto del continente a finales del siglo XVI.[29] Tendrían que pasar más de cuatrocientos años para descubrir que la llamada revolución científica, el gran cambio epistemológico que marca los inicios de la modernidad, tuvo algunos de sus comienzos más significativos en la historiografía humanista transatlántica del siglo XVI.

---

[29] Blaine escribe que: "European readers, scientists, investors, and would be adventurers got their vicarious experience of the world outside Europe as often as not from the big books of Ramusio, Martyr, Benzoni, Eden, Thevet, Hakluyt, de Bry; the atlases of Mercator, Ortelius, Blaeu, von Linschoten; and the natural histories of Gesner, Topsell, Belon, Androvandi, Acosta and Fernández de Oviedo" (30).

Conclusión

> *But there is the wall, separating the 'two paths'*
> *that of the heart and that of pure reason*
> Erwin Schrödinger

La transición del escolasticismo a los inicios de la ciencia moderna puede seguirse en la evolución del método de investigación de la realidad natural y cultural del antiguo Anáhuac por parte de los etnógrafos humanistas franciscanos. Buscando obtener de manera sistemática, empírica y verificable, la filosofía natural y la historia natural nahuas, los humanistas hispanos desarrollaron el método moderno de investigación etnográfica, a partir de los estudios humanistas. Este nuevo método de investigación social fue utilizado como herramienta epistemológica para la defensa, la preservación y la experta transformación retórica y colonialista de la civilización mesoamericana.

Las bases gramáticas y retóricas del método historiográfico humanista de investigación de la realidad, la obtención sistemática de evidencia empírica y verificable, así como el predominio de una nueva racionalidad instrumental, son los elementos centrales de la transición epistemológica del escolasticismo a los inicios de la ciencia moderna en México. De la historiografía humanista evolucionan la historia natural y la historia etnográfica en el siglo XVI; la ciencia natural y la ciencia social dan inicio y evolucionan de manera conjunta en México-Nueva España.

La renovación de la gramática latina, llevada a cabo por Lorenzo Valla en Italia, significó la creación de un nuevo modelo epistemológico, de predominio gramático y retórico. Este modelo fue puesto en práctica a partir de la metodología filológica desarrollada por los humanistas. Seguidor de Lorenzo Valla, Antonio de Nebrija instrumentalizó la gramática castellana como la base epistemológica del emergente proyecto imperial español, a la vez utópico y mesiánico, que permitiría el florecimiento de las artes, las leyes, el conocimiento y el poder político españoles. El programa gramatológico de Nebrija fue *nahuatlizado* por los humanistas franciscanos en México, quienes intentaron construir una ideal república cristiana indígena a través del estudio y la subsecuente instrumentalización de la *gramática* y la *retórica* nahuas.[1]

La historia de la creación y la evolución del método etnográfico en México confirma la necesidad de entender la revolución científica como un proceso que inicia con la expansión atlántica europea a finales del siglo xv. La conquista y colonización europeas de América tuvieron un impacto mayor en la vida intelectual y cotidiana del mundo que el revolucionario diseño de un nuevo cosmos (Navarro Brotóns, "Spain" 34). La investigación de la realidad del continente americano transformó la historia natural y la *historia etnográfica* renacentistas en método moderno de investigación empírica. La ciencia social y la ciencia natural son en buena medida un brote evolutivo de la historiografía humanista del Renacimiento y su énfasis en la gramática, la retórica y la verdad empírica.[2]

Los orígenes de la ciencia social no son revolucionarios ni metropolitanos, sino coloniales y transculturales. El humanismo científico hispanoamericano intentó articular una síntesis historiográfica, de base retórica y empírica, de los grandes descubrimientos geográficos y cosmológicos a partir de la filosofía natural aristotélico-tomista.[3] Los inicios de la ciencia moderna tuvieron también un evidente impulso imperial, que fomentó el estudio "intencional, metódico [y] burocrático" de la realidad americana con fines de aprovechamiento y control (Navarro Brotóns, "Preface" 12).

---

[1] Como escribe Fermín Pino Díaz: "hay una línea de continuidad sin ruptura posible entre las colecciones de textos clásicos, el Renacimiento italiano y el trabajo de campo". Hace notar que tanto Boas como Malinowski enfatizaron la central importancia de la obtención y estudio de textos en idiomas indígenas (29-30).

[2] Como señala Ong, los inicios de la ciencia se dan en parte con la actitud humanista hacia el lenguaje como "a thing controlled by the *written* word" ("Ramus and Transit" 234).

[3] Richard Morse señala que durante el siglo xvi el mundo iberoamericano busca reactualizar el tomismo, reformulando y manteniendo alternativas filosóficas en el periodo formativo de la modernidad occidental (28-29). Por su parte, Beatriz Domínguez afirma también que la "opción" ibérica se caracterizó por un intento por reconciliar la nueva concepción del universo con la filosofía aristotélica y escolástica. Ver Navarro Brotón y Eamon, "Spain" 31.

El continente americano fue conceptualizado por los humanistas como una nueva realidad natural, humana y religiosa que necesitaba ser incorporada a la filosofía natural (34). Para los humanistas españoles, la filosofía natural era la versión tomista de la física y la metafísica aristotélicas.[4] Tanto para Aquino como para Aristóteles, la realidad es más evidente para el ser humano que el pensamiento acerca de la realidad, del que se es consciente en un momento posterior de entendimiento reflexivo. El conocimiento inicia entonces en los sentidos, en la *experiencia*.[5] Aquino concibe la realidad como un compuesto de infinitas substancias, todas ellas con cualidades metafísicas comunes. Afirma que todas las cosas en el mundo tienen un principio esencial particular, *essentia*, y un principio universal existencial, *esse*. Las cosas y los seres tienden a *esse*: la actualidad inmutable de las cosas en su devenir de la potencia al acto y el último punto de referencia de todo análisis físico y metafísico (Thornhill 233).[6]

La experiencia, la observación, la descripción, el análisis y la representación retórica del continente americano por parte de los letrados iberoamericanos fueron parte fundamental del el cambio en la percepción de la realidad que caracterizaría la ciencia y la epistemología modernas (Portuondo 299-306). Antonio Maravall señaló desde 1966 que fueron los españoles los primeros europeos en comprenderse a sí mismos como *modernos*. Esta asumida modernidad española partió y dependió de su expansión atlántica. Los letrados fueron conscientes de que el conocimiento que España había adquirido del mundo en los campos de la geografía, la cartografía, la astronomía, la historia natural y la etnología, superaba y corregía los de la Antigüedad grecolatina (*Antiguos* 33).

Las lagunas en la historia de la hoy llamada *ciencia colonial* parecen deberse a la doble *orientalización* sufrida por la América hispánica en

---

[4] La síntesis aristotélica-tomista es la filosofía dominante para entender el siglo XVI novohispano. Ver Aspe Armella, 153-164; Morse 22-29; Hernández "Campo" 30-32.

[5] Para Aristóteles el conocimiento parte de la experiencia sensible. Afirma que "ninguna de las acciones sensibles constituye a nuestros ojos el verdadero saber, bien que sean el fundamento del conocimiento de las cosas particulares" *Metafísica* 1,1.

[6] Lonergan señala que la cosmovisión tomista era considerada en la Baja Edad Media como la base de una epistemología capaz de investigar y analizar con veracidad los diversos aspectos de la realidad espiritual, humana y natural en su constante evolución histórica (239-252). Scott Atran afirma que las categorías epistemológicas fundamentales en las que Aristóteles y Aquino basan su teoría del conocimiento no solo son muy antiguas sino, al parecer, universales (5-6).

la narrativa canónica de la modernidad.[7] Iberia representaba en esta historia el papel de villano escolástico en oposición al triunfante héroe científico de Europa del Norte (*Antiguos* 27). Las colonias españolas en América eran concebidas por el mundo nor-atlántico como sociedades doblemente atrasadas: triste evidencia de la ineficacia y crueldad del dominio neo-feudal español sobre *las Américas*. Como señala Cañizares-Esguerra, la Leyenda Negra sigue viva, "enegueciendo a los historiadores día con día" (117). El hecho de que sea un descubrimiento novedoso el que los etnógrafos humanistas franciscanos en México tuvieron un papel protagónico en el nacimiento de la ciencia moderna confirma el arraigado prejuicio en contra de la ciencia hispánica en los siglos XVI y XVII.

La naciente etnología fue la ciencia ibérica por excelencia. Los estudios etnográficos de los humanistas hispanos en América transformaron la percepción de la naturaleza humana (Pagden 1); dejó ésta de ser entendida como inmutable y se volvió moderna, contingente, relativa a su tiempo histórico y su espacio geográfico. La etnografía franciscana también inició en México la moderna defensa, empírica y filosófica, de la igualdad humana y cultural. El primer paso para la integración religiosa y cultural de la civilización mesoamericana a Occidente era la demostración de la igualdad de americanos y europeos. La inferioridad de los indios justificaba su esclavitud. Andrés de Olmos, Toribio de Benavente Motolinía y Bernardino de Sahagún demostraron con sistemática evidencia empírica la igualdad de americanos y europeos en base a los criterios morales establecidos en la filosofía natural aristotélico-tomista. Llegaron a defender abiertamente a la civilización mesoamericana como la ideal base moral, material, cultural y política de la utópica y mesiánica república transcultural de la Nueva España. El humanismo cristiano español del siglo XVI fue un crucial instrumento religioso, intelectual y político para la formulación e imposición de la hegemonía colonial española en México. Al mismo tiempo, los etnógrafos franciscanos formularon el primer discurso intelectual de Occidente en oposición y lucha contra el colonialismo esclavista de la naciente Europa moderna.[8]

---

[7] Uso el término *orientalización* en el sentido desarrollado por Edward Said: una doctrina política que transforma la diferencia cultural en inferioridad (204).

[8] La defensa indigenista de los frailes humanistas en América fue más radical y mejor articulada que la incipiente conciencia criolla de su posición subordinada. Se

La violencia y el abuso de poder que caracterizaron en buena medida la imposición del cristianismo entre la población indígena americana tuvieron su contraparte en el reconocimiento de la igualdad y aún la posible superioridad americana.

Los letrados ibéricos no consideraron a los antiguos habitantes de Anáhuac como una *tabula rasa* humana en la que era necesario inscribir los principios y logros de la racionalidad de Occidente.[9] La colonización de Mesoamérica reconoció desde sus inicios la necesidad de entablar un diálogo epistemológico con el *otro*. No hubo oposición radical entre el conocimiento y la subjetividad de los sabios mesoamericanos y los frailes humanistas españoles, quienes se dedicaron durante el siglo XVI a la búsqueda de puntos en común entre la ética y la ciencia españolas y mesoamericanas. Al mismo tiempo, la etnografía humanista instrumentalizó una radical y forzada transformación religiosa y cultural, además de una moderna desacralización racionalista de la naturaleza, a partir de la creación de nuevas prácticas y discursos científicos. La epistemología humanista en México-Nueva España es paralela, complementaria y crítica de la del resto de Europa occidental en los inicios de la modernidad.

El estudio de la colonización de México como un proceso epistemológico revela el desarrollo conjunto de la idea de progreso, la articulación del colonialismo transatlántico y los inicios de la ciencia moderna. La imaginación utópica del humanismo cristiano español intentó construir una república india basada en valores morales y políticos auténticamente evangélicos, así como en la superior racionalidad instrumental de Occidente.

El pensamiento teológico, político y científico al interior de la Iglesia posee en el siglo XVI una riqueza y dinamismo del todo comparables a los de los intelectuales y hombres de ciencia cortesanos. Resulta indispensable el detallado estudio histórico de la tradición intelectual y científica de la Iglesia en México y América Latina, revelando sus

---

asume comúnmente que esta última inicia el pensamiento crítico en América Latina. Ver Mignolo 233-35.

[9] Mabel Moraña, Enrique Dussel y Carlos Jáuregui defienden la idea de que los colonizadores españoles despreciaron masivamente y en bloque el pensamiento indígena americano (6-7). Como nota Vivian Díaz Balsera, la evangelización fue más bien un ejemplo paradigmático de negociación cultural (5).

particulares tensiones ideológicas y teológicas, tanto en el interior de la institución, como en su diálogo con los pensadores al servicio de la Corona y el Estado. Los etnógrafos humanistas españoles fueron parte, desde México, del nuevo racionalismo experimental que transformaba la epistemología de Occidente a ambos lados del Atlántico. Se opusieron, al mismo tiempo, a la creciente desacralización de la política y la economía. La gradual secularización del Estado se justificaría en parte como necesario método para lograr el progreso social. Esta secularización fue también, en las prácticas empíricas oficiales, un método y una ideología para articular y controlar con mayor eficacia el emergente capitalismo global y colonial.[10]

El emergente materialismo secular estuvo relacionado con la instauración de nuevos métodos de investigación empírica, de bases inductivas, descriptivos, experimentales y utilitarios. El humanismo científico del siglo XVI contribuyó al desarrollo de la racionalidad utópica e instrumental que caracterizaría a los nacientes estados coloniales europeos. Las nuevas formas de investigar y manipular la naturaleza —muchas de ellas creadas a partir de un diálogo transcultural con los indios— se volvieron prueba para los letrados de Europa de la superior racionalidad de Occidente. A través de la historia, sistematizada como método de investigación empírica, los etnógrafos humanistas hispanoamericanos llevaron a cabo la primera disociación sistemática de lo sagrado y la naturaleza. El nacimiento del nuevo lenguaje científico es inseparable del colonialismo y la gradual secularización de los nuevos Estados imperiales europeos.

La tradición antropológica de la Iglesia en América Latina es heterodoxa y crítica. Hay una línea de continuidad desde la tradición etnográfica del humanismo cristiano de los inicios de la Colonia hasta la antropología informada por la Teología de la Liberación.[11] Ambas rea-

---

[10] Sobre la conceptualización de la transición en América del cristianismo al secularismo y su relación con el auge de los poderes coloniales estatales metropolitanos ver Maldonado Torres 360-67.

[11] No se ha estudiado la obra antropológica de los teólogos de la Liberación en América Latina. En el caso de México, Enrique Marroquín Zaleta inicia los estudios de la antropología religiosa en México desde una perspectiva teológica de Liberación, desarrollando un modelo abstracto de la religiosidad indígena mesoamericana contemporánea (8-10). Gianni Minà hace notar que el pensamiento de Samuel Ruiz tiene también un evidente carácter antropológico y etnográfico. Ver *En esta hora de gracia*.

lizaron una intra-crítica de los sistemas (coloniales y poscoloniales) de dominación económica e ideológica de las culturas indígenas americanas. Ambas promovieron formas de organización tradicionales y comunitarias y se opusieron a separar la moral religiosa de la económica y la política.[12]

El tema central de la antropología y la etnología —el estudio de la variabilidad de las culturas y de lo humano— hace que se trate de disciplinas al mismo tiempo científicas y retóricas. La antropología es por definición una ciencia inexacta. La coherencia temática y estructural de cualquier texto etnográfico y antropológico es siempre una "elección estratégica" (Clifford 54). La subjetividad e inestabilidad de todo lo humano fue justamente lo que llevó a Aristóteles a establecer a la retórica como el modo de investigación y difusión del conocimiento social. La verdad civil se debía establecer a través del debate y la persuasión. La historiografía humanista de Indias, pionera de la ciencia natural y social, defendió esta dimensión civil y dialéctica de la retórica durante el siglo XVI.

En el ocaso del Renacimiento, el gradual desplazamiento de la retórica a favor de la ambición sistematizadora y conclusiva de la filosofía y la lógica revolucionaría una vez más la investigación del mundo natural. La nueva ciencia, heredera de la visión escatológica medieval y el pensamiento utópico humanista creyó posible llevar a la realidad el nuevo mito del progreso: el perfecto uso y dominio humano de la naturaleza, en el futuro, a partir del estudio metódico y gradual de sus fenómenos. La caída en desgracia de la retórica como modo de investigación a favor del naciente método científico significó la pérdida gradual de la dimensión civil y republicana en la búsqueda occidental de conocimiento (Struever 2-3). El enfrentamiento epistemológico entre retórica y filosofía está relacionado con a la dimensión ética y moral del conocimiento (5). La retórica define y defiende los ideales y las *posibilidades* de una comunidad humana, al mismo tiempo que elabo-

---

El conocido teólogo de la Liberación, Leonardo Boff, privilegia lo antropológico por sobre lo eclesiástico (24-28).

[12] Enrique Dussel, Michael Löwy y Nelson Maldonado Torres defienden en sendos artículos la idea de que el pensamiento crítico latinoamericano contemporáneo produjo algunas de sus formulaciones teóricas más influyentes a partir de la llamada Teología de la Liberación. Ver "Religion, Liberation and the Narratives of Secularism" en *Coloniality* 335-387.

ra su crítica; articula discursos morales y políticos cuya verdad es siempre relativa y consciente de su propia contingencia histórica.

La historia epistemológica de los inicios de la modernidad, narrada desde México, muestra que en sus orígenes la ciencia moderna —una teoría y un método de base empírica para la obtención de conocimiento—, fue complementaria a la retórica, la poética y la dialéctica (Struever 117-119). El moderno método etnográfico fue parte de esta instrumentalización empírica de la gramática, la retórica y la historia. El nacimiento de la ciencia en México es en parte la composición retórica de un proyecto mesiánico, utópico y colonial de base empírica; la investigación franciscana de la naturaleza y las culturas del México antiguo, intentó formular y llevar a la práctica, la síntesis transcultural de los ideales religiosos, éticos, políticos y económicos, de la república cristiana de México-Nueva España.

La decadencia de la retórica como modo de investigación estuvo acompañada por la reaparición de la antigua duda sofista acerca de la capacidad del lenguaje por describir fielmente la realidad. El paradigma fundamental de los estudios humanistas era la creencia en la unidad entre el lenguaje y la naturaleza. El conocimiento estaba fundamentado en la unidad esencial de la naturaleza, la humanidad y el lenguaje, en Dios. Los humanistas compartían la antigua noción griega, presente ya en el pensamiento de Heráclito, acerca del *logos* como principio de orden y unidad del universo.[13] La sabiduría más profunda acerca de la naturaleza y el ser humano se encontraba en las manifestaciones superiores del lenguaje, en particular en la poesía.[14] Don Quijote afirmó

---

[13] Uno de los fragmentos conservados del pensamiento de Heráclito dice: "Listening not to me but to the *logos* it is wise to agree that all things are one". *Older Diels-Kranz 22B50*.

[14] La unidad de los seres a través del lenguaje era una idea común entre los humanistas españoles. En 1587 Luis de León escribió en *De los nombres de Cristo* que la unidad del universo se expresaba a través del lenguaje. Para que todas las cosas pudiesen participar de la unidad fundamental de la *máquina del universo*, el lenguaje permitía a las cosas su transformación en imágenes espirituales de la verdad. La presencia de lo divino en todas las cosas, el hecho de que todo estuviera en el individuo y el individuo en el todo, permitía que "se abrace y eslabone toda aquesta máquina del universo, y se reduzca a unidad la muchedumbre de sus diferencias". Gracias al entendimiento y el lenguaje las cosas podían volverse "espirituales y delicadas", "imágenes de la verdad". Como todos los humanistas, pensaba Luis de León que entre la cosa y la palabra se mantenía una relación secreta, que las palabras en sus orígenes más antiguos expresaban de la manera más adecuada posible la realidad de las cosas. Para conocer la realidad y

esta antigua verdad humanista en los albores de la Edad Moderna. Para él, la fundamental unidad de la naturaleza, el lenguaje y el conocimiento se sintetizaba en la poesía:

> una doncella tierna y de poca edad, y en todo extremo hermosa, a quien tienen cuidado de enriquecer, pulir y adornar otras muchas doncellas, que son todas las otras ciencias, y ella se ha de servir de todas, y todas se han de autorizar con ella (142).[15]

Los inicios de la conciencia moderna acerca de la insalvable distancia entre el lenguaje y la realidad, de la imposibilidad de obtener una verdad no problemática, o de la raíz individual y subjetiva de todo conocimiento, se encuentran presentes en los textos de los humanistas del siglo XVI. El mismo Erasmo notó en su ensayo: "De las palabras y las cosas" (1517), que con frecuencia los seres humanos creen más en el lenguaje que en las cosas y les preocupa mucho más lo que se dice de ellos que lo que en verdad son (*Coloquios* 383-388). Esta conciencia humanista de la distancia entre las palabras y las cosas tendría su desarrollo más cabal en los *Ensayos* de Montaigne, terminados en 1588. Para Montaigne, la infinita variedad de la naturaleza, cuya cualidad más universal era su misma diversidad, volvía imposible la adecuada y completa comprensión de la realidad (667). Para entender, la conciencia humana no tenía más remedio que crear una imagen verbal de la realidad (432). Esta imagen era por necesidad imperfecta pues el lenguaje, "como todo lo demás, tiene flaquezas y defectos", concluía Montaigne (445).

En el siglo XVI hispánico, la conciencia de la problemática relación entre la realidad y el lenguaje fue formulada con cierta precisión por Juan Luis Vives. Para él, la verdad de las cosas debía establecerse a partir del estudio de la naturaleza. Solo así era posible conocer las cosas del mundo, separar lo verdadero de lo falso y en caso de duda, establecer lo probable (*Sobre* 144). Vives hacía notar también que el conocimiento

---

entender su fundamental unidad, era necesario estudiar con profundidad al lenguaje. Hablar del mundo con palabras adecuadas y verdaderas significaba reducirlo a la unidad, entender las correspondencias entre las cosas (156-157).

[15] Sobre la influencia del humanismo cristiano en Cervantes ver la conocida obra de Américo Castro *La realidad histórica de España*.

humano era muy limitado, pues dependía de los sentidos para acceder a la realidad y de una estimación siempre personal para juzgarla. La razón humana no podía prescindir de la imaginación, la fantasía e incluso del amor, "único vínculo de las cosas espirituales" ("Filosofía" 160-61).

La conciencia de la separación entre las palabras y las cosas a finales del siglo XVI, así como la crisis de la utopía humanista, hizo dudar a los intelectuales de Europa del poder de la palabra por representar fielmente la realidad. De esta duda nació la teoría del método científico. En su *Discurso del método* (1637), René Descartes afirmó que en el estudio de las letras "no había conseguido más provecho que el reconocer más y más mi ignorancia" (60).

Ya Michel Foucault había escrito en 1966 que el inicio de la moderna visión del mundo se encontraba, justamente, en el rompimiento de la *analogía*, el principio filosófico y poético que durante la Edad Media y el Renacimiento había permitido que todas las cosas y las palabras del universo pudieran concebirse como unidas (19-21). Para Foucault, la característica fundamental de la modernidad es una nueva conciencia del lenguaje como representación, como simple discurso simbólico (43-45).

La concepción moderna del lenguaje fue definida por Ludwig Wittgenstein, quien demuestra que todo significado se consigue a través de una compleja red de similitudes y diferencias. Las palabras se traslapan, entrecruzan y articulan en un proceso que comienza y termina siempre en la subjetividad individual (*Investigations* 66). Al describir y definir la naturaleza de las cosas, en realidad solo esbozamos el marco verbal de referencia a través del cual las pensamos y comprendemos, de manera tanto individual como social (114). La misma solución a los problemas filosóficos, concluye Wittgenstein, no es otra cosa que una reorganización de proposiciones conocidas (109). Diferentes modelos verbales hacen visibles algunos aspectos de la realidad al mismo tiempo que, sin poderlo evitar, oscurecen o deforman otros.

Al mismo tiempo, Wittgenstein hace notar que el lenguaje y la realidad se encuentran unidos a través de la lógica, el sistema de organización inherente a la naturaleza, *logos*. Para Wittgenstein, la condición para que la ciencia exista es que la lógica rija todo en el universo, incluido el lenguaje. La lógica es para él "el orden *a priori* del mundo: esto es, el orden de las *posibilidades*, que debe ser común a ambos, el mundo y el pensamiento" (*Investigations* 97). A través del lenguaje, la naturaleza se oculta, mas también se descubre y revela una parte, siempre incompleta y limitada, de su diversidad y organización. Como señala Heidegger, en sus orígenes etimológicos *logos* significa mostrar, revelar, hacer patente aquello de lo que se habla (*Ser* 46-47).

La evolución del método etnográfico en México sugiere que los inicios de la moderna crisis del lenguaje están profundamente ligados a la evolución política del colonialismo europeo. La libertad epistemológica de la primera mitad del siglo XVI, fomentada por la necesidad del Estado español de información confiable y verídica de la realidad americana, fue gradualmente acotada, restringida y censurada de acuerdo a los propósitos cada vez más específicos e instrumentales del Estado. En los inicios de la Edad Barroca americana, los signos dejan de representar las cosas para transformarse en representación de la imaginación oficial de las cosas (Rama 19-21). La conciencia del lenguaje como arbitrario discurso simbólico es también la conciencia de la forzada sujeción del lenguaje a la nueva ortodoxia racionalista del Estado moderno. Esta sujeción comenzó por el intento por controlar la palabra del *otro*, mas pronto alcanzó también la palabra de los humanistas.

Quinientos años antes del nacimiento de Jesucristo, Heráclito depositó un libro con una síntesis de su conocimiento en el Templo de Artemisa en Éfeso. Uno de los pocos fragmentos que han sobrevivido al tiempo dice: *phusis kruptesthai philei*. La interpretación más común que Occidente le ha dado a la sentencia de Heráclito dice: la naturaleza ama ocultarse (Hadot viii-xii). El misterio esencial de la naturaleza ha generado en Occidente dos actitudes fundamentales, que Pierre Hadot clasifica como prometeica y órfica.

La actitud prometeica considera el misterio como algo demasiado amenazador y se esfuerza por arrancarle a la naturaleza todos sus secretos. Esta visión del conocimiento culminó con la nueva visión de la realidad propuesta por los grandes científicos del siglo XVII. El universo se transformó para ellos en un gran libro, escrito con descifrables caracteres matemáticos. Habían muerto los dioses y permanecían solo los misterios de la naturaleza. La ciencia contemporánea concibe la naturaleza como un infinito conjunto de partículas elementales en un universo en expansión, cuyos orígenes y destino son desconocidos. Las partículas elementales de la naturaleza interactúan y se combinan de forma aleatoria, evolucionando de polvo cósmico a estrellas, planetas y formas orgánicas capaces de llegar a la reflexión sobre la realidad.

La actitud prometeica hacia el conocimiento ha tenido siempre su crítica. Sócrates consideraba la explicación materialista de las cosas como una distracción para el más importante cuidado del alma o *daimon* (Hadot, 21). El *Kore Kosmou*, el texto más antiguo del todos los atribuidos a Hermes Trismegistus, afirma que buscando el secreto de la naturaleza los hombres arrancarían las raíces de las plantas, someterían a escrutinio la naturaleza de las piedras y diseccionarían a los seres que los acompañan en el mundo, incluyendo a otros hombres. Al fracasar, serían devorados por la tristeza y la pena (145). En la época moderna, Heidegger afirmó que fue justamente el intento por arrancar a la naturaleza sus secretos, el verla tan solo como un conjunto de cosas y seres particulares, ajenos a nosotros y de los que podemos obtener provecho, lo que provocó el olvido del Ser, la consecuente angustia de los seres humanos e incluso su falta de autenticidad hacia sí mismos (Hadot 150).

La segunda actitud de Occidente frente a la naturaleza es la de Orfeo. El poeta en la Antigüedad era considerado el verdadero intérprete del mundo. Una noción similar tenían los nahuas en México, para quienes el arte y la poesía eran actualización de Téotl, esencia invisible del universo. Para Hadot, nadie representa mejor la actitud de Orfeo en Occidente que Goethe, quien pensaba que el arte nos permite mirar lo que está velado frente a nuestros ojos: la presencia absolutamente inimitable de la naturaleza, su misterio desnudo a plena luz del día. Producir mitos y formas poéticas, concluye Hadot, parece ser un inevitable gesto humano, parte del movimiento de creación y aprendizaje de la propia naturaleza (68).

En la etnografía humanista hispano-nahua conviven las dos actitudes fundamentales que Occidente ha tenido frente al misterio de la naturaleza. Orfeo y Prometeo no son considerados rivales en sus páginas. La historia, como género retórico y como método de investigación de la realidad, mantuvo unido al lenguaje como expresión científica, como razonamiento filosófico y como medio de expresión literaria.[16] Al mismo tiempo, la etnografía humanista inició el profundo cambio en la concepción y el estudio de la naturaleza y los seres humanos que define la modernidad.

---

[16] De acuerdo a Alfonso Reyes, el lenguaje posee tres formas bien definidas de organización interna: ciencia, filosofía y poesía (o literatura); cada una privilegia diferentes aspectos de la comunicación humana (*Antigua* 366-368).

Al describir con precisión creciente la naturaleza y las culturas americanas, los estudios etnográficos franciscanos revelaron la relatividad de las antiguas verdades de Occidente acerca de la naturaleza y los seres humanos. Al mismo tiempo, mediante la investigación retórica y empírica de la palabra nahua, los etnógrafos franciscanos demostraron en la particularidad histórica nahua la buscada universalidad natural y moral entre Europa y América. Los humanistas nahuas del Colegio de Santa Cruz participaron activamente en esta defensa de la unidad humana, así como en la articulación retórica de la síntesis transcultural y colonial de México-Nueva España que ellos consideraron como la más adecuada y posible, de acuerdo a su personal circunstancia histórica. El proyecto retórico, utópico, colonial y transcultural de los humanistas en México se tradujo en el desarrollo del método científico. La ciencia social, pionera de la llamada revolución científica, inicia su andadura en México-Nueva España.

Obras citadas

Abbot, Don Paul. *Rhetoric in the New World. Rhetorical Theory and Practice in Colonial Spanish America*. Columbia: University of South Carolina Press, 1996.

Acosta, José de. *Historia Natural y Moral de las Indias. En que se tratan las cosas notables del cielo, y elementos, metales, plantas y animales dellas: y los ritos, y ceremonias, leyes y gobierno, y guerras de los Indios*. México: Fondo de Cultura Económica, 2006.

Adorno, Theodor W. "The Essay as Form". *Notes to Literature*. Ed. Rolf Tiedemann. Trad. Shierry Weber Nicholsen. New York: Columbia University Press, 1991.

Aguirre Beltrán, Gonzalo. *Regions of refuge*. Ed. Deward E. Walker. Washington: Society for Applied Anthropology, 1979.

Aiton, Arthur Scott. *Antonio de Mendoza. First Viceroy of New Spain*. New York: Russell & Russell, 1967.

Albornoz, Rodrigo de. "Carta del contador Rodrigo de Albornoz al Emperador". *Colección de documentos para la historia de México*. Ed. Joaquín García Icazbalceta. Vol. 1. México: Porrúa, 1971.

Alchon, Suzanne Austin. *A Pest in the Land: New World Epidemics in a Global Perspective*. Albuquerque: University of New Mexico Press, 2003.

— *A Pest in the Land: New World Epidemics in a Global Perspective*. Albuquerque: University of New Mexico Press, 2003.

Alegría, Ricardo E. "An Introduction to Taíno Culture and History". *Taíno: Pre-Columbian Art and Culture from the Caribbean*. Eds. Fatima Bercht/Estrellita Brodsky/John Alan Farmer/Dicey Taylor. Singapore: The Monacelli Press, 1997: 18-24.

Alfonso X. *Las Siete Partidas*. 3 vols. Madrid:Real Academia De la Historia, 1807.

Altamira, Rafael. "El Texto de las Leyes de Burgos de 1512." *Revista de Historia de América* 4 (1938): 5-79.

Álvarez, Raquel. *La Conquista de la naturaleza americana*. Madrid: Consejo Superior de Investigaciones Científicas, 1993.

Anderson, Perry. *El Estado absolutista*. México: Siglo XXI, 1980.

— *Transiciones de la antigüedad al feudalismo*. 3 vols. México: Siglo XXI, 1997.

Anglería, Pedro Mártir de. *Décadas del Nuevo Mundo*. México: José Porrúa e Hijos, Sucesores, 1964.

— *De orbe novo decades*. Centro Virtual Cervantes <http://www2.uah.es/cisneros/carpeta/images/pdfs/233.pdf> Recuperado el 26 de octubre de 2013.

Añón, Valeria. Introduction. *Segunda carta de relación y otros textos*. De Hernán Cortés. Ed. Valeria Añón. Buenos Aires: Corregidor, 2010.

Aquino, Tomás de. *Suma Teológica*. Ed. Hernán J. González. <http://hjg.com.ar/sumat/>. Recuperado el 30 Abril de 2012.

Aracil Varón, Beatriz. "Hernán Cortés en sus *Cartas de relación*: la configuración literaria del héroe". *Nueva Revista de Filología Hispánica*, 57. 2 (2009): 747-759.

Aristóteles. *Metaphysics*. <http://classics.mit.edu/Aristotle/metaphysics.html>. Recuperado el 20 de junio de 2013.

— *Politics*. Trad. Ernest Baker. Oxford: Clarendon Press, 1952.

Arrom, José Juan. "Fray Ramón Pané, descubridor del hombre americano". *Thesaurus: Boletín del Instituto Caro y Cuervo* 47.2 (1992): 337-53.

— "Estudio preliminar". *Relación de las antigüedades de los indios*. México: Siglo XXI (1987): 1.

Aspe Armella, Virginia. "La influencia e Aristóteles en la filosofía novohispana". *Anales del Seminario de Historia de la Filosofía* 27 (2010): 153-164.

Atran, Scott. *Cognitive Foundations of Natural History. Towards an Anthropology of Science*. Cambridge: Maison des Sciences de L'Homme and Cambridge University Press, 1990.

Auerbach, Erich. *Mimesis. The Representation of Reality in Western Literature*. Princeton: Princeton University Press, 1974.

AVILÉS, Paul. "Seven Ways of Looking at a Mountain: Tetzcotzingo and the Aztec Garden Tradition". *Landscape Journal* 25, 2 (2006), 143-157.
BACON, Francis. *The Advancement of Learning*. <http://www.gutenberg.org/dirs/etext04/adlr10h.htm#startoftext> Recuperado el 25 de mayo de 2014.
— *New Atlantis and The Great Instauration*. Ed. Jerry Weinberger. Arlington Heights: Harlan Davidson, 1989.
— *Novum Organum*. <http://www.constitution.org/bacon/nov_org.htm> Recuperado el 1 de septiembre de 2013.
BAINE CAMPBELL, Mary. *Wonder and Science. Imagining Worlds in Early Modern Europe*. Ithaca: Cornell Paperbacks, 2004.
BALUTET, Nicolas. *Homosexualité et imaginaire sexuel chez les Aztèques*. Oxford: Archaeopress, 2008.
BARRERA-OSORIO, Antonio. *Experiencing Nature. The Spanish American Empire and the Early Scientific Revolution*. Austin: University of Texas Press, 2006.
BATAILLON, Marcel. *Erasmo y España. Estudios sobre la historia espiritual del siglo XVI*. México: Fondo de Cultura Económica, 2007.
BATAILLON, Marcel/SAINT LY, André. *El padre Las Casas y la defensa de los indios*. Barcelona: Ariel, 1976.
BAUDOT, Georges. Preface. *Tratado de hechicerías y sortilegios*. De Andrés de Olmos. México: Universidad Nacional Autónoma de México, 1990.
— Preface. *Tratado sobre los siete pecados mortales*. De Andrés de Olmos. México: Universidad Nacional Autónoma de México, 1996.
— *Utopia and History in Mexico. The First Chroniclers of Mexican Civilization (1520-1569)*. Niwot: University Press of Colorado, 1995.
BECKJORD, Sarah H. *Territories of History. Humanism, Rhetoric, and the Historical Imagination in the Early Chronicles of spanish America*. University Park: Pennsylvania University Press, 2007.
BERNAL, Ignacio. "La obra de Sahagún, otra carta inédita de Francisco del Paso y Troncoso". *Estudios de Cultura Náhuatl* 16 (1983): 265-325.
BEUCHOT, Mauricio. "Filósofos humanistas novohispanos". *Filosofía iberoamericana en la época del encuentro*. Ed. Laureano Robles. Madrid: Trotta, 1992. 281-307.
BLAIR, Ann. "Natural Philosophy". *The Cambridge History of Science*. Vol 3. *Early Modern Science*. Ed. Katherine Park/Lorraine Daston. Cambridge: Cambridge University Press, 2006. 365-406.

BOFF, Leonardo. *A Vida Religiosa e A Igreja no Processo de Libertacao*. Petropolis: Vozes, 1975.

BONO, James J. *The Word of God and the Langages of Man: Interpreting Nature in Early Modern Science and Medicine*. Vol.1. Madison: University of Wisconsin Press, 1995.

BRADING, David A. *Mito y profecía en la Historia de México*. Trad. Tomás Segovia. México: Vuelta, 1988.

BRANDI, Karl. *The Emperor Charles V*. Trad. de C. V. Wedgewood. New York: A. A. Knopf, 1939.

BRAUDEL, Fernand. *El Mediterráneo y el mundo mediterráneo en la época de Felipe II*. Vol. 1. Madrid: Fondo de Cultura Económica, 1976.

BRINTON, Daniel G. *Ancient Nahuatl Poetry*. Ed. Daniel G. Brinton. 1890. Project Gutemberg, 30 de abril de, 2004. <http://www.gutenberg.org/files/12219/12219-h/12219-h.htm#I>.

BROWNE, Walden. *Sahagún and the Transition to Modernity*. Norman: University of Oklahoma Press, 2000.

BURCKHARDT, Jacob. *The Civilization of The Renaissance in Italy. An Essay*. London: MacMillan and Co, 1904.

BUSTAMANTE GARCÍA, Jesús. *Fray Bernardino de Sahagún: una revisión crítica de los manuscritos y de su proceso de composición*. México: Universidad Nacional Autónoma de México, 1990.

— "Retórica, Traducción y Responsabilidad Histórica: Claves Humanísticas en la Obra de Bernardino de Sahagún". En: Berta Ares/Jesús Bustamante/Francisco Castilla/Fermín del Pino: *Humanismo y visión del otro en la España Moderna*. Madrid: Consejo Superior de Investigaciones Científicas, 1993.

CAHAN, David (ed.). *From Natural Philosophy to the Sciences: Writing the History of Nineteenth-Century Science*. University of Chicago Press, 2003.

CALDERÓN, Francisco R. *Historia económica de la Nueva España en tiempo de los Austrias*. México: Fondo de Cultura Económica.

CAMPILLO ÁLVAREZ, José Enrique. *Francisco Hernández: El Descubrimiento Científico del Nuevo Mundo*. Toledo: Diputación Provincial de Toledo.

CAMPOS JARA, Salvador. "Gonzalo Guerrero: elementos para la creación de un mito". *Estudios del Hombre* 2 (1995): 75-98.

CAÑIZARES-ESGUERRA, Jorge. "Iberian Science in the Renaissance: Ignored how much longer?" *Perspectives on Science* 12 (2004): 86-125.

— *Nature, Empire, and Nation. Explorations of the History of Science in the Iberian World*. Stanford: Stanford University Press.

CÁRCELES LABORDE, Concepción. "Los catecismos iconográficos como recurso didáctico." *Evangelización y teología en América (siglo XVI): X Simposio Internacional de Teología de la Universidad de Navarra*, Vol. 2. Eds. Josep-Ignasi Saranyana et al. Navarra: Servicio de Publicaciones de la Universidad de Navarra. 1371-1379.

CARMAN, Glen. *Rhetorical Conquest. Cortés, Gómara and Renaissance Imperialism*. West Lafayette: Purdue University Press, 2006.

CARRASCO, David. *Quetzalcoatl and the Irony of Empire*. Chicago: The University of Chicago Press, 1982.

CARRERA STAMPA, Manuel. *Nuño de Guzmán*. México: Jus, 1955.

CASTIGLIONE, Baltasar de. *El Cortesano*. Trad. de Juan Boscán. Barcelona: Bruguera, 1972.

CASTRO, Américo. *La realidad histórica de España*. México: Porrúa, 1987.

— *El pensamiento de Cervantes*. Barcelona: Noguer, 1972.

CERVANTES, Miguel de. *Segunda Parte del Ingenioso Caballero Don Quijote de la Mancha*. Ed. John Jay Allen. Madrid: Cátedra, 1977.

CERVANTES DE SALAZAR. *México en 1554. Tres diálogos latinos de Francisco Cervantes de Salazar*. Trad. Joaquín García Icazbalceta. México: Universidad Nacional Autónoma de México, 2001.

CEYNOS, Francisco. "Carta del licenciado Francisco Ceynos, oidor de la Audiencia de México, al Emperador". *Colección de documentos para la historia de México*. Vol. 1. Ed. García Icazbalceta, Joaquín. México: Porrúa, 1971.

CHABOD, Federico. *Carlos V y su imperio*. México: Fondo de Cultura Económica, 2003.

CHABRÁN, Rafael. "The Classical Tradition in Renaissance Spain and New Trends in Philology, Medicine, and Materia Medica". *Searching for the Secrets of Nature. The Life and Works of Dr. Francisco Hernández*. Eds. Simon Varley et al. Stanford: Stanford University Press, 2000. 21-32.

CLIFFORD, James. *The Predicament of Culture. Twentieth-Century Ethnography, Literature and Art*. Cambridge: Harvard University Press, 1988.

COLÓN, Cristóbal. *Diario de navegación y otros escritos*. Santo Domingo: Ediciones de la Fundación Corripio, 1988.

Comas, Juan. "La influencia indígena en la medicina hipocrática en la Nueva España del siglo XVI". *El Mestizaje Cultural y la Medicina Novohispana del siglo XVI*. Eds. J. L. Fresqueut Febrer/J. M. López Piñero. Valencia: Instituto de Estudios Documentales e Históricos sobre la Ciencia. 91-123.

Cook, Harold J. *Matters of Exchange: Commerce, Medicine, and Science in the Dutch Golden Age*. New Haven: Yale University Press, 2007.

— "Medicine". *The Cambridge History of Science*. Vol 3. *Early Modern Science*. Eds. Katherine Park/Lorraine Daston. Cambridge: Cambridge University Press, 2006. 407-432.

Copenhaver, Brian. P./Schmitt, Charles B. *Renaissance Philosophy. A History of Western Philosophy*. Vol. 3. Oxford: Oxford University Press, 1992.

Coroleu, Alejandro. "Humanismo en España". *Introducción al Humanismo del Renacimiento*. Ed. J. Kraye. Madrid: Cambridge University Press, 1998. 295-330.

Cortés Castellanos, Justino. *El catecismo en pictogramas de fray Pedro de Gante*. Madrid: Fundación Universitaria española, 1987.

Cortés, Hernán. *Cartas de Relación*. México: Porrúa, 1993.

— *Ordenanzas de buen gobierno dadas por Hernando Cortés para los vezinos y moradores de la Nueva-España, 1524*. Madrid: Porrúa Turanzas, 1960.

Crosby, Alfred. *The Columbian Exchange. Biological and Cultural Consequences of 1492*. Westport: Greenwood Publishing Company, 1972.

Cruz, Martín de la. *Libellus de Medicinalibus Indorum Herbis. Manuscrito azteca de 1552 según traducción latina de Juan Badiano*. México: Fondo de Cultura Económica & Instituto Mexicano del Seguro Social, 1991.

Cuart Moner, Baltasar. "La historiografía áulica en la primera mitad del siglo XVI: los cronistas del Emperador". En: Carmen Codoñer / Juan Antonio González Iglesias (eds.): *Antonio de Nebrija: Edad Media y Renacimiento*. Salamanca: Ediciones Universidad de Salamanca, 1997.

Dear, Peter. "The Meanings of Experience". *The Cambridge History of Science*. Vol 3. *Early Modern Science*. Eds. Katherine Park/Lorraine Daston. Cambridge: Cambridge Unversity Press, 2006. 106-132.

DEBUS, Allen G. *Man and Nature in the Renaissance*. New York: Cambridge University Press, 1978.
DEHOUVE, Danièle. "Un diálogo de sordos: los Coloquios de Sahagún". *Estudios de Cultura Náhuatl* 33 (2002): 185-216.
DESCARTES, René. *Discurso del método para dirigir bien la razón y buscar la verdad en las ciencias*. Madrid: Biblioteca Nueva, 1999.
— *Meditaciones metafísicas*. Trad. de José Antonio Mígues. Edición electrónica de www.philosophia.cl / Escuela de Filosofía Universidad ARCIS. <http://www.philosophia.cl/biblioteca/descartes/Descartes%20-%20Meditaciones%20metaf%EDsicas.pdf>. Recuperado el 28 de abril de 2013.
DIAMOND, Jared. *Guns, Germs, and Steel. The Fates of Human Societies*. New York: W. W. Norton and Company, 1999.
DÍAZ, Juan. "Itinerario de la Armada del Rey Católico a la isla de Yucatán, en la India, en el año 1518, en la que fue por comandante y capitán general Juan de Grijalva". *La Conquista de Tenochtitlan*. Ed. Germán Vázquez Chamorro. Madrid: Dastin, 2003.
DÍAZ BALSERA, Viviana. *The Pyramid under the Cross. Franciscan Discourses of Evangelization and the Nahua Christian Subject in Sixteenth-century Mexico*. Tucson: the University of Arizona Press, 2005.
DÍAZ DEL CASTILLO, Bernal. *Historia verdadera de la conquista de la Nueva España*. México: Porrúa, 1994.
DÍAZ-PLAJA, Fernando. *Historia de España en sus documentos. Siglo XV*. Madrid: Cátedra, 1984.
— *Documentos cortesianos*. Ed. José Luis Martínez. Vol 1. México: Universidad Nacional Autónoma de México/Fondo de Cultura Económica, 1990.
DOMÍNGUEZ, Lourdes. "The First Caribbean Religious Chronicle: the *Account of the Antiquities of the Indians* (c.1496), by the Hieronymite Ramón Pané". *Revista de História da Arte e Arqueologia* 14.2 (2010): 133-137.
DUSSEL, Enrique. *El encubrimiento del otro. Hacia el origen del mito de la modernidad*. Quito: ABYA-YALA, 1994.
— "Philosophy of Liberation, the Postmodern Debate, and Latin American Studies". *Coloniality at Large. Latin America and the Postcolonial Debate*. Eds. Mabel Moraña et al. Durham: Duke University Press, 2008. 335-346
DUVERGER, Christian. *Cortés*. México: Taurus, 2005.
— *Cortés*. Paris: Fayard, 2001.

DYER, Nancy J. Introducción. *Memoriales de fray Toribio de Benavente Motolinia*. Ed. Nancy Joe Dyer. México: El Colegio de México, 1996.

EAMON, William. "Markets, piazzas, and villages". *The Cambridge History of Science*. Vol 3. *Early Modern Science*. Ed. Katherine Park/Lorraine Daston. Cambridge: Cambridge Unversity Press, 2006.

ELIOT MORISON, Samuel. *El Almirante de la Mar Océano. Vida de Cristóbal Colón*. Trad. Luis a Arocena. México: Fondo de Cultura Económica, 1993.

ELLIOT, J.H. *Imperial Spain. 1469-1716*. New York: Meridian, 1977.

— Introduction. *Letters from Mexico*. De Hernán Cortés. Trad. A.R. Pagden. New York: Grossman Publishers, 1971.

— *The Old World and the New. 1492-1650*. Oxford: Cambridge University Press, 1970.

ERASMUS, Desiderius. *The Colloquies of Erasmus*. Trad. Craig R. Thompson. Chicago: The University of Chicago Press, 1965.

— *The Education of a Christian Prince*. Ed. Lisa Jardine. Cambridge: Cambridge University Press, 2002.

— *Praise of Folly*. London: Penguin Classics, 1993.

— *El Enquiridion o Manual del caballero cristiano*. Revista de Filología española. Anejo 16. Ed. Dámaso Alonso. Madrid: Ediciones Aldecoa, 1971.

ERIKSEN, Thomas Hylland/NIELSEN, Finn Sivert. *A History of Anthropology*. Sterling: Pluto Press, 2001.

ESCALANTE GONZALBO, Pablo. "La vida urbana en el periodo clásico mesoamericano. Teotihuacan hacia el año 600 dC". *Historia de la vida cotidiana en México. Vol 1 Mesoamérica y los ámbitos indígenas de la Nueva España*. Ed. Pablo Escalante Gonzalbo. México: Fondo de Cultura Económica y Colegio de México, 2009.

ESPARZA TORRES, Miguel Ángel. *Las ideas lingüísticas de Antonio de Nebrija*. Münster: Nodus-Publ., 1995.

ESPINOSA, Aurelio. *The Empire of the Cities: Emperor Charles V, the Comunero Revolt, and the Transformation of the Spanish System*. Leiden/Boston: Brill, 2009.

FERGUSON, Wallace K. *Europe in Transition. 1300-1520*. Boston: Houghton Mifflin Company, 1962.

FERNÁNDEZ-ARMESTO, Felipe. *Amerigo. The Man Who Gave his Name to America*. London: Weidenfeld & Nicolson, 2006.

— "Humanist, Inquisitor, Mystic: Cardinal Jiménez de Cisneros". *History Today*. 38.10 (1988): 33-41.

FERNÁNDEZ GALLARDO, Luis. *Alonso de Cartagena: iglesia, política y cultura en la Castilla del siglo XV*. Madrid: Universidad Complutense de Madrid, 2003.

FERNÁNDEZ, Justino. "Las miniaturas que ilustran el códice". *Libellus de Medicinalibus Indorum Herbis*. By Martín de la Cruz. Vol 2. México: Fondo de Cultura Económica/ Instituto Mexicano del Seguro Social, 1991.

FERNÁNDEZ DE OVIEDO Y VALDÉS, Gonzalo. *Historia general y natural de las Indias, Islas y Tierra-Firme del mar océano*. Asunción: Editorial Guarania, 1944-1945.

— *Sumario de la natural historia de las Indias*. México: Fondo de Cultura Económica, 1950.

FERNÁNDEZ RETAMAR, Roberto. "Calibán". *Todo Calibán*. Buenos Aires: Consejo Latinoamericano de Ciencias Sociales, 2000.

FINDLEN, Paula. "Anatomy Theaters, Botanical Gardens, and Natural History Collections". *The Cambridge History of Science. Vol 3. Early Modern Science*. Ed. Katherine Park, Lorraine Daston. Cambridge: Cambridge University Press, 2006. 272-290.

— "Natural History". *The Cambridge History of Science. Vol 3. Early Modern Science*. Ed. Katherine Park, Lorraine Daston. Cambridge: Cambridge University Press, 2006. 434-463.

— *Possessing Nature. Museums, Collecting, and Scientific Culture in early Modern Italy*. Berkeley/Los Angeles: University of California Press, 1996.

FLORES, Miguel Cirilo. "Humanismo y ciencia en Elio Antonio de Nebrija". *Antonio de Nebrija: Edad Media y Renacimiento*. Eds. Carmen Codoñer and Juan Antonio González Iglesias. Salamanca: Ediciones Universidad de Salamanca, 1997.

— "Nebrija y las ciencias". *Insula* 551 (1992): 20-23.

FOUCAULT, Michel. *The Order of Things. An Archeology of the Human Sciences*. New York: Vintage Books, 1994.

FRANCE, Anatole. "Vida de Rabelais". *Gargantúa y Pantagruel*. De Rabelais. México: Porrúa, 2003.

FRESQUET FEBRER, José María. *La experiencia americana y la terapéutica en los 'Secretos de Chirurgia' (1567), de Pedro Arias de Benavides*. Valencia: Instituto de Estudios Documentales e Históricos sobre la Ciencia, 1993.

FUENTE, José Luis de la. "La práctica de la utopía en la escritura de Hernán Cortés". *Castilla: Estudios de literatura* 24 (1999): 21-44.

GALVÁN, Manuel de Jesús. *Enriquillo: Leyenda histórica dominicana*. Santo Domingo: Imprenta de García Hermanos, 1882.

GANTE, fray Pedro de. "Carta de fray Pedro de Gante al rey don Felipe 11, 13 de junio de 1558 (Principal)". En "Fray Pedro de Gante, maestro y civilizador de América", de Ernesto de la Torre Villar. *Estudios de Historia Novohispana* 5 (1974): 9-77.

— "Carta de fray Pedro de Gante a los padres y hermanos de la provincia de Flandes, 27 de junio de 1529". En "Fray Pedro de Gante, maestro y civilizador de América", de Ernesto de la Torre Villar. *Estudios de Historia Novohispana* 5 (1974): 9-77.

GARBER, Daniel. "Physics and Foundations". *The Cambridge History of Science*. Vol 3. Early Modern Science. Ed. Katherine Park, Lorraine Daston. Cambridge: Cambridge University Press, 2006. 21-58.

GARCÍA BALLESTER, Luis. *Galen and Galenism: Theory and Medical Practice from Antiquity to the European Renaissance*. Ed. Jon Arrizabalaga. Burlington: Ashgate, 2002.

GARIBAY, Angel María. *Historia de la literatura náhuatl*. Vol. 1. México: Porrúa, 1953.

— "Proemio General". *Historia general de las cosas de Nueva España*. De Bernardino de Sahagún. México: Porrúa, 1999.

GARCÍA ICAZBALCETA, Joaquín. *Colección de documentos para la Historia de México*. Vol. 1. México: Porrúa, 1971.

— *Colección de documentos para la Historia de México*. Vol. 2. México: Porrúa, 1971.

— *Don fray Juan de Zumárraga. Primer obispo y arzobispo de México*. México: Antigua Librería de Andrade y Morales, 1881.

— *Nueva colección de documentos para la historia de México*. Vol. 1. México: Salvador Chávez Hayhoe, 1941.

— *Nueva colección de documentos para la historia de México*. Vol. 3. México: Salvador Chávez Hayhoe, 1941.

GARCÍA ORO, José. *El cardenal Cisneros. Vida y empresas*. Vol. 2. Madrid: Biblioteca de Autores Cristianos, 1992.

GARIN, Eugenio. *La revolución cultural del Renacimiento*. Barcelona: Crítica, 1981.

GARZA, Mercedes de la. *Relaciones histórico-geográficas de la gobernación de Yucatán.* Vol 1. Mexico: Universidad Nacional Autónoma de México, 1983.

GEERTZ, Clifford. *The Interpretation of Cultures: Selected Essays.* New York: Basic Books Inc., 1973.

GERBI, Antonello. *La naturaleza de las Indias Nuevas. De Cristóbal Colón a Gonzalo Fernández de Oviedo.* México: Fondo de Cultura Económica, 1978.

GIBSON, Charles. *Los aztecas bajo el dominio español (1519-1810).* México: Siglo XXI, 2007.

GIL FERNÁNDEZ, Luis. "Nebrija en el contexto del humanismo español". *Ínsula* 551 (1992): 1-2, 24.

— *Panorama social del humanismo español* (1500-1800). Madrid: Tecnos, 1997.

GIL, José S. *La escuela de traductores de Toledo y los colaboradores judíos.* Toledo: Instituto Provincial de Investigaciones y Estudios Toledanos, 1985.

GINZBURG, Carlo. *History, Rhetoric, and Proof.* Hannover: University Press of New England/Brandeis University Press, 1999.

GLACKEN, Clarence J. *Traces on the Rhodian Shore. Nature and Culture in Western Thought From Ancient Times to the End of the Eighteen Century.* Berkeley/Los Angeles: University of California Press, 1967.

GÓMEZ CANEDO, Lino. "Fray Martín de Valencia". *Pioneros de la cruz en México.* Madrid: Biblioteca de Autores Cristianos, 1988.

GÓMEZ MORENO, Ángel. *España y la Italia de los humanistas. Primeros ecos.* Madrid: Gredos, 1994.

GÓMEZ POMPA, Arturo. "Las raíces de la etnobotánica mexicana". *Acta Biológica Panamensis* 1 (2009): 87-100.

GONZÁLEZ ECHEVARRÍA, Roberto. *Myth and Archive: a Theory of Latin American Narrative.* Cambridge/New York: Cambridge University Press, 1990.

GONZÁLEZ GONZÁLEZ, Enrique. "La enseñanza médica en la ciudad de México durante el siglo XVI". *El Mestizaje Cultural y la Medicina Novohispana del siglo XVI.* Ed. J. L. Fresquet Febrer, J. M. López Piñero. Valencia: Instituto de Estudios Documentales e Históricos sobre la Ciencia, 1995.

GONZÁLEZ MANJARREZ, Miguel Ángel. *Andrés Laguna y el humanismo médico: estudio filológico.* Valladolid: Junta de Castilla y León, 2000.

González Pérez, Francisco Javier. "*De unico vocationis modo* y el experimento de la Vera Paz: Una estrategia cognitiva revolucionaria en la conquista de América". *AISPI*. Fine Secolo e Scrittura: Dal Medioevo al Giorni Nostri. Atti del XVIII Convegno Siena 1 (1998): 93-104.

Grafton, Anthony. *Defenders of the Text: The Traditions of Scholarship in an Age of Science, 1450–1800*. Cambridge, MA: Harvard University Press, 1991.

Grant, Edward. *A History of Natural Philosphy: From the Ancient World to the Nineteenth Century*. New York: Cambridge University Press, 2007.

Gray, Hanna. "Renaissance Humanism: The Pursuit of Eloquence". *Journal of the History of Ideas*, 24 (1963): 497-514.

Greenblatt, Stephen. *Marvelous Possessions. The Wonder of the New World*. Chicago: The University of Chicago Press, 1991.

— "Introduction". *New New World Encounters*. Ed. Stephen Greenblatt. Berkeley/Los Angeles: University of California Press, 1993.

Gruzinski, Serge. *La colonización de lo imaginario: Sociedades indígenas y occidentalización en el México español. Siglo XVI-XVII*. México: Fondo de Cultura Económica, 1991.

Gurría Lacroix, Jorge. Introducción. *Itinerario de la armada del Rey Católico a la isla de Yucatán en la India el año 1518 en la que fue por comandante y capitán general Juan e Grijalva*. De Juan Díaz. México: Editorial Juan Pablos, 1972.

Hadot, Pierre. *The Veil of Isis. An Essay on the History of the Idea of Nature*. Cambridge: The Belknap Press of Harvard University Press, 2006.

Hanke, Lewis. *Bartolomé de las Casas: an Interpretation of his life and writings*. The Hague: M. Nijhoff, 1951.

Harkness, Deborah E. *The Jewel House: Elizabethan London and the Scientific Revolution*. New Haven y London: Yale University Press, 2007.

Harrison, Peter. Introduction. *Wrestling with Nature. From Omens to Science*. Chicago/Londres: The University of Chicago Press, 2011.

Heidegger, Martin. *El ser y el tiempo*. Trad. José Gaos. México: Fondo de Cultura Económica, 1967.

— *The Principle of Reason*. Trad. Reginald Lilly. Bloomington: Indiana University Press, 1991.

HEADLEY, John M. *The Emperor and His Chancellor: A Study of the Imperial Chancellery under Gattinara*. Cambridge/New York: Cambridge University Press, 1983.
HERNÁNDEZ DE LEÓN PORTILLA, Ascensión. Introducción. *Antigüedades de la Nueva España*. Madrid: Dastin, 2003.
HERNÁNDEZ, Francisco. *Antigüedades de la Nueva España*. Madrid: Dastin, 2003.
— *Historia natural de Cayo Plinio Segundo. Trasladada y anotada por el doctor Francisco Hernández*. Vol 1. Obras completas, t. I. México: Universidad Nacional Autónoma de México, 1966.
— *Historia Natural de Nueva España*. Vol 1. Obras completas, t. II. México: Universidad Nacional Autónoma de México, 1959.
— *Historia Natural de Nueva España*. Vol 2. Obras completas, t. III. México: Universidad Nacional Autónoma de México, 1959.
HERNÁNDEZ, Francisco Martín. "Campo universitario". *Humanismo cristiano*. Ed. Francisco Martín Hernández, et al. Salamanca: Caja de Ahorros y Monte de piedad de Salamanca, 1989.
HERNÁNDEZ MARTÍN, Ramón. "Doctrina americanista de los teólogos de San Esteban". *Humanismo cristiano*. Ed. Francisco Martín Hernández et al. Salamanca: Caja de Ahorros y Monte de piedad de Salamanca, 1989.
HILL BOONE, Elizabeth. *Stories in Red and Black*. Austin: University of Texas Press, 2000.
HINOJO, Gregorio Andrés. "Nebrija y la historiografía renacentista: la fortuna". *Antonio de Nebrija: Edad Media y Renacimiento*. Eds. Carmen Codoñer and Juan Antonio González Iglesias. Salamanca: Ediciones Universidad de Salamanca, 1997.
HODGEN, Margaret T. *Early Anthropology in the Sixteenth and Seventeenth Centuries*. Philadelphia: University of Pennsylvania Press, 1964.
HUIZINGA, Johan. *Sobre el estado actual de la ciencia histórica*. Madrid: Revista de Occidente, 1934.
— *The Waning of the Middle Ages*. Mineola, New York: Dover Publications, 1999.
HUTCHISON, Keith. "The Antiquity of the 'Injuction' *Non Plus Ultra*". Bulletin canadien d'histoire de la médecine 26.1 (2009): 155-178.
Índice de la colección de don Luis de Salazar y Castro. T. XXI. Madrid: Real Academia de la Historia, 1958.

Jackson, Gabriel. *The Making of Medieval Spain*. London: Thames and Hudson, 1972.

Jehle, Fred. *Antología de poesía española*. <http://users.ipfw.edu/jehle/poesia.htm>. 5 de octubre de 2014.

Jiménez Moreno, Wigberto. *Fray Bernardino de Sahagún y su obra*. (Este trabajo se publicó en el tomo I de la Historia general de las cosas de Nueva España, de Sahagún, en su 4ª edición castellana que acaba de imprimirse). México D. F.: P. Robredo, 1938.

Jiménez, Nora Edith. *Francisco López de Gómara. Escribir historias en tiempos de Carlos V*. México: Conaculta-INAH/El Colegio de Michoacán, 2001.

Jourdanet Denis/Siméon, Rémi. *Fray Bernardino de Sahagún, Histoire generale des choses de la Nouvelle-Espagne*. Trad. G. Masson. Paris: Librairie de I'Académie de Médecine, 1880.

Joy, Lynn S. "Scientific Explanation from Formal Causes to Laws of Nature". *The Cambridge History of Science*. Vol 3. *Early Modern Science*. Ed. Katherine Park/Lorraine Daston. Cambridge: Cambridge University Press, 2006. 70-106.

Kagan, Richard L. *Clio and the Crown. The Politics of History in Medieval and Early Modern Spain*. Baltimore: The Johns Hopkins University Press, 2009.

Kahler, Erich. *Historia Universal del Hombre*. México: Fondo de Cultura Económica, 2004.

Keber, John. "Sahagún and Hermeneutics: A Christian Ethnographer's Understanding of Aztec Culture". *The Work of Bernardino de Sahagún. Pioneer Ethnograher of Sixteenth-Century Aztec Mexico*. Albany: Institute for Mesoamerican Studies, The University at Albany, State University of New York, 1988. 53-64.

Keen, Benjamin. *A History of Latin America*. Boston: Houghton Mifflin Company, 1996.

Kempis, Thomas À. *Of the Imitation of Christ*. Trad. Abbot Justin McCann. New York: Mentor Books, 1957.

Kennedy, George A. Introduction. *Aristotle On Rhetoric, A Theory of Civic Discourse*. New York/Oxford: Oxford University Press, 1991. 3-22.

Klor de Alva, Jorge. "La historicidad de los *Coloquios* de Sahagún". *Bernardino de Sahagún. Diez estudios acerca de su obra*. Ed. Ascensión Hernández de León-Portilla. México: Fondo de Cultura Económica, (1990): 180-84.

— "La disputa sobre un nuevo Occidente: política cultural e identidades múltiples en el fin de siglo". *De Palabra Y Obra En El Nuevo Mundo*. Ed. León-Portilla, M; Estévez, M. G.; Grossen, G. H. and Klor de Alva, J. Madrid: Siglo XXI de España, (1993): 507-540.

KLOR DE ALVA, Jorge/NICHOLSON, H. B./QUIÑONES KEBER, Eloise. "Introduction". *The Work of Bernardino de Sahagún. Pioneer Ethnograher of Sixteenth-Century Aztec Mexico*. Albany: Institute for Mesoamerican Studies, The University at Albany, State University of New York, 1988. 1-13.

KOHUT, Karl. "Las crónicas de Indias y la teoría historiográfica: desde los comienzos hasta mediados del siglo XVI". *Narración y Reflexión. Las crónicas de Indias y la teoría historiográfica*. Ed. Karl Kohut. México: El Colegio de México, 2007.

— "Introducción". *Pensamiento europeo y cultura colonial*. Madrid: Iberoamericana, 1997.

KRISTELLER, Paul Oskar. *Renaissance Thought II: Papers on Humanism and the Arts*. New York: Harper Torchbooks, 1965.

KRUGER-HICKMAN, Kathryn D. *Literaty Strategies of Persuasion in the "Cartas-Relaciones" of Hernán Cortés*. San Diego: University of California, 1987.

LABARRE, Albert. *Bibliographie du dictionarium d'Ambrogio Calepino: (1502-1779)*. Baden-Baden: Koerner, 1975.

LAFAYE, Jacques. *Los conquistadores. Figuras y escrituras*. México: Fondo de Cultura Económica, 1999.

— *Por amor al griego. La nación europea, señorío humanista (siglos XIV-XVII)*. México: Fondo de Cultura Económica, 2005.

LAÍN ENTRALGO, Pedro. *Historia de la medicina*. Barcelona: Salvat, 1978.

LANDA ÁBREGO, María Elena. *Ollin y cruz en la simbología náhuatl. 1985*. Vol 5. Cuaderno de trabajo. Puebla: Centro Regional de Puebla/INAH, 1985.

LAS CASAS, Bartolomé de. *Apologética Historia Sumaria. Cuanto a las cualidades, disposición, descripción, cielo y suelo de estas tierras, y condiciones naturales, policías, repúblicas, manera de vivir e costumbres de las gentes de estas Indias Occidentales Meridionales cuyo imperio soberano pertenece a los Reyes de Castilla*. 2 vols. México: Universidad Nacional Autónoma de México, 1967.

— *Historia de las Indias*. México: Fondo de Cultura Económica, 1951.

LAWRENCE, Jeremy. "Humanism and the Court in Fifteenth-Century Castile". *Humanism in fifteenth-century Europe*. Ed. David Rundle. Oxford : Society for the Study of Medieval Languages and Literature, 2012. 175-201.

Laws of Burgos of 1512-1513. Trad y ed. Lesley Bird Simpson. San Francisco: John Howell, 1960.

Lazarillo de Tormes. Ed. Amparo Medina-Bocos. Madrid: Cátedra, 2006.

LEÓN, Fray Luis de. *De los nombres de Cristo*. Ed. Cristóbal Cuevas. Madrid: Cátedra, 1984.

LEÓN-PORTILLA, Miguel. *Bernardino de Sahagún. Pionero de la Antropología*. México: Universidad Nacional Autónoma de México/ El Colegio Nacional, 1999.

— "Estudio introductorio". *Arte de la lengua mexicana*. By Andrés de Olmos. Ed. Ascención Hernández de León-Portilla and Miguel León-Portilla. México: Universidad Nacional Autónoma de México, 2002.

— Introduction. *Coloquios y doctrina cristiana* de fray Bernardino de Sahagún. Ed. Miguel León-Portilla. México: Universidad Nacional Autónoma de México/Fundación de Investigaciones Sociales, 1986.

— *La Filosofía náhuatl estudiada en sus fuentes*. México: Universidad Nacional Autónoma de México, 1966.

— *Los Antiguos Mexicanos a través de sus crónicas y cantares*. México: Fondo de Cultura Económica, 1961.

— *Tonantzin Guadalupe. Pensamiento náhuatl y mensaje cristiano en el "Nican mopohua"*. México: El Colegio Nacional/Fondo de Cultura Económica, 2000.

— "Ramírez de Fuenleal y las Antigüedades Mexicanas". *Estudios de cultura náhuatl* 8 (1969): 9-49.

— "Significado de la obra de fray Bernardino de Sahagún". *Estudios de Historia Novohispana* 1 (1966): 1-18.

LEONE, Massimo. "(In)efficacy of Words and Images in Sixteenth-Century Franciscan Missions in Mesoamerica: Semiotic Features and Cultural Consequences". *Word & Image Interactions 7* (2011): 57-70.

LÉVI-STRAUSS, Claude. *Mitológicas*. Tomo 1. México: Fondo de Cultura Económica, 2002.

LIEBERSOHN, Harry. "Anthropology Before Anthropology". *A New History of Anthropology*. Ed. Henrika Kuklick. Malden: Blackwell, 2008.

Liss, Peggy K. *Orígenes de la nacionalidad mexicana. 1521-1556. La formación de una nueva sociedad*. México: Fondo de Cultura Económica, 1986.

Livi-Bacci, Massimo. "The Depopulation of Hispanic America after the Conquest". *Population and Development Review* 32. 2 (2006): 199-232.

Lockhart, James. *Los nahuas después de la Conquista. Historia social y cultural de los indios del México central del siglo XVI al XVIII*. Trad. Roberto Reyes Mazzoni. México: Fondo de Cultura Económica, 1999.

Lonergan, Bernard. "The Origins of Christian Realism". *A Second Collection*. London: Darton, Longman & Todd, 1974: 239-61.

Lope Blanch, Juan M. *Nebrija cinco siglos después*. México: Universidad Nacional Autónoma de México, 1994.

Lopes Don, Patricia. "The 1539 Inquisition and Trial of Don Carlos of Texcoco in Early Mexico". *Hispanic American Historical Review* 88.4 (2008): 573-606.

López Austin, Alfredo. *Cuerpo humano e ideología: las concepciones de los antiguos nahuas*. 2 vols. México: Universidad Nacional Autónoma de México/Instituto de Investigaciones Antropológicas, 1984.

— "Cosmovisión y salud entre los mexicas". *Historia General de la Medicina en México. México Antiguo*. Vol 1. México: Universidad Nacional Autónoma de México, 1984.

— "Equilibrio y desequilibrio del cuerpo humano. Las concepcions de los antiguos nahuas". *El Mestizaje Cultural y la Medicina Novohispana del siglo XVI*. Ed. J. L. Freqeut Febrer y J. M. López Piñero. Valencia: Instituto de Estudios Documentales e Históricos sobre la Ciencia Universitat de Valencia/CSIC, 1995.

— "Estudio acerca del método de investigación de fray Bernardino de Sahagún". *Estudios de Cultura Náhuatl* 42 (2011): 353-400.

— *El pasado indígena*. México: Fondo de Cultura Económica, 2010.

López, Enrique/Torres Montero, Gabriela. "Historiar la naturaleza: reflexiones sobre la traducción a la *Historia natural* de Plinio por Francisco Hernández". *Delaware Review of Latin American Studies*. 11.1 (2010). Disponible en: Academic Search Complete, Ipswich, MA. 26 de febrero de 2012.

López de Gómara, Francisco. "Historia General de las Indias". Alicante: Biblioteca Virtual Miguel de Cervantes, 1999. Edición digital basada en la edición de Caracas, Biblioteca Ayacucho, 1978.

<http://www.cervantesvirtual.com/obra-visor/historia-general-de-las-indias--0/html/fef81d62-82b1-11df-acc7-002185ce6064_2.html#I_1_>. 4 de octubre de 2014.

López Piñero, José María. "Nebrija, Elio Antonio de". *Diccionario histórico de la ciencia moderna en España*. Vol I. Ed. José M. López Piñero et al. Barcelona: Ediciones Península, 1983.

— *El Códice Pomar (ca. 1590), el interés de Felipe II por la Historia Natural y la expedición Hernández a América*. Valencia: Instituto de Estudios Documentales e Históricos sobre la Ciencia. Universidad de Valencia/CSIC, 1991.

— "Los primeros estudios científicos: Nicolás Monardes y Francisco Hernández". *Medicinas, drogas y alimentos vegetales del Nuevo Mundo*. Ed. José M López Piñero et al. Valencia: Instituto de Estudios Documentales e Históricos sobre la Ciencia, 1992.

— "Prólogo". *Más allá de la Leyenda Negra. España y la Revolución Científica*. Eds. Víctor Navarro Brotóns, William Eamon. Valencia: Instituto de Historia de la Ciencia y documentación López Piñero/Universidad de Valencia, 2007.

López Piñero, José María/Pardo Tomás, José. *La influencia de Francisco Hernández (1517-1587) en la constitución de la botánica y la materia médica modernas*. Valencia: Instituto de Estudios Documentales e Históricos sobre la Ciencia, 1996.

— *Nuevos materiales y noticias sobre la Historia de las plantas de Nueva España de Francisco Hernández*. Valencia: Instituto de Estudios Documentales e Históricos sobre la Ciencia, 1994.

López Piñero, José María/Fresquet Febrer, José Luis. "El mestizaje cultural de la medicina novohispana del siglo XVI y su influencia en Europa". *El Mestizaje Cultural y la Medicina Novohispana del siglo XVI*. Ed. J. L. Fresquet Febrer y J. M. López Piñero. Valencia: Instituto de Estudios Documentales e Históricos sobre la Ciencia, 1995. 9-23.

López Piñero, José María/Fresquet Febrer José Luis/López Terrada María Luz/Pardo Tomás José. *Medicinas, drogas y alimentos vegetales del Nuevo Mundo*. Madrid: Instituto de Estudios Documentales e Históricos sobre la Ciencia/Universidad de Valencia/CSIC, 1992.

Löwy, Michael. "The Historical Meaning of Christianity of Liberation in Latin America". *Coloniality at Large. Latin America and the Postcolonial Debate*. Eds. Mabel Moraña et al. Durham: Duke University Press, 2008. 349-359.

LUNDBERG, Magnus. "Las actas de los tres primeros concilios mexicanos. Historia diplomática y estudio de su itinerario". *Anuario de Historia de la Iglesia* 15 (2006): 259-268.

MACHIAVELLI, Niccolò. *El Príncipe*. Madrid: Ediciones de la Universidad de Puerto Rico, 1955.

MACCULLOCH, Diarmaid. *The Reformation*. New York: Viking, 2003.

MACK, Peter. Introduction. *A History of Renaissance Rhetoric 1380-1620*. Oxford: Oxford University Press, 2011.

MADARIAGA, Salvador de. *Hernán Cortés*. Buenos Aires: Editorial Sudamericana, 1941.

MAFFIE, James. "Why Care about Nezahualcoyotl?: Veritism and Nahua Philosophy". *Philosophy of the Social Sciences* 32 (2002): 71-91.

MALDONADO-TORRES, Nelson. "Secularims and Religions in the Modern Colonial World-system: From Secular Postcoloniality to Postsecular Transmodernity". *Coloniality at Large. Latin America and the Postcolonial Debate*. Eds. Mabel Moraña et al. Durham: Duke University Press, 2008. 360-387.

MARAVALL, José Antonio. *Antiguos y modernos. La idea de progreso en el desarrollo inicial de una sociedad*. Madrid: Sociedad de Estudios y Publicaciones, 1966.

— *Las comunidades de Castilla; una primera revolución moderna*. Madrid: Revista de Occidente, 1970.

— *La cultura del barroco. Análisis de una estructura histórica*. Barcelona: Ariel, 1981.

— "Garcilaso: entre la sociedad caballeresca y la utopía renacentista". *Garcilaso*. Ed. Víctor García de la Concha. Salamanca: Ediciones Universidad de Salamanca, 1986.

MARSH, David. "Grammar, Method, and Polemic in Lorenzo Valla's *Elegantiae*". *Rinascimento* 19 (1979): 91-116.

MARTÍ, Antonio. *La preceptiva retórica española en el siglo de Oro*. Madrid: Gredos, 1972.

MARÍN TAMAYO, Fausto. "Nuño de Guzmán: el hombre y sus antecedentes". *Historia Mexicana* 6.2 (1956): 217-231.

MARTÍNEZ, Luz Ángela. "El quiebre epistemológico y el nacimiento del nuevo sujeto de conocimiento en la 'Historia General y Natural de las Indias' de Gonazlo Fernández de Oviedo". *Revista Chilena de Literatura* 77 (2010): 236-250.

MARROQUÍN ARREDONDO, Jaime. "Ethnography and Experience: Mesoamerican Knowledge and Early Modern Medicine". En preparación.

— *La historia de los prejuicios en América: La Conquista*. México: Porrúa, 2007.

MARROQUÍN ZALETA, Enrique. *La cruz mesiánica. Una aproximación al sincretismo católico indígena*. México: Palabra/UABJO, 1989.

MARZAL, Manuel M. *Historia de la antropología indigentista: México y Perú*. Barcelona: Anthropos/Mérida: Editora Regional de Extremadura, 1993.

MATHES, Miguel. *Santa Cruz de Tlatelolco: la primera biblioteca académica de las Américas*. México: Secretaría de Relaciones Exteriores, 1982.

MAYNEZ, Pilar. *Religión y Magia. Un problema de transculturación lingüística en la obra de Bernardino de Sahagún*. México: Universidad Nacional Autónoma de México, 1989.

MCCONICA, James. *Erasmus*. Oxford/New York: Oxford University Press, 1991.

MENDIETA, Gerónimo de. *Historia Eclesiástica Indiana*. México: Porrúa, 1980.

MERRIM, Stephanie. *The Spectacular City, Mexico, and Colonial Hispanic Literary Culture*. Austin: University of Texas Press, 2010.

MIER Y TERÁN ROCHA, Lucía. *La primera traza de la ciudad de México, 1524-1535*. México: Universidad Nacional Autónoma de México/Fondo de Cultura Económica, 2005.

MIGNOLO, Walter. "The Geopolitics of knokledge and the Colonial Difference". *Coloniality at Large. Latin America and the Postcolonial Debate*. Eds. Mabel Moraña et al. Durham: Duke University Press, 2008.

MINÀ, Gianni. *Un continente desaparecido: la América Latina vivida y contada por Samuel Ruiz*. La Habana, Cuba: Casa Editora Abril, 2001.

MINNECI, Mónica. "Antithesis and Complimentary: Tezcatlipoca and Quetzalcoatl in Creation Myths". *Estudios de cultura Náhuatl* 30 (1999):153-164.

MIRALLES OSTOS, Juan. *Hernán Cortés. Inventor de México*. México: Tusquets, 2001.

MIRANDA, José. Introducción. *Sumario de la natural historia de las Indias*. De Gonzalo Fernández de Oviedo. México: Fondo de Cultura Económica, 1950.

Montaigne. *Ensayos completos*. México: Editorial Porrúa, 1999.
Morales, Francisco. "Dos figuras en la Utopía Franciscana de Nueva España: Fray Juan de Zumárraga y fray Martín de Valencia". *Caravelle* 76-77 (1988): 333-344.
— "Los Coloquios de Sahagún: el marco teológico de su contenido". *Estudios de cultura náhuatl* 32 (2001):175-188.
Moraña, Mabel/ Dussel, Enrique/ Jáuregui, Carlos. Introduction. *Coloniality at Large. Latin America and the Postcolonial Debate*. Eds. Mabel Moraña et al. Durham: Duke University Press, 2008.
More, Thomas. *Utopia*. Indianapolis/Cambridge: Hackett Publishing Company, 1999.
— "Utopía". *Utopías del Renacimiento*. Trad. Agustín Millares Carlo. México: Fondo de Cultura Económica, 1941.
Morros, Bienvenido. "La edición de las poesías de Garcilaso". Centro Virtual Cervantes. 29 de marzo de 2012. <http://cvc.cervantes.es/actcult/garcilaso/ anotaciones/morros1.htm>.
Morse, Richard. *El espejo de Próspero. Un estudio de la dialéctica del Nuevo Mundo*. México: Siglo XXI, 1999.
Motolinía, fray Toribio de Benavente. *Historia de los indios de la Nueva España*. Madrid: Alianza Editorial, 1988.
— *Memoriales (Libro de oro, MS JGI 31)*. Ed. Nancy Joe Dyer. México: El Colegio de México, 1996.
Muñoz, Ronaldo. "Ser Iglesia de Jesús en poblaciones y campos". *Eclesiología de Base*. Santiago: Centro Diego de Medellín y Congregación Sagrados Corazones, 2002.
Navarro Brotóns, Víctor. "Humanismo y ciencia en el siglo xvi". *Antonio de Nebrija: Edad Media y Renacimiento*. Eds. Carmen Codoñer y Juan Antonio González Iglesias. Salamanca: Ediciones Universidad de Salamanca, 1997.
Navarro Brotóns, Víctor/Eamon, William. "Spain and the Scientific Revolution: Historiographical Questions and Conjectures". *Más allá de la Leyenda Negra. España y la Revolución Científica*. Eds. Víctor Navarro Brotóns, Willam Eamon. Valencia: Instituto de Historia de la Ciencia y Documentación López Piñero/Universitad de Valencia, 2007.
— "Preface". *Más allá de la Leyenda Negra. España y la Revolución Científica*. Eds. Víctor Navarro Brotóns, Willam Eamon. Valencia: Instituto de Historia de la Ciencia y Documentación López Piñero/Universidad de Valencia, 2007.

Navarro Durán, Rosa. Introducción. *Diálogo de Mercurio y Carón* de Alfonso de Valdés. Madrid: Cátedra, 1999.

Nebel, Richard. "The Cult of Santa Maria Tonantzin, Virgin of Guadalupe in Mexico". *In Sacred Space: Shrine, City, Land*. Washington Square, New York: New York University Press, 1998.

Nebrija, Antonio de. *Gramática de la lengua castellana*. Ed. Antonio Quilis. Madrid: Editorial Centro de Estudios Ramón Areces, 1989.

Nicolau D'Olwer, Luis. *Fray Bernardino de Sahagún (1499-1590)*. Salt Lake City: University of Utah Press, 1987.

Nieva Ocampo, Guillermo. "Formas de integración socio-funcional de los dominicos castellanos de la observancia: los frailes de San Esteban de Salamanca en la primera mitad del siglo xvi". *Temas Medievales* 14 (2006), 157-193. 8 de diciembre de 2008.

Norton, Marcy. *Sacred Gifts, Profane Pleasures. A History of Tobacco and Chocolate in the Atlantic World*. Ithaca: Cornell University Press, 2008.

Ogilvie, Brian W. *The Science of Describing: Natural History in Renaissance Europe*. Chicago: University of Chicago Press, 2006.

O' Gorman, Edmundo. Introducción. *Historia Natural y Moral de las Indias* de José de Acosta. México: Fondo de Cultura Económica, 2006.

— "La apologética historia". *Apologética Historia Sumaria* de Bartolomé de Las Casas. México: Universidad Nacional Autónoma de México, 1967.

— *La invención de América*. Mexico: Fondo de Cultura Económica, 1984.

— "Pedro Mártir y el proceso de América". Décadas del Nuevo Mundo. De Pedro Mártir de Anglería. México: José Porrúa e Hijos, 1964.

— *The older Sophists: a complete translation by several hands of the fragments in Die Fragmente der Vorsokratiker*. Ed. Diels-Kranz. Indianapolis: Hackett, 2001.

Olmos, fray Andrés de. *Arte de la lengua mexicana*. Ed. Ascención Hernández de León-Portilla y Miguel León-Portilla. México: Universidad Nacional Autónoma de México, 2002.

— *Tratado de hechicerías y sortilegios*. Ed. y Trad. Georges Baudot. México: Universidad Nacional Autónoma de México, 1990.

— *Tratado sobre los siete pecados mortales*. Ed. y trad. Georges Baudot. México: Universidad Nacional Autónoma de México, 1996.

ONG, Walter J. "Ramus: Rhetoric and the Pre-Newtonian Mind". *An Ong Reader. Challenges for Further Inquiry*. New Jersey: Hampton Press, 2002.
— "Ramus and the Transit to the Modern Mind". *An Ong Reader. Challenges for Further Inquiry*. New Jersey: Hampton Press, 2002.
ORGAN, Roy W. *An Index to Aristotle in English Translation*. New York: Gordian Press, 1966.
ORTEGA, Alfonso. "El humanismo salmantino en la Conquista de América". *Humanismo cristiano*. Ed. Francisco M. Hernández. Salamanca: Caja de Ahorros y Monte de Piedad de Salamanca, 1989.
ORTIZ, Fernando. *Contrapunteo cubano del tabaco y el azúcar*. Ed. Jesús Montero. La Habana: Heraldo Cristiano, 1940.
ORTIZ DE MONTELLANOS, Bernardo R. "El Conocimiento de la Naturaleza entre los Mexicas. Taxonomía". *Historia General de la Medicina. Vol. I, México Antiguo*. México: Universidad Nacional Autónoma de México, 1984.
PADRÓN, Ricardo. *The Spacious Word*. Chicago: The University of Chicago Press, 2004.
PAGDEN, Anthony. *The Fall of Natural Man. The American Indian and the Origins of Comparative Ethnology*. Cambridge: Cambridge University Press, 1982.
PAGOLA, José Antonio. *Jesus an Historical Approximation*. Trad. Margaret Wilde. Miami: Convivium Press, 2009.
PALERM, Ángel. *Antroplogía y marxismo*. México: CIESAS, 1998.
— *Introducción a la teoría etnológica*. México: Universidad Iberoamericana, 1967 y 1997.
PANÉ, Ramón. *Relación acerca de las antigüedades de los indios*. México: Siglo XXI, 1978.
PARDO TOMÁS, José. *Oviedo, Monardes, Hernández. El tesoro natural de América*. Madrid: Nivola, 2002.
— "Viajes de ida o de vuelta: la circulación de la obra de Francisco Hernández en México (1576-1672)". *Il Tesoro Messicano: Libri e Sapieri tra Europa e Nuovo Mondo*. Ed. Maria Eugenia Cadeddu y Marco Guardo. Florence: Leo S. Olschki, 2013.
PARK, Katherine/DASTON, Lorraine. Introduction: The Age of the New. *The Cambridge History of Science*. Vol 3. *Early Modern Science*. Ed. Katherine Park/Lorraine Daston. Cambridge: Cambridge University Press, 2006. 1-17.

Parodi, Claudia. "Fiestas palaciegas: Sor Juana Inés de la Cruz y el *Neptuno Alegórico*, Carlos de Sigüenza y Góngora y el *Teatro de Virtudes Políticas*". *Centro y periferia. Cultura, lengua y literatura virreinales en América*. Ed. Claudia Parodi y Jimena Rodríguez. Madrid/Frankfurt: Iberoamericana/Vervuert, 2011.

Pastor, Beatriz. *Discursos narrativos de la conquista: mitificación y emergencia*. Hanover: Ediciones del Norte, 1988.

Paz, Octavio. *El arco y la lira. El poema. La revelación poética. Poesía e historia*. México: Fondo de Cultura Económica, 1998.

— "La Nueva Analogía: Poesía y Tecnología". *La casa de la presencia. Poesía e historia*. México: Fondo de Cultura Económica, 2010.

— Prólogo. *Quetzalcóatl y Guadalupe. La formación de la conciencia nacional en México*. De Jacques Lafaye. México: Fondo de Cultura Económica, 2006.

— *Sor Juana Inés de la Cruz o las trampas de la fe*. Barcelona: Seix-Barral, 1982.

Pereyra, Carlos. *Hernán Cortés*. México: Porrúa, 1976.

Pérez, Joseph. *La revolución de las comunidades de Castilla (1520-1521)*. Madrid: Siglo XXI de España, 1977.

Pérez Puente, Leticia/González González, Enrique/Aguirre Salvador, Rodolfo. "Los concilios provinciales mexicanos primero y segundo". *Los concilios provinciales en Nueva España. Reflexiones e influencias*. Ed. María del Pilar Martínez López-Cano. México: Universidad Nacional Autónoma de México/BUAP, 2005.

Petrarca, Francesco. *Prose* Milano: R. Ricciardi, 1955.

Phelan, John Leddy. *The Millenial Kingdom of the Franciscans in the New World*. Berkeley/Los Angeles: University of California Press, 1970.

Pino Díaz, Fermín del. "De las Crónicas de Indias a Malinowski, o de la influencia (menospreciada) de los textos en el trabajo de campo". *Revista de Dialectología y Tradiciones Populares*. 63, 1 (2008): 17-36.

Platón. *The Dialogues of Plato*. Trad. R.E. Allen. New Haven: Yale University Press, 1997.

Plinio el Viejo, *The Natural History*. Ed. John Bostock, 2 de junio de 2012. <http://www.perseus.tufts.edu/hopper/>.

Ponting, Clive. *A Green History of the World: The Envrionment and the Collapse of Great Civilizations*. London: Sinclair Stevenson, 1991.

POOLE, Stafford. "Juan de Ovando's Reform of the University of Alcala de Henares, 1564-1566". *The Sixteenth Century Journal* 21.4 (1991): 575-606.

PORTUONDO, María M. *Secret Science: Spanish Cosmography and the New World*. Chicago: University of Chicago Press, 2009. 299-306.

POZO, Efrén C. del. "Valor médico y documental del manuscrito". *Libellus de Medicinalibus Indorum Herbis. Versión española*. Vol 2. México: Fondo de Cultura Económica/Instituto Mexicano del Seguro Social, 1991.

PUIGVERT, Antoni. "Andrés Laguna 1494-1560". *Actas urológicas españolas* 3 (1979): 1–4.

QUERALTÓ MORENO, Ramón-Jesús. *El pensamiento filosófico-político de Bartolomé de las Casas*. Sevilla: Escuela de Estudios Hispano-Americanos de Sevilla, 1976.

QUIJANO, Aníbal. "Coloniality of Power, Eurocentrism, and Social Classification". *Coloniality at Large. Latin America and the Postcolonial Debate*. Eds. Mabel Moraña, et al. Durham, Duke University Press, 2008.

QUIROGA, Vasco de. *Información en derecho del licenciado Quiroga sobre algunas provisiones del Real Consejo de Indias*. México: Secretaría de Educación Pública, 1985.

RAMA, Ángel. *La ciudad letrada*. Montevideo: Comisión uruguaya pro Fundación internacional Angel Rama, 1984.

RAMÍREZ DE FUENLEAL, Sebastián. "Parecer de don Sebastián Ramírez de Fuenleal, obispo de Santo domingo y presidente de la Real Audiencia de la Nueva España". *Colección de documentos para la historia de México*. Vol. 1. Ed. Joaquín García Icazbalceta. México: Porrúa, 1971.

RAMOS, Julián Clemente. "La evolución del medio natural en Extremadura (1142-c. 1525)". *El medio natural en la España medieval. Actas del I Congreso sobre ecohistoria e historia medieval.* Ed. Julián Clemente Ramos. Cáceres: Universidad de Extremadura. Cáceres, 2001.

RAMUSIO, Giovanni Battista, 1485-1557. *Navigationi et viaggi*. Amsterdam: Theatrum Orbis Terrarum, 1970.

RANDLES, William G.L. "Classical Models of World Geography and their Transformation Following the Discovery of America". *The Classical Tradition and the Americas*. Ed. Wolfgang Haase y Meyer Reinhold. Berlin: Walter de Gruyter, 1994.

Real de Azúa, Carlos. Introducción. *Antología del ensayo uruguayo contemporáneo.* Ed. Carlos Real de Azúa. Montevideo: Universidad de la República, 1964.

Reyes, Alfonso. "Apolo o de la literatura". *Obras Completas de Alfonso Reyes.* Vol. 14. México: Fondo de Cultura Económica, 1962.

— *La antigua retórica.* México: Fondo de Cultura Económica, 1997.

— *Letras de la Nueva España.* México: Fondo de Cultura Económica, 2007.

— *Tentativas y orientaciones. Obras Completas de Alfonso Reyes* México. Vol 11. Fondo de Cultura Económica, 1997.

— *Ultima Tule. Obras Completas de Alfonso Reyes* México. Vol 11. Fondo de Cultura Económica, 1997.

— *Visión de Anáhuac.* México: Fondo de Cultura Económica/SEP, 1983.

Ricard, Robert. *La Conquista espiritual de México. Ensayo sobre el apostolado y los métodos misioneros de las órdenes mendicantes en la Nueva España de 1523-1524 a 1572.* México: Fondo de Cultura Económica, 2005.

Riddle, John M. *Dioscorides on pharmacy and medicine.* Austin: University of Texas Press, 1985.

Rigolot, François. "Montaigne: European Reader of America". *Diogenes.* Trad. Sophie Hawkes. 41.1 (1993): 1-12.

Río Hernández, Leticia Ivonne del. *Humanismo y políticas culturales en Nueva España: siglo XVI.* Zacatecas: Universidad Autónoma de Zacatecas, 2008.

Risse, Gunther B. "Shelter and Care for Natives and Colonists. Hospitals in Sixteenth-Century New Spain". *Searching for the Secrets of Nature. The Life and Works of Dr. Francisco Hernández.* Ed. Simon Varley et al. Stanford: Stanford University Press, 2000.

Rivero Rodríguez, Manuel. *Gattinara: Carlos V y el sueño del imperio.* Madrid: Sílex, 2005.

Rodríguez Álvarez, Ángel. "Mitología Taína o Eyeri. Ramón Pané y la Relación sobre las Antigüedades de los Indios: el primer tratado etnográfico hecho en América". *Cuba arqueológica* 2.1 (2009): 92.

Rodríguez Flores, Eduardo. *Cultura, poder y crisis ambiental: el caso de la laguna de Acuitlapilco.* Tesis. México: ENAH, 2008.

Roe, Peter G. "Just Wasting Away: Taíno Shamanism and Concepts of Fertility". *Taíno. Pre-Columbian Art and Culture from the Caribbean.* Ed. Fatima Bercht et al. Singapore: The Monacelli Press, 1997.

ROJAS DONAT, Luis. "Las Capitulaciones de Santa Fe: en torno a una polémica". *Revista de Estudios Histórico-Jurídicos* 15 (1992): 253-263.
ROUSE, Irving. *The Tainos. Rise and Decline of the People who Greeted Columbus*. Binghampton: Yale University Press, 1992.
RUIZ MEDRANO, Ethelia. *Gobierno y sociedad en Nueva España. Segunda Audiencia y Antonio de Mendoza*. Zamora: El Colegio de Michoacán/Gobierno del Estado de Michoacán, 1991.
RUMMEL, Erkika. *Erasmus*. London/New York: Continuum, 2004.
RYN, Claes G. "Universality and History: The Concrete as Normative". *Humanitas* 6.1 (1992/1993). 4 de marzo de 2013. <http://www.nhinet.org/uh.htm>.
SÁEZ, José L. *Don Sebastián Ramírez de Fuenleal: obispo y legislador*. Santo Domingo: Banco de Reservas de la República Dominicana, 1996.
SAN MARTÍN, Javier. *La antropología: ciencia humana, ciencia crítica*. Barcelona: Editorial Montesinos, 1985.
SAGARRA GAMAZO, Adelaida. "Diego Álvarez Chanca, primer espía en América". *Revista de estudios colombinos* 5 (2009): 19-40.
SAHAGÚN, Bernardino de. *Coloquios y doctrina cristiana. Con que los doce frailes de San Francisco, enviados por el papa Adriano VI y por el emperador Carlos V, convirtieron a los indios de la Nueva España*. México: Universidad Nacional Autónoma de México, 1986.
— *Historia General de las Cosas de Nueva España*, Vol 2. Ed. Alfredo López Austin y Josefina García Quintana. Madrid: Alianza, 1988.
— *Historia General de las Cosas de Nueva España*. México: Porrúa, 1999.
SAID, Edward. *Orientalism*. New York: Vintage Books, 1978.
SAZO SOTO, Rodrigo. "Sobre la naturaleza jurídica de las Capitulaciones de Santa Fe: una aproximación al estado actual de la cuestión". *Tiempo y Espacio* 24 (2010): 57-72.
SCHÄFER, Ernesto. *El Consejo Real y Supremo de las Indias*. Vol 1. Madrid: Junta de Castilla y León/Marcial Pons Historia, 2003.
SCHRÖDINGER, Erwin. *Nature and the Greeks*. Cambridge: Cambridge Unviersity Press, 1996.
Science Encyclopedia. <"http://science.jrank.org/pa ges/9691/Humanism-Renaissance-Development-Studia-humanitatis.html">Humanism-Renaissance - Development Of The Studia Humanitatis>.27 de mayo de 2013.

SCHWALLER, John F. "*Centallia* and *Nonotza* in the Writings of Sahagún: a New Interpretation of his Missiological Vision". *Estudios de Cultura Náhuatl* 33 (2002): 297-314.
— "The Pre-hispanic Poetics of Sahagún's *Psalmodia Christiana*". *Estudios de Cultura Náhuatl* 36 (2005): 67-86.
SEARLE, John. *Expression and Meaning: Studies in the Theory of Speech Acts*. Cambridge: Cambridge University Press, 1979.
SÉJOURNÉ, Laurette. *Pensamiento y Religión en el México Antiguo*. México: Fondo de Cultura Económica, 1957.
—*Supervivencias de un mundo mágico*. México: Fondo de Cultura Económica/Secretaría de Educación Pública, 1985.
SERJEANTSON, Richard W. "Proof and Persuasion". The Cambridge History of Science. Vol 3. Early Modern Science. Ed. Katherine Park, Lorraine Daston. Cambridge: Cambridge University Press, 2006. 132-175.
SIGAL, Pete. "The Cuiloni, the Patlache, and the Abominable Sin: Homosexualities in Early Colonial Nahua Society". *Hispanic American Historical Review* 85.4 (2005): 555-593.
SIMÉON, Rémi. *Diccionario de la lengua náhuatl o mexicana*. México: Siglo XXI, 1997.
SOMOLINOS D'ARDOIS, Germán. "La medicina hipocrática y el Renacimiento español". *Historia General de la Medicina en México. Medicina novohispana. Siglo XVI*. Vol II. México: Academia Nacional de Medicina/Universidad Nacional Autónoma de México, 1990.
— "La fusión indoeuropea en la medicina mexicana del siglo XVI". *Historia General de la Medicina en México. Medicina Novohispana. Siglo XVI*. Vol. II. México: Medicina/Universidad Nacional Autónoma de México, 1984: 127-132.
— "Prólogo". *Obras Completas de Francisco Hernandez*, Vol. 1. Ed. Germán Somolinos D'Ardois. México: Universidad Nacional de México, 1960.
— "Vida y Obra de Francisco Hernández". *Obras Completas de Francisco Hernandez*, Vol. 1. Ed. Germán Somolinos D'Ardois. México: Universidad Nacional de México, 1960.
SOUSTELLE, Jacques. *La vida cotidiana de los aztecas en vísperas de la conquista*. México: Fondo de Cultura Económica, 1956.
STEVENS-ARROYO, Antonio M. *Cave of the Jagua. The Mythological World of the Taínos*. Albuquerque: University of New Mexico Press, 1988.

STRUEVER, Nancy. *Rhetoric, Modality, Modernity*. Chicago: The University of Chicago Press, 2009.
SUASTE GÓMEZ, Ernesto. "Antecesores en el devenir de la técnica y la medicina en México". *Revista Cinvestav* (2006): 25-37.
SUBIRATS, Eduardo. *El continente vacío. La conquista del Nuevo Mundo y la conciencia moderna*. Cali: Universidad del Valle, 2011.
SULLIVAN, Thelma D. *Documentos tlaxcaltecas del siglo XVI en lengua náhuatl*. México: Universidad Nacional Autónoma de México, 1987.
TARNAS, Richard. *The Passion of the Western Mind: Understanding the Ideas That Have Shaped Our World View*. New York: Ballantine, 1993.
TATE, Robert. "La historiografía del reinado de los Reyes Católicos". *Antonio de Nebrija: Edad Media y Renacimiento*. Eds. Carmen Codoñer y Juan Antonio González Iglesias. Salamanca: Ediciones Universidad de Salamanca, 1997.
THOMAS, Hugh. *Conquest, Montezuma and the Fall of Mexico*. New York: Simon and Schuster, 1995.
THORNHILL, John. *Modernity. Christianity's Estranged Child Reconstructed*. Grand Rapids, Michigan: William B. Eardmans Publishing Company, 2000.
TODOROV, Tzvetan. *La conquista de América, el problema del otro*. México: Siglo XXI, 1987.
TORRE VILLAR, Ernesto de la. "Fray Pedro de Gante, maestro y civilizador de América". *Estudios de Historia Novohispana* 5 (1974): 9-77.
TOXQUI, María del Rosario G. de. "Producción y consumo de seda en la Nueva España". *Once del virreinato*. Ed. Shulamit Goldsmit. México: Universidad Iberoamericana, 1993.
TRAUTMANN, Wolfgang. *Las transformaciones en el paisaje cultural de Tlaxcala durante la época colonial. Una contribución a la historia de México bajo especial consideración de aspectos geográfico-económicos y sociales*. Wiesbaden: Steiner, 1981.
VALDEÓN BARUQUE, Julio. "El reinado de los Reyes Católicos. Época crucial del antijudaísmo español". *El antisemitismo en España*. Ed. Gonzalo Alvarez Chillida. Madrid: Universidad de Castilla La Mancha, 2007.
VALDÉS, Alfonso de. *Diálogo de Mercurio y Carón*. Madrid: Cátedra, 1999.

Vaillant, George. *La civilización azteca*. Mexico: Fondo de Cultura Económica, 1944.

Valencia, Martín de. "Carta de fray Martín de Valencia y otros misioneros al Emperador". *Colección de documentos para la historia de México*. Vol. 1. Ed. Joaquín García Icazbalceta. México: Porrúa, 1971.

Varley, Simon, et al (eds.). *Searching for the Secrets of Nature. The Life and Works of Dr. Francisco Hernández*. Stanford: Stanford University Press, 2000.

Vázquez Chamorro, Germán. Introducción. *La Conquista de Tenochtitlan*. Ed. Germán Vázquez Chamorro. Madrid: Dastin, 2003.

Vázquez Vera, Josefina. *El Indio Americano y su Circunstancia en la Obra de Oviedo*. México: Universidad Nacional Autónoma de México, 1956.

Vega, Garcilaso de la. *Obras*. Madrid: Espasa-Calpe, 1958.

Velasco Gómez, Ambrosio. Introducción. *Significación política y cultural del humanismo iberoamericano en la época colonial*. México: Universidad Nacional Autónoma de México/Plaza y Valdés, 2008.

Verástique, Bernardino. *Michoacán and Eden. Vasco de Quiroga and the Evangelization of Western Mexico*. Austin: University of Texas Press, 2000.

Verlinden, Charles. "Fray Pedro de Gante y su época". *Revista de Historia de América* 101 (1986): 105-131.

Vespucci, Amerigo. "Mundus Novus". *Letters from a New World: Amerigo Vespucci's Discovery of America*. Ed. Luciano Formisano, trad. David Jacobson. New York: Marsilio, 1992.

Viesca Treviño, Carlos. "El médico mexica". *Historia General de la medicina en México, Vol. II. Medicina Novohispana: Siglo XVI*. México: Universidad Nacional Autónoma de México, 1984.

Viesca Treviño, Carlos/Martínez Cortés, Fernando. "Plantas medicinales americanas. Su injerto en la medicina hipocrática". *Historia General de la Medicina en México. Vol. II. Medicina Novohispana: Siglo XVI*. México: Universidad Nacional Autónoma de México, 1984.

Visión de los Vencidos. Relaciones indígenas de la Conquista. Ed. Miguel León-Portilla. México: Universidad Nacional Autónoma de México, 1959.

Vitoria, Francisco de. *Relecciones de Indios y del Derecho de la Guerra*. Madrid: Espasa-Calpe, 1928.

VIVES, Juan Luis. "Sobre los orígenes, escuelas y logros de la filosofía". *Antología de textos de Juan Luis Vives*. Valencia: Universitad de Valencia. Conselleria de Cultura, Educació i Ciència de la Generalitat Valenciana, 1995.

— "Filosofía primera, o sea, de la operación íntima de la Naturaleza". *Antología de textos de Juan Luis Vives*. Valencia: Universitad de Valencia. Conselleria de Cultura, Educació i Ciència de la Generalitat Valenciana, 1995.

VOGEL, Klaus A. "Cosmography". *The Cambridge History of Science*. Vol 3. *Early Modern Science*. Ed. Katherine Park/Lorraine Daston. Cambridge: Cambridge Unversity Press, 2006.

WEBER, Eugene. *A Modern History of Europe. Men Cultures, and Societies from the Renaissance to the Present*. New York: W.W. Norton and Company, 1971.

WEBER, Max. *The Protestant Ethic and the Spirit of Capitalism*. Trad. Talcott Parsons. London; New York: Routledge, 2001.

— *The Sociology of Religion*. Boston: Beacon Press, 1963.

WECKMANN, Luis. *La herencia medieval de México*. Vol. 2. México: El Colegio de México, 1984.

— *Las bulas alejandrinas de 1493 y la teoría política del Papado medieval; estudio de la supremacía papal sobre islas, 1091-1493*. México: Universidad Nacional Autónoma de México/Instituto de Historia, 1949.

WEY GÓMEZ, Nicolás. *The Tropics of Empire*. Cambridge: MIT Press, 2008.

WHEWELL, William. *The Philosophy of Inductive Sciences: Founded Upon their History*. Vol. 1. London: Harrison and Co, 1840.

WITTGENSTEIN, Ludwig. *Philosophical Investigations*. Trad. G.E.M. Anscombe. Basil: Blackwell, 1958.

— *Tractatus Logico-Philosophicus*. Trad. D.F. Pears/B.F. McGuiness. London: Routledge, 2001.

WOODROW, Borah. *Silk raising in Colonial Mexico*. Berkeley/Los Angeles: University of California, 1943.

WOODWARD, David. "Maps and the Rationalization of Geographic Space". In *Circa 1492: Art in the Age of Exploration*. Ed. J. A. Levenson. New Haven: Yale University Press, 1991.

WULD, Christopher. *Anthropology. A Continental Perspective*. Trad. D. Winter/E. Hamilton. Chicago: University of Chicago Press, 2013.

ZAMORA, Margarita. "Todas son palabras formales del Almirante: Las Casas y el diario de Colón". *Hispanic Review* 57.1 (1989): 25-41.

ZAMORA CALVO, María Jesús. "Martín de Castañega, contra supersticiones y hechicerías". *Rinconete*. 22 de julio de 2008. <http://cvc.cervantes.es/el_rinconete/anteriores/julio_08/22072008_01.asp>.

ZAVALA, Silvio. *Ideario de Vasco de Quiroga*. México: El Colegio de México, 1941.

—*La filosofía política en la Conquista de América*. México: Fondo de Cultura Económica, 1977.

Índice onomástico y conceptual

A

Alcalá de Henares 45, 48, 66, 175
Alfonso X 30, 42, 82
Álvarez Chanca, Diego 20, 60, 63
Antigüedades de la Nueva España 184, 188
Antropología 18, 19, 31-34, 99, 198, 206, 207
Apologética historia de las Indias 64
Apologética historia sumaria 160
Aquino, Tomás de 22, 44, 145, 146, 160, 203
  Tomista 26, 31, 45, 145, 150, 202-204
Aristóteles 22, 38, 39, 40, 42, 44, 45, 47, 61, 145, 153, 161, 203, 207
  Aristotélico 19
Arte de la lengua mexicana 124, 125

B

Bacon, Francis 7, 13, 21, 22, 25, 31, 171, 175
Badiano, Juan 166

C

Calepino 144, 149, 150, 195
Calepino, Ambroggio 148, 149
Capitalismo 192, 206
Carlos V 40, 41, 72, 85, 91, 96, 112, 119, 128, 147, 155, 192, 193
Cartas de Relación 90, 91
Casas, Bartolomé de las 32, 49, 64, 72, 82, 97, 113, 160-163

Catecismo en pictogramas 102, 104
Cicerón 39, 45, 145, 151
Ciencia 13, 15, 18, 20-22, 27, 30, 32, 33, 63, 141, 150, 170, 174, 188, 191, 198, 202, 204, 205, 207, 208, 210-212
  Ciencia Colonial 203
  Ciencia Moderna 18, 31, 32, 45, 67, 171, 172, 180, 201-205, 208
  Ciencia Natural 19, 27, 61, 165, 201, 202, 207
  Ciencia Social 61, 198, 201, 202, 213
  Científico 18, 26, 27, 29, 33, 45, 171, 172, 187, 197
  Lenguaje Científico 212
  Método Científico 180
  Nueva Ciencia 13, 25
  Revolución Científica 18, 20, 175, 199, 202, 213
Cisneros, Francisco de 46, 48, 49, 72, 117
Códice Florentino 100, 148, 168, 170
Colegio de Santa Cruz de Tlatelolco 30, 113, 114, 132, 141, 144-147, 155, 158, 166, 167, 180, 182, 196, 213
Colón, Cristóbal 14, 19, 20, 27, 32, 45, 59, 60, 62-67, 70, 73, 78, 80, 156
Colón, Fernando 20, 64
Colonialismo 14, 59, 204-206, 211
Coloquios y doctrina cristiana 40, 98, 155-158, 199
Convento de San Esteban 47, 71
Córdoba, Pedro de 59, 71, 72
Cortés, Hernán 28, 75-77, 79, 81-94, 96-98, 104, 105, 119, 110, 117, 155, 172, 194, 195
Cosmovisión 61, 102, 104, 158, 159, 203
Cruz, Martín de la 166, 167, 170
Cuarta carta de relación 97

D

De orbe novo decades 66
Desacralización 170, 171, 191, 205, 206
  Desacralización de la Naturaleza 15
Descartes, René 210
Descripción de Nueva España 109, 198
Devotio Moderna 37, 43
Diálogo Transcultural 13-15, 18, 21, 40, 122, 146, 172, 205, 206
Diario de navegación 62

Díaz, Juan 75, 76, 78-83
Dioscórides 46, 174, 177

E

Edad de Oro 62, 67, 68, 131, 186
Educación del príncipe cristiano 40, 147
Empírico 20, 25, 60, 115, 116, 160, 167, 187, 188, 202, 206, 208
  Prácticas Empíricas 13, 20, 24, 26, 173, 206
Epistemología 20, 22, 26, 31, 170, 203, 205, 206
  Epistemología Moderna 14, 17
    Epistemológico 13-19, 22, 27, 31-34, 39, 61, 64, 89, 122, 165, 172,
      175, 180, 192, 199, 201, 203, 205, 207, 208, 211
Etnografía 19, 27, 28, 31-33, 59, 62, 66, 68, 95, 100, 115, 198, 204-206,
  212
  Etnografía Moderna 29, 31
Etnología 18, 19, 32, 203, 204, 207
Experiencia 22, 25, 29, 41, 45, 46, 64, 83, 92, 99, 108, 113, 115, 128,
  129, 152, 160, 173, 174, 179, 189, 203
  Experimentar 80, 87, 140, 183
  Experimento 182
  Experimentación 23, 24
  Experimental 13, 45, 171, 174, 206

F

Fernández de Oviedo, Gonzalo 20, 29, 86, 172, 199
Filosofía Moral 19, 23, 24, 26, 29-31, 37, 39, 143, 161
Filosofía Natural 19, 22, 25, 26, 29, 30, 31, 45, 143, 144, 161, 170,
  171, 192, 201-204
Fiore, Joaquín de 137

G

Galenismo 32, 172, 178, 189, 190
Gante, Pedro de 28, 29, 34, 95-97, 99, 100-102, 104, 107, 108, 113,
  123, 128, 195
Gattinara, Mercurino de 85, 193
Gramática 13, 14, 21, 24, 27, 28, 29, 35, 37, 39, 42-44, 45, 47, 48, 82,
  97, 100, 102, 113, 114, 121, 124, 132, 135, 144, 145, 152, 159,
  191, 198, 201, 202, 208

Gramatología 18, 27, 31, 33, 143, 174
Gramatológico 27, 202
Grijalva, Juan de 76, 80

H

Hernández de Córdoba, Francisco 76
Hernández de Toledo, Francisco 19, 31, 32, 34, 46, 169, 171-198, 203
Historia de la Ciencia 19, 34
Historia de las plantas de Nueva España 171, 176, 177, 179, 188, 190
Historia de los indios de Nueva España 128, 136
Historia de los mexicanos por sus pinturas 121-123
Historia Etnográfica 15, 17, 19-21, 25-35, 41, 49, 60, 71, 75, 76, 78, 81, 95, 104, 109, 115, 121, 129, 135, 144, 160, 166, 171-173, 180, 184, 191, 201, 202
Historia general de las cosas de Nueva España 21, 31, 147-153, 158, 159, 161, 163-165, 166, 169, 170, 194, 195, 197
Historia general y natural de las Indias 20, 86, 172
Historia Moral 17, 135
Historia Natural 17, 19, 20, 21, 24-27, 29-31, 45, 46, 59, 99, 109, 116, 135, 143, 165, 166, 170-172, 174-176, 179, 180, 182, 183, 185, 191, 199, 201-203
Historiografía 13, 17, 21, 23, 24, 27, 41, 42, 66, 174
　Historiografía Humanista 198, 199, 201, 202, 207
　Historiográfico 24, 34, 35, 90, 175, 202
Huehuetlatolli 124, 149, 153, 185
Humanismo 20-24, 27, 32, 37, 39, 43, 45-48, 60, 78, 93, 95, 96, 124, 143, 158, 171, 195
　Humanismo Científico 45, 46, 175, 191, 202, 206
　Humanismo Cristiano 26, 40, 41, 49, 57, 59, 73, 82, 85, 104, 121, 128, 145, 153, 193, 204, 205, 206, 209
Humanistas 14, 15, 18, 19, 21, 22, 23, 25-29, 31-34, 37, 38, 41, 45, 57, 65, 70, 72, 73, 91, 93, 95, 96, 100, 104, 108, 109, 118, 119, 137, 144-146, 149, 160, 161, 174, 179, 180, 193, 201, 203-206, 208, 209, 211, 213
　Humanistas Franciscanos 25-27, 104, 108, 114, 125, 196-198, 201, 202, 204
　Humanistas Nahuas 144, 147

I

Información en derecho 130
Isabel de Castilla 43
Itinerario de la Armada del Rey Católico a la isla de Yucatán 75, 76, 78, 80, 81

J

Jiménez, Francisco de 98, 107
Junta de Burgos 81

K

Kempis, Tomás de 36

L

Laguna, Andrés 46, 174
Lenguaje Científico 172, 191, 192, 206
Leyes de Burgos 72, 77
Leyes de Valladolid 49, 72
Ley Natural 30, 106, 130, 131, 133-135, 161
  Derecho Natural 91, 135
Libellus de Medicinalibus Indorum Herbis 166
Logos 35, 208, 210, 211
López de Gómara, Francisco 21

M

Mártir de Anglería, Pedro 20, 28, 59, 60, 64, 66-68, 70, 73, 186
Medicina 23, 27, 31, 45, 46, 48, 160, 165, 166, 171, 174, 179, 180, 191, 220, 243
  Medicina Indígena 140, 166, 167, 169, 176, 179, 182, 188, 189, 191
Memoriales 128, 129, 130, 132, 135, 137
Mesa, Bernardino de 81
Método 19, 22, 25, 35, 39, 40, 64, 77, 108-110, 146, 147, 171, 188, 197, 206, 212
  Método Científico 25, 32, 207, 208, 210, 213
  Método Empírico 13, 18, 161
  Método Etnográfico 18, 19, 22, 28, 29, 31, 33, 35, 60, 64, 100, 114, 115, 122, 127, 129, 143, 145, 146, 148, 180, 181, 189, 198, 201, 202, 208, 211

Método Historiográfico 21, 41, 128
Misticismo 37, 43, 47, 48
Monardes, Nicolás 46, 176, 190, 191
Montaigne, Michel de 161, 209
Montesinos, Antón de 59, 71, 72
Moro, Tomás 28, 59, 69, 73, 117, 119, 120, 137, 193
Motolinía, Toribio de Benavente 19, 29, 34, 41, 115, 127-141, 145, 150, 153, 160, 169, 180, 184, 192, 195, 199, 204

N

Náhuatl 14, 30, 32, 53, 79, 97, 100-103, 115, 124-126, 128, 144-146, 148, 149, 153, 155-158, 166, 168, 171, 177, 183, 184
Naturaleza Americana 17, 20, 59, 60, 66, 69, 78, 137, 174, 178, 199
Naturaleza Humana 18, 23, 99, 160, 187, 204
Naturaleza Mexicana 26, 55, 75, 83, 84, 86, 88-90, 116, 128, 129, 138, 139, 141, 162, 164, 168, 197
Naturalistas 15, 24, 46, 165, 178
Nebrija, Elio Antonio de 21, 27, 40, 43-48, 115, 124, 144, 145, 174, 201
Nican Mopohua 144, 158, 159
Nuevo Mundo 17, 18, 67, 91, 116, 131, 142, 186

O

Observantes 43, 48, 49, 71, 82, 95
  Comunidades Observantes 27, 46, 47
Olmos, Andrés de 19, 29, 31, 34, 103, 112, 114, 115, 121-127, 129, 145, 150, 152, 171, 181, 198, 204
Ometéotl 35, 49, 50, 51, 52, 56, 98, 103, 123, 126, 144, 157, 159, 170, 212
Ortiz, Fernando 14

P

Pané, Ramón 19, 20, 60, 63-65
Plantas Medicinales 26, 140, 173, 177, 181, 188
Platón 30, 37, 61, 145
Plinio 21, 46, 66, 175, 176, 179
Poesía 24, 35, 37, 38, 44, 51, 64, 103, 125, 149, 158, 179, 208, 212
  Poética 26, 27, 29, 33, 57, 65, 103, 124, 125, 127, 144, 149, 154, 208

Poético 38
Primera Carta de Relación 75, 82, 83, 86, 87, 90
Progreso 69, 70, 90, 205-207
Pulgar, Fernando del 42, 43, 45

Q

Quetzalcóatl 51, 55, 96, 102, 123, 126, 130, 133, 135, 152, 157, 162, 172
Quintiliano 39, 45, 145
Quiroga, Vasco de 106, 110, 119, 120, 128, 130, 131, 198

R

Ramírez de Fuenleal, Sebastián 28, 29, 31, 34, 41, 95, 96, 106, 109-114, 118, 122, 127, 150, 154, 163, 171, 184, 195, 198
Razón Instrumental 14, 24, 28, 32, 36, 59, 69, 81, 143, 171, 172, 201, 205, 206
Relación acerca de las antigüedades de los indios 20, 63
Relación del autor digna de ser notada 196
Relación digna de ser notada 163
Relaciones 19, 29, 63, 77, 78, 80, 83, 110, 173, 181, 194, 195
Relaciones de Indias 21, 78, 109, 173
Relectio de Indis 91, 131
Representación 17, 26, 30, 34, 61, 66, 78, 87, 88, 203, 210, 211
Retórica 13-15, 21-24, 26-31, 33, 35, 39-43, 45, 47, 49, 60, 72, 75, 78, 82, 87, 89, 90, 95, 96, 112, 114, 115, 123-125, 127, 132, 143-145, 147,-149, 153, 154, 158, 159, 169, 170, 175, 179, 185, 191-193, 195, 198, 201-203, 207, 208, 212, 213
Reyes Católicos 42, 43, 48, 66
Rodríguez de Fonseca, Juan 63
Rotterdam, Erasmo de 39, 40, 41, 48, 85, 96, 117, 119, 144, 145, 147, 193, 209

S

Sahagún, Bernardino de 19, 26, 30-32, 34, 41, 56, 81, 98, 114, 131, 143-159, 161-171, 180, 181, 184, 185, 189, 191, 194-199, 204
Segunda Carta de Relación 75, 86, 90, 172
sincretismo 75
Sócrates 37, 40, 212

Studia Humanitatis 13, 27, 35, 39, 41, 44, 48
  Estudios Humanistas 19, 21, 30, 31, 33, 35, 40, 43, 44, 48, 113-116, 127, 159, 191, 201, 208
Sumario de la Natural Historia de las Indias 20, 29, 172

T

Taxonomía Indígena 177, 178, 183, 191
Tenochtitlan 54, 56, 86, 87, 90, 93, 96, 98, 132, 141
Tercera Carta de Relación 91
Tezcatlipoca 55, 100, 102, 123, 126, 127, 153, 156, 159, 162
Transculturación 14, 18, 53, 104, 121
  Transcultural 13-15, 26, 28-31, 57, 69, 73, 75, 95, 114, 116, 144, 158, 180, 198, 204, 208, 213
Tratado de hechicerías y sortilegios 126
Tratado sobre los siete pecados 125

U

Utopía 27, 29, 41, 42, 49, 59, 62, 67-69, 72, 73, 75, 90, 127, 128, 135, 137, 142, 146, 196, 197, 210
  Utópico 14, 27, 28, 30, 33, 43, 61, 67, 69, 75, 83, 90, 119, 141, 204-206

V

Valencia, Martín de 98, 105, 107, 128
Valeriano, Antonio 144, 145, 147, 155, 158,-160
Valla, Lorenzo 21, 27, 39, 43, 44, 153, 201
Virtud 30, 63, 68, 95, 99, 107, 108, 124, 130, 133-135, 143, 153, 154, 161, 162, 185
Vitoria, Francisco de 91, 131
Vives, Juan Luis 21, 23, 24, 96, 117, 145, 198, 209

Z

Zumárraga, Juan de 105, 106, 107, 108, 110, 113, 116, 117, 120, 122, 126, 128, 146, 192